全国食品工业"十三五"发展战略研究

黄汉权　等著

中国财经出版传媒集团
经济科学出版社
Economic Science Press

图书在版编目（CIP）数据

全国食品工业"十三五"发展战略研究／黄汉权等著．
—北京：经济科学出版社，2018.11
ISBN 978-7-5141-9916-1

Ⅰ.①全… Ⅱ.①黄… Ⅲ.①食品工业-工业发展-发展战略-中国 Ⅳ.①F426.82

中国版本图书馆 CIP 数据核字（2018）第 253473 号

责任编辑：刘　颖
责任校对：曹育伟
责任印制：李　鹏

全国食品工业"十三五"发展战略研究
黄汉权　等著

经济科学出版社出版、发行　新华书店经销
社址：北京市海淀区阜成路甲 28 号　邮编：100142
总编部电话：010-88191217　发行部电话：010-88191522
网址：www.esp.com.cn
电子邮件：esp@esp.com.cn
天猫网店：经济科学出版社旗舰店
网址：http://jjkxcbs.tmall.com
北京季蜂印刷有限公司印装
710×1000　16 开　22.5 印张　350000 字
2018 年 12 月第 1 版　2018 年 12 月第 1 次印刷
ISBN 978-7-5141-9916-1　定价：78.00 元
（图书出现印装问题，本社负责调换。电话：010-88191510）
（版权所有　侵权必究　打击盗版　举报热线：010-88191661
QQ：2242791300　营销中心电话：010-88191537
电子邮箱：dbts@esp.com.cn）

前　言

"十三五"时期是我国全面建成小康社会的决胜阶段，是推进供给侧结构性改革的攻坚时期，也是我国跨越中等收入"陷阱"的关键时期。围绕《中华人民共和国国民经济和社会发展第十三个五年（2016—2020年）规划纲要》的战略部署，研究提出"十三五"时期我国食品工业发展思路、目标任务、发展方向和重大举措，阐明国家在食品工业发展中的战略意图，明确政府职责，引导市场行为，推动食品工业持续健康发展，对全面贯彻落实创新、协调、绿色、开放、共享五大发展理念，适应把握引领经济发展新常态，确保全面建成小康社会、实现第一个百年奋斗目标具有重要意义。

本书是在国家发改委产业司委托课题《全国食品工业"十三五"发展战略研究》的基础上修改而成。课题启动后，由国家发改委产业经济与技术经济研究所牵头，联合中国国际咨询公司、赛迪研究院、中国轻工业联合会、科技部中国农业技术开发中心、中国农产品加工研究所、江南大学以及中国食品协会等代表性食品行业协会组成课题组，在国家发改委产业司和工信部消费品工业司的指导下，举行多次座谈会和课题内部讨论会，并根据决策部门和食品工业领域专家的意见进行了多次修改完善。

全书对"十二五"时期我国食品工业的发展成就和当前存在的问题进行了深入分析，提出了"十三五"时期食品工业发展的新思路和13个重点发展方向，聚焦食品工业供给侧结构性改革的七大主要任务，构建了食品工业健康发展的政策保障体系，并对粮食加工业、食用植物油加工业等10个重点食品行业的"十三五"发展战略进行了研究。国家发改委和工信部在吸收本课题研究成果的基础上，起草了《关于促进食品工业健康发展的指导意见》，并于2017年1月由两部门联合印发实施，实现了课题成果的及时转化。

为了扩大课题成果的社会影响力，提高公众对食品工业发展的关注度，课题组决定将研究成果改编成书出版。各部分分工具体如下：总报告，黄汉权、乐有华、闫逢柱、蓝海涛、王为农、涂圣伟、张义博、周振；专题报告中，专题1，乐有华、胡济美；专题2，闫逢柱、代晓霞、李苑；专题3，李树君、侯春生、王欣；专题4，胡济美、李强；专题5，于学军、邹军。行业研究报告中，行业1，樊琦；行业2，曹智、杨帆；行业3，高观、王守伟；行业4，刘美菊；行业5，邸刚、高宏泉；行业6，闫为民、胡志江、钟金传；行业7，宋书玉、李言斌；行业8，石维忱、李晓燕；行业9，齐庆中、薛毅；行业10，周邦勇、李妍、张民、籍保平。全书由黄汉权、周振统稿，张义博校对。

本书的出版得到了国家发改委产业司和工信部消费品工业司的大力支持，国家发改委宏观院、中国国际咨询公司、赛迪研究院、中国轻工业联合会、中国食品协会等专家对课题研究提出了宝贵意见，在此表示由衷的感谢！由于课题研究任务重、时间紧、涉及单位多，本书难免有纰漏之处，请各位同仁不吝赐教。

课题组
2018年6月

目 录

总报告

全国食品工业"十三五"发展战略研究 …………………………… 3

    一、"十二五"规划圆满收官，食品工业发展成效显著 ………… 3

    二、"十三五"我国食品工业发展仍处于重大战略机遇期，
        但也面临着诸多风险和挑战 …………………………………… 13

    三、以五大发展新理念为统领，谋划"十三五"食品
        工业新思路 ……………………………………………………… 19

    四、围绕十三大重点领域，明确"十三五"食品工业
        主攻方向 ………………………………………………………… 21

    五、聚焦六大主要任务，大力推进食品工业供给侧
        结构性改革 ……………………………………………………… 35

    六、营造良好环境，构建食品工业健康发展的保障体系 ……… 42

专题报告

专题1 我国食品工业结构"十三五"升级思路研究 ………………… 59

    一、我国食品工业发展现状及成就 ……………………………… 59

    二、我国食品工业产业结构面临机遇和挑战 …………………… 65

    三、食品工业产业结构调整和升级任务 ………………………… 69

专题 2　我国食品工业"十三五""两化"融合与新业态发展研究 …… 72
　　一、"十二五"时期发展成就和存在问题 ………………… 72
　　二、"十三五"时期面临的发展环境 ……………………… 76
　　三、指导思想、基本原则和主要目标 ……………………… 79
　　四、发展方向和主要任务 …………………………………… 81
　　五、保障措施 ………………………………………………… 85

专题 3　我国食品装备工业"十三五"发展战略研究 ……………… 89
　　一、"十二五"规划发展概况 ……………………………… 89
　　二、行业发展存在的主要问题 ……………………………… 92
　　三、面临形势分析 …………………………………………… 94
　　四、行业发展的总体思路 …………………………………… 96
　　五、发展重点与主要任务 …………………………………… 99
　　六、措施与建议 ……………………………………………… 109

专题 4　我国食品"十三五"安全保障与对策研究 ……………… 113
　　一、我国食品安全现状及存在问题 ………………………… 113
　　二、提高食品安全保障水平的对策措施建议 ……………… 119

专题 5　我国食品工业"十三五""走出去"战略研究 ………… 131
　　一、行业"走出去"基本概况 ……………………………… 131
　　二、"走出去"现状与存在问题 …………………………… 134
　　三、促进行业"走出去"的战略分析研究 ………………… 136
　　四、食品工业"走出去"的主要目标和主要任务 ………… 137

行业研究报告

行业 1　粮食加工业"十三五"发展战略研究 …………………… 141
　　一、"十三五"时期粮食加工业面临的新形势、新机遇、
　　　　新挑战 …………………………………………………… 141

二、粮油加工业发展现状及存在的主要问题 …………………… 144

三、粮食加工业发展的总体思路、目标和布局 ………………… 163

四、粮食加工业发展的重点任务与政策建议 …………………… 167

五、实施规划的保障措施 ………………………………………… 176

行业2　食用植物油加工业"十三五"发展战略研究 …………… 180

一、发展现状 ……………………………………………………… 180

二、面临的形势 …………………………………………………… 185

三、指导思想、基本原则和目标 ………………………………… 188

四、重点任务 ……………………………………………………… 190

五、完善产业布局 ………………………………………………… 192

六、重点工程 ……………………………………………………… 194

七、保障措施 ……………………………………………………… 198

行业3　肉类产业"十三五"发展战略研究 ……………………… 203

一、"十二五"时期发展成就和存在问题 ………………………… 203

二、"十三五"时期面临的发展环境 ……………………………… 208

三、"十三五"时期发展思路、原则和主要目标 ………………… 212

四、"十三五"时期重点任务和产业布局 ………………………… 214

五、政策措施 ……………………………………………………… 220

行业4　乳制品工业"十三五"发展要点 ………………………… 223

一、指导思想与基本方针 ………………………………………… 223

二、主要任务和重点工作 ………………………………………… 223

三、发展目标 ……………………………………………………… 224

四、主要措施及建议 ……………………………………………… 224

行业5　水产品加工业"十三五"发展战略研究 ………………… 226

一、我国水产品加工业"十二五"时期发展成就及存在的
　　主要问题 ……………………………………………………… 226

二、"十三五"时期我国水产品加工业发展背景与环境 ………… 227

三、"十三五"时期发展思路 ………………………………… 229
　　四、"十三五"时期的基本原则 ……………………………… 229
　　五、"十三五"时期发展的主要目标 ………………………… 231
　　六、"十三五"时期的重点任务 ……………………………… 233
　　七、"十三五"时期的布局 …………………………………… 237
　　八、"十三五"时期促进水产品加工业健康发展的
　　　　政策措施 ………………………………………………… 238

行业6　制糖工业"十三五"发展战略研究 ………………… 241

　　一、"十三五"时期我国制糖工业发展背景与环境 ………… 241
　　二、"十二五"时期以来制糖工业发展现状与主要问题 …… 244
　　三、"十三五"时期我国制糖工业的发展思路与主要目标 … 248
　　四、"十三五"时期我国制糖工业发展主要任务 …………… 252
　　五、促进制糖工业健康发展的主要政策措施 ……………… 255

行业7　酿酒工业"十三五"发展战略研究 ………………… 260

　　一、主要成就 ………………………………………………… 260
　　二、存在问题与面临形势 …………………………………… 271
　　三、指导思想、发展理念、发展方向 ……………………… 273
　　四、主要目标 ………………………………………………… 274

行业8　生物发酵产业"十三五"发展战略研究 …………… 279

　　一、"十二五"时期产业发展的基本状况 …………………… 279
　　二、产业面临的问题 ………………………………………… 284
　　三、机遇与挑战 ……………………………………………… 285
　　四、指导思想、基本原则和目标 …………………………… 287
　　五、发展方向、主要任务和重点工作 ……………………… 290
　　六、政策建议 ………………………………………………… 297

行业9　食品添加剂与配料工业"十三五"发展战略研究 … 300

　　一、"十二五"时期我国食品添加剂和配料工业的发展成就 …… 300

二、存在问题 ………………………………………………… 313
　　三、"十三五"时期面临的发展环境 ……………………… 315
　　四、发展思路 ………………………………………………… 317
　　五、原则和主要目标 ………………………………………… 317
　　六、重点任务 ………………………………………………… 319
　　七、布局 ……………………………………………………… 324
　　八、政策措施 ………………………………………………… 325

行业 10　营养与保健食品制造业"十三五"发展规划 ……… 328
　　一、本行业"十二五"时期发展成就 …………………… 328
　　二、本行业目前存在的问题 ……………………………… 330
　　三、"十三五"时期面临的发展环境 …………………… 332
　　四、"十三五"时期的发展思路、原则和主要目标 …… 334
　　五、"十三五"时期的发展任务 ………………………… 337
　　六、"十三五"时期的保障措施 ………………………… 343

主要参考文献 ……………………………………………………… 346

总报告

부록 1

全国食品工业"十三五"发展战略研究

"十三五"时期是我国全面建成小康社会决胜阶段,也是推进供给侧结构性改革的关键时期。围绕《中华人民共和国国民经济和社会发展第十三个五年(2016—2020年)规划纲要》的战略部署,研究提出"十三五"时期我国食品工业发展思路、目标任务、发展方向和重大举措,阐明国家在食品工业发展中的战略意图,明确政府职责,引导市场行为,推动食品工业持续健康发展,对全面贯彻落实创新、协调、绿色、开放、共享五大发展理念,适应把握引领经济发展新常态,确保全面建成小康社会、实现第一个百年奋斗目标具有重要意义。

一、"十二五"规划圆满收官,食品工业发展成效显著

(一)发展成就

1. 产业规模持续壮大,支柱地位不断提升

"十二五"时期,食品工业继续保持较快增长。2015年,规模以上食品工业企业39 647家,实现主营业务收入11.35万亿元,比2010年的6.06万亿元增长了87.3%,年均增长13.4%;利税总额1.77万亿元,比2010年的1.07万亿元增长了65.4%,年均增长10.6%(见图1)。其中,大中型企业5 822家,占规模以上企业数的14.7%,完成主营业务收入占全行业的53.2%;2014年销售收入达百亿元的食品工业企业54家,较2010年的27家翻了一番。

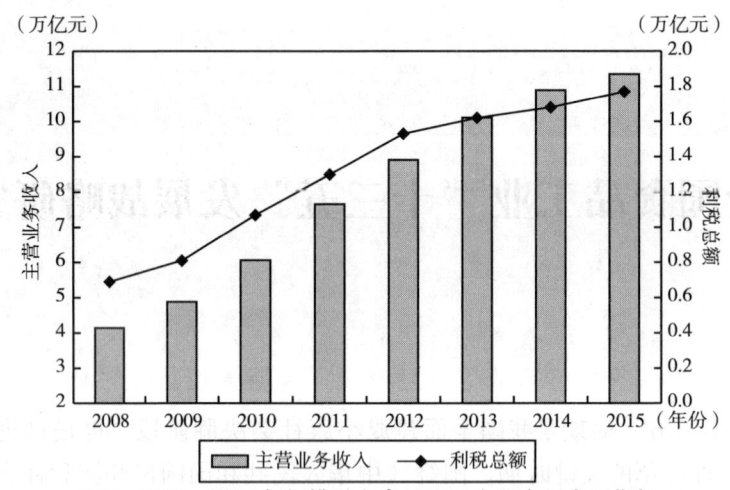

图1 2008~2015年规模以上食品工业企业主要发展指标

资料来源：中国食品工业协会。

规模以上食品工业企业主营业务收入占全国工业企业主营业务收入的比重从2010年的8.7%提升到10.3%；食品工业增加值占全国工业增加值的比重达到12.2%，对全国工业增长贡献率为10.8%，拉动全国工业增长0.7个百分点。食品工业作为国民经济支柱产业的地位不断提升，成为经济中高速增长的重要驱动力，不仅满足了国内13亿人民的食品消费需求，也为"十三五"时期实现全面建成小康社会目标奠定了良好基础。

2. 质量管理体系不断完善，食品安全水平稳步提高

"十二五"时期，规模以上食品工业企业技术升级改造步伐加快，生产经营环境不断改善，检测能力持续加强。2011年以来，国家共支持2 000多家食品工业企业技术进步及检测能力建设，600多项鲜活农产品冷链物流建设和400多家骨干农产品批发市场购置食品安全检验检测设备，对提升企业食品生产基础设施和质量安全控制能力发挥了重要作用。规模以上食品工业企业普遍推行良好操作规范（GMP），逐步落实企业主体责任，治理管理体系不断完善。截至2014年底，5 000家以上食品工业企业建立并运行了食品诚信管理体系，通过危害分析和关键控制点（HACCP）认证的企业达到3 926家，占当年规模以上企业的10.4%；婴幼儿配方乳粉、白酒、肉制品、水产品等行业治理安全追溯体系建设成效明显，婴幼儿配方乳粉行业100%纳入食品质量安全追溯体系；建立了有机产品、无公害农产品、良好农业规范等11种认证制度，累计发放证书近12万张，为保障国内及出口食品质量安全发挥了积极作用。

"十二五"时期，食品安全监管体制改革力度加大，监管体制不断完善，实现由了"分段监管为主、品种监管为辅"的监管模式向集中监管模式转变。修订了《中华人民共和国食品安全法》，完成了近5 000项各类食品标准的清理，发布了新的食品安全国家标准501项。支持检测技术机构加强基础设施建设，食品检验检测能力显著提高，为食品安全监管提供了有力技术支撑。严厉打击食品安全各领域的违法犯罪行为，查办一批大案要案，有效保障了食品安全。食品质量国家抽查合格率始终保持在较高水平，2015年国家食品药品监督管理总局在全国范围内组织抽检了172 310批次食品样品，合格率达96.8%，比2014年的94.7%提高2.1%；2015年国家质检总局公布食品塑料包装容器工具制品等合格率为98.7%，比2010年提升了7.6个百分点。

3. "两化"融合进一步深化，信息化程度不断提升

2013年以来，相关部委启动了北京、广东、重庆、江苏等省市互联网与工业融合创新试点工作，部分城市和地区将食品安全纳入智慧城市试点及"两化"融合示范区建设，食品工业"两化"融合进程加快（"两化"融合是信息化和工业化的高层次的深度整合，是指以信息化带动工业化、以工业化促进信息化走新型工业化道路）。大型食品骨干企业已经进入信息化综合集成应用阶段，一些大型食品工业企业积极探索"食品制造+互联网"融合发展模式，部分企业已经将云计算、大数据、互（物）联网、产品追溯等新型信息技术应用于食品生产、研发、销售等产业链的全过程；部分企业利用电商、微商等移动互联网平台，实现经销商订单运营模式以及社区店O2O直营模式的创新。

乳制品、肉制品、酿酒和饮料等部分行业"两化"融合进展良好，特别是白酒、乳制品等行业部分企业通过利用互联网、大数据、云计算等信息化技术，开展了基于个性化定制的研发、移动互联网全柔性生产模式，打造了安全透明的乳制品产业链。食品工业企业资源计划（ERP）的普及率接近50%，销售额在亿元以上的食品企业的ERP普及率高达80%以上。

4. 科技创新取得积极成效，技术装备水平持续提高

"十二五"时期，食品工业科技研发投入保持同步增长，2014年规模

以上食品工业企业研究与实验发展（R&D）经费428.3亿元，占当年食品工业总产值的比例为0.39%，与2010年持平。其中，农副食品加工业，食品制造业，酒、饮料、精制茶制造业和烟草制品业R&D投入分别为195.9亿元、112.7亿元、98.8亿元、20.9亿元，占当年本行业总产值比例分别为0.31%、0.55%、0.60%、0.23%。在R&D构成中，用于基础研究的投入不断强化，2014年国家自然科学基金食品科学领域资助经费达2.2亿元，是2010年的2.7倍。政产学研用技术创新模式得到更广泛应用，开展食品装备教学与研究的高校数量不断增加，新建了一批国家级、省级研发中心、示范基地，知识产权保护和企业标准化建设工作有序推进。专利数量明显增加，食品、食物及处理领域的专利申请、授权数分别达到15 000项和5 000项，同时成果得到广泛应用。基于风味导向的固态发酵白酒生产新技术及应用、刺参健康养殖综合技术研究及产业化应用、荔枝高效生产关键技术创新与应用、辣椒天然产物高值化提取分离关键技术与产业化、高耐性酵母关键技术研究与产业化、新型香精制备与香气品质控制关键技术与应用等多个科研项目成果获国家科技奖励。

食品装备行业技术水平持续提高，不少新产品、新技术通过鉴定推向市场，高速、成套、自动化程度高和可靠性好的食品装备不断涌现，产品类型更加丰富、数字化与自动化水平明显提高、节能水平显著提升。粮油、果蔬、畜禽产品、水产品加工、液态食品包装等重点领域关键装备开发取得了丰硕成果，自主创新能力明显增强。突破了食品加工领域一批共性技术，在食品非热加工、可降解食品包装材料、在线质监控等关键技术的研究方向取得重大突破；屠宰加工技术和装备、饮料灌装设备、乳制品加工设备等的技术进步加快推进。掌握、开发了一批具有自主知识产权的核心技术和先进装备，食品专用装备国产化率进一步提高，部分装备已摆脱了国外技术垄断与制约，自主装备的技术水平与国际差距逐步缩小，部分产品性能达到或超过国外先进水平，实现了关键成套装备从长期依赖进口到基本实现自主化并成套出口的跨越。如国内自主开发了6 000瓶/时5升大容量吹灌旋一体机、72 000罐/时高速易拉罐灌装机、36 000~68 000瓶/时饮料无菌吹灌旋生产线、采用干法灭菌技术的24 000瓶/时高速直线式乳品无菌塑瓶成套装备、挂面全自动化生产线等一批关键装备和成套设备。

5. 区域发展协调性增强，产业集群加快发展

"十二五"时期，在国家一系列区域发展战略指导下，东部地区、西部地区、中部地区、东北地区"四大板块"食品工业发展协调性增强。2010年，东部、中部、西部、东北地区食品工业主营业务收入在全国食品工业主营业务收入中的比例分别为45.1∶22.9∶19.4∶12.6，2015年发展为42.1∶28.2∶19.4∶10.4（见表1）。东部地区食品工业占比下降，中、西部地区份额增加，东北地区有所下降。东部地区虽然份额下降，但仍继续处于优先和优势的地位，2015年实现食品工业主营业务收入4.77万亿元，比2010年的3.26万亿元增长46.3%。中部地区发挥农业资源丰富的优势，把食品工业作为重点支柱产业进行培育，"十二五"时期食品工业发展明显快于其他区域，2015年实现食品工业主营业务收入3.19万亿元，比2010年的1.45万亿元增长120.0%。西部地区借力国家政策支持优势，推动食品工业发展进入快车道，2015年实现食品工业主营业务收入2.20万亿元，比2010年的1.20万亿元增长83.3%。东北地区受到本地区整体经济下行幅度大和高粮价影响，食品工业发展速度明显放缓，2015年实现食品工业主营业务收入1.18万亿元，比2010年增长54.5%。

表1　　　　　各地区食品工业主营业务收入占全国比重　　　单位：%

地　区	2010年	2015年
东　部	45.1	42.1
中　部	22.9	28.2
西　部	19.4	19.4
东北部	12.6	10.4

资料来源：中国食品工业协会。

"十二五"时期，有关部门和地方政府积极推进食品工业集约集聚发展，形成了一批规模化、园区化食品产业集群，产业集聚效应日益显现。在粮油加工方面，黑龙江省建设了一批30万吨以上稻谷加工产业园区，河南省建成了全国最大的主食及速冻食品产业基地，山东省建设了十大粮油产业园区，广西结合推进北部湾（广西）经济区建设，形成了若干较强集聚效应的临海粮油深加工园区和产业集群。在水产加工方面，形成黄渤海、东南沿海、长江流域三个水产品出口加工优势产业带和辽东半岛、舟山群岛、雷州半岛等规模化的水产品加工产业园区。在酿酒工业方面，建设了一批酿酒生态园区，陆续建成了"中国（宜宾）白酒之都"、广东佛山豉香型白酒产业基地、山东安丘"中国芝麻香白酒第一镇"、湖北宜昌"中国白酒名镇"等。在发酵产业方面，建设了山东昌乐柠檬酸特色产业基地、山东禹城功能糖特色产业基地等产业集群，方便休闲食品形成了以福建晋江为代表的产业基地雏形。

6. 资源利用率不断提高，节能减排取得成效

"十二五"时期，食品工业依托循环经济示范工程，大力发展循环经济，推广综合利用的新工艺、新设备，提高食品工业副产品开发利用水平，资源利用效率进一步提高。如制糖行业副产物综合利用水平显著提升，形成了以纸浆、酒精、酵母、复合肥、活性炭、工业级和食品级纤维素等副产品为主的多门类循环经济产业链条；利用蔗渣发电也取得新进展，发电量已居全国生物质发电首位。

同时，食品工业各行业，尤其是发酵、酿酒、制糖、淀粉加工、畜禽屠宰及肉类加工等行业，全面落实《中华人民共和国节约能源法》《中华人民共和国清洁生产促进法》等相关法律法规，积极推进节能减排技术改造，推广使用高效节能、清洁生产的新工艺、新设备，加大"三废"治理和废水循环利用力度，减少污染物排放，节能减排取得积极成效。根据《中国能源统计年鉴》《中国环境统计年鉴》相关数据显示，2013年全国食品工业万元增加值能源消耗量为313.4公斤标煤，较2010年316.8公斤标煤下降1.2%；2012年食品工业单位产值废水排放量、化学需氧量排放量和氨氮排放量分别为3.2吨/万元、0.96千克/万元、0.044千克/万元，较2010年分别下降了28%、27.3%、14.2%。生物发酵行业在2010~2012年吨产品水耗平均每年降低2.9%，能耗下降2.2%。以味精行业为例，吨产品综合能耗从2011年的1.2吨标煤下降到2014年的1吨标煤。添加剂行业节水达到60%以上。制糖行业从"十一五"末期到2013~2014年制糖期，百吨糖料能耗由5.3吨标煤下降到4.8吨，每吨糖化学需氧量排放量从18.6千克下降到12.4千克，降幅分别为9.6%、33.6%。

（二）主要问题

1. 食品质量安全水平与人民群众期望尚存差距

长期以来，我国食品供应体系主要围绕解决食品供给数量建立的，在食用农产品生产、食品加工、流通及销售等环节的质量安全管理上存在薄弱环节。在人民生活水平提高对食品消费需求从"吃饱"向"吃好、吃得安全"转变的情况下，食品供给体系的不适应性进一步凸显。

一是部分食用农产品质量安全依然存在隐患。我国食品消费总量的70%以上为鲜活农产品，在农产品市场准入与监督制度不健全的背景下，受农（兽）药不合理使用、重金属污染、工业"三废"和城市垃圾不合理排放等因素的影响，农药、兽药残留和有毒有害物质超标的食用农产品仍在市场上存在。

二是食品生产加工销售过程质量安全问题时有发生。我国食品工业集约化水平低，大中型企业偏少，小、微型企业仍占大多数。大量小微食品生产加工企业资金有限，工艺设备技术落后，缺乏检测设备，人才相对短缺，容易造成食品安全隐患。食品生产过程中一些食品容器、包装材料在直接或间接与食品接触的过程中，有害物质可能会溶出，对食品造成污染。如塑料制品的单体、稳定剂、抗氧化剂、增塑剂，橡胶胶乳和单体、橡胶添加剂（硫化促进剂、防老化剂、填充剂等），食品容器或设备表面的化学涂料，陶瓷、搪瓷、金属盛器中的铅、砷、铝、锌、镉等金属元素的污染，包装纸包装上的荧光增白剂、多环烃、油墨污等。一些不法从业商贩为了改善食品品相、追求经济利益最大化，在食品生产加工、销售过程中使用劣质原料，掺杂造假，超范围、超量使用食品添加剂，添加非食用物质，甚至添加有毒物质，对人体造成致畸、致突变、致癌等损害，带来食品安全重大隐患。

三是食品冷链物流建设滞后导致食用农产品、食品易腐变质现象严重。相关数据显示，我国每年约有4亿吨生鲜农产品进入流通领域，其中果蔬、肉类、水产品流通腐损率分别达到20%~30%、12%、15%，仅果蔬折合经济损失就达到1 000亿元。中国与欧美国家农产品流通腐损比较见图2。

四是标准体系建设滞后。尽管"十二五"时期，我国在食品安全标准工作方面取得较大进步，但距离"最严谨的标准"还存在较大差距。主要表现在：（1）标准缺失，农、兽药残留等基础和通用标准、产品标准、检测方法标准等与美国、日本、欧洲等发达国家和地区存在较大差

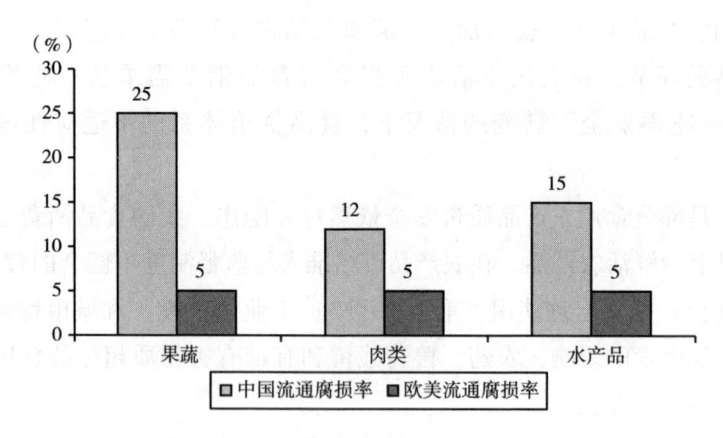

图 2　中国与欧美国家农产品流通腐损率比较

资料来源：智研咨询集团《2015—2020年中国农产品冷链物流行业发展现状及发展方向分析报告》。

距；（2）检测方法不配套，有些标准规定了限量值，但缺乏配套的检测方法；（3）标准滞后，更新慢，时效性不强，新品种、新物质、新技术、新工艺、新材料风险监测、评估、标准建设滞后，难以及时识别食品安全风险。

2. 供给与需求不匹配

按食品品质划分，由高到低可分为有机食品、绿色食品、无公害食品和不合格食品。无公害食品产地环境、生产过程和产品质量要符合国家有关标准和规范要求，绿色食品则要产自优良生态环境、按照绿色食品标准生产、实行全程质量控制并获得绿色食品标志使用权的安全、优质食用农产品及相关产品，有机食品在其生产加工过程中绝对禁止使用农药、化肥、激素等人工合成物质，并且不允许使用基因工程技术。随着我国经济社会的快速发展，城乡居民收入不断增加，对食品安全要求也在不断提高，对食品的消费正从生存型消费加速向健康型、享受型消费转变，从"吃饱、吃好"向"吃得安全、吃得健康、吃得方便"转变，对方便、营养和安全的无公害食品、绿色食品、有机食品需求量在不断增大。但我国农业标准化生产率低，耕地、水、大气等农业环境污染普遍，农药、化肥等投入品使用量大、不合理使用等造成绿色食品比重低，有机食品稀有。截至2015年底，全国"三品一标"产品合计10.7万个，产品产量、生产面积、获证主体数量均有大幅增长，但产品大量用于出口。目前,我国国内有机食品的消费额年增长率为30%~50%,有机食品常年缺货率达30%,供给与需求不匹配。

3. 副产物综合利用水平低,节能减排压力加大

部分行业副产物综合利用效率低下,部分产品单位能耗、水耗和污染物排放仍然较高。据2014年农业部农产品加工局调查显示,禽类副产物综合利用率为59.4%,畜类副产物综合利用率仅为29.9%(见图3)。速冻食品行业能耗仍然较高,目前多为一段式速冻,工艺单一,冷冻时间长,能源浪费较为严重,每吨能耗是欧美、日本等国家和地区的2.5倍。新型冷冻技术的研发、引进、应用和推广严重滞后,速冻装置柔性风场设计、进出口防跑冷装置、冻结区分段和压缩机变频分组供应等技术尚处于开发阶段。实施清洁生产、加快转型升级和大力发展循环经济,成为我国食品工业发展亟待解决的问题与主要任务。

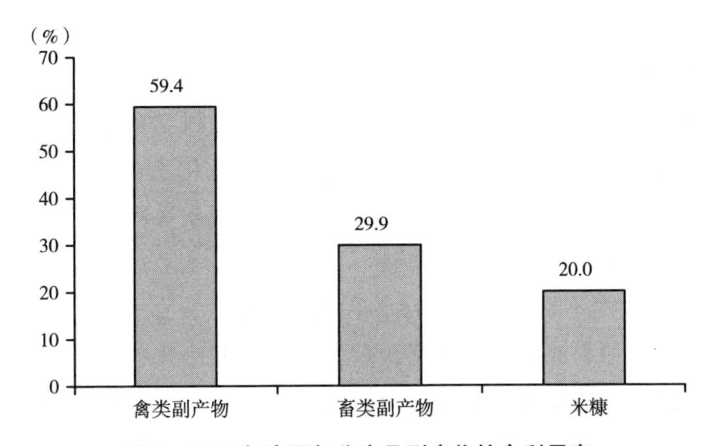

图3 2014年我国部分产品副产物综合利用率

资料来源:农业部农产品加工局:《农产品及加工副产物综合利用问题研究报告》。

4. 科技创新能力不强,高端装备依赖进口

与发达国家相比,我国食品工业整体技术和装备水平尚有一定差距,食品科技创新基础薄弱,产学研用结合不紧密,科技创新与服务平台尚不足支撑产业发展。

一是食品工业企业规模普遍偏小,研发实力较弱,用于研发的资金投入十分有限,创新投入严重偏低。2014年,规模以上食品工业企业研究与实验发展经费428.3亿元,仅占当年食品工业增加值的1.6%,与全

国研发经费投入强度（研发经费与GDP的比值）的2.1%相比，仅相当于其80%。食品工业研发创新投入与能力亟待加强，研发投入的效益还有待于进一步提升。

二是研发成果水平较低，加工技术储备不足，现有食品领域研发成果多数处在初级产品阶段，针对精、深加工产品及资源综合利用的研究成果很少。

三是关键技术和装备对外依存度较高，自主研发的高端设备较少。以食品装备制造行业为例，我国食品工业整体技术和装备水平比发达国家落后20年左右。食品加工装备制造业产品稳定性、可靠性和安全性较低，能耗高，成套性差；整体研发能力不高，关键技术自主创新率低；一些关键领域对外技术依赖度高，部分重大产业核心技术与装备基本依赖进口；定向分离与物性修饰、非热杀菌、多级浓缩干燥等食品工业技术，以及连续冻干设备、超低温单体冷冻设备等一批共性关键重大技术与大型成套装备亟待突破。

四是自主创新能力较弱，多数企业内部缺乏科学合理的研发创新机制，新产品开发和产品升级换代步伐较慢，工业化主食、鱼糜制品、黄金砂糖、低度化和多元化白酒、高阻隔软包装罐头等新兴产业得到一定发展，但尚不能支撑食品行业发展。

5. 企业成本不断上升，盈利水平持续下降

一是食品原料成本高。受资源环境约束以及小规模、分散化农业生产方式的限制，我国农产品竞争力普遍弱于规模化、机械化为导向的美国、澳大利亚和南美国家。如糖，从澳大利亚进口1吨糖运到中国港口是3 750元，而中国生产1吨糖的成本为5 300元。水稻、小麦、玉米、大豆、猪肉、羊肉、牛肉、牛奶等基本都比国际价格贵，有些农产品甚至比国际价格高出1/3。

二是粮食托市收储政策进一步扭曲了食品加工原料供应，农产品价格和食品价格发生倒挂，企业成本压力大。从小麦开始，早籼稻、中晚籼稻、粳稻都实施了最低收购价政策，大豆则进行临时收储。近期玉米临时收储政策调整为"市场化收购"加"补贴"的新机制。2015年，全国玉米产量4 491.6亿斤，同比增加178.7亿斤。而由于市场需求低迷，2015年玉米消费仅为3 500亿斤，过剩矛盾突出。2015年临储价格下调后，玉米价格有所回落，但国内外每吨价差仍高达600多元。粮食托市收购提高了农民种粮积极性、保证了农民的利益。但多年的国家托市收购政策，加上大量进口粮食进入市场，粮食加工企业处于尴尬境地，上游有国家托市收购价格的竞争，下游有进口粮食的挤压。近些年，"稻强米弱""麦强面弱""豆强油弱"等价格异常现象成了常态，原粮价格强、成品价格弱的格局致使粮油加工企业利润微薄，玉米、大米加工业出现了普遍亏损局面，在东北出现了大面积的停产，开工率严重不足。粮价逐年攀升，新粮大量进入国家战略储备，导致粮商和加工企业对优质原粮的争夺越来越激烈，加工企业需要参与政策性拍卖才能高价获得所需粮源。这种扭曲的价格机制进一步增加了企业生产成本。

三是企业运营成本高。随着经济社会发展，用工成本大幅上涨，加之企业销售费用、管理费用、财务费用、检测费用都呈上升趋势，导致企业生产成本不断增加。

四是企业融资成本高。食品工业企业规模较小，一些行业如制糖行业盈利能力不足，被银行列入高风险行业，导致银行收紧对企业信贷，企业融资成本较高。

五是我国食品工业层次较低，生产方式比较粗放，利润不高。2014年，农副食品加工业在主营业务收入、主营业务利润方面占据绝对主导地位，分别占整个食品工业主营业务收入、主营业务利润的58.3%、40.5%；而食品制造业仅占18.6%、22.3%。在食品工业中，农副食品加工业处于产业链的低端，以初加工为主，精深加工、高附加值产品少，导致盈利能力进一步削弱。

二、"十三五"我国食品工业发展仍处于重大战略机遇期，但也面临着诸多风险和挑战

（一）国际环境

1. 世界经济复苏乏力，我国食品产业发展的不确定性增加

国际金融危机以来，世界经济复苏步履维艰，国际货币基金组织预

测2016~2020年内世界经济仍将处于4%以内的低速增长之中。发达国家经济复苏乏力,新兴经济体经济增长放慢,利用技术标准等壁垒的国际贸易保护主义倾向重新抬头,全球贸易强度连续3年停滞不前,导致国际市场对我国食品需求减弱;非美元货币特别是欧元、日元等货币竞相贬值(见图4),降低了我国食品出口竞争力。发达国家食品产业再工业化以及部分发展中国家食品产业快速发展,加上我国食品生产成本上升和环境、资源制约加强,食品产业面临发达国家下压和发展中国家上挤的双重压力。中东、北非等国家和地区地缘政治仍然不稳定,导致我国食品进出口和食品企业对外投资的方向更加难以把握,食品产业发展不确定性有所增加。

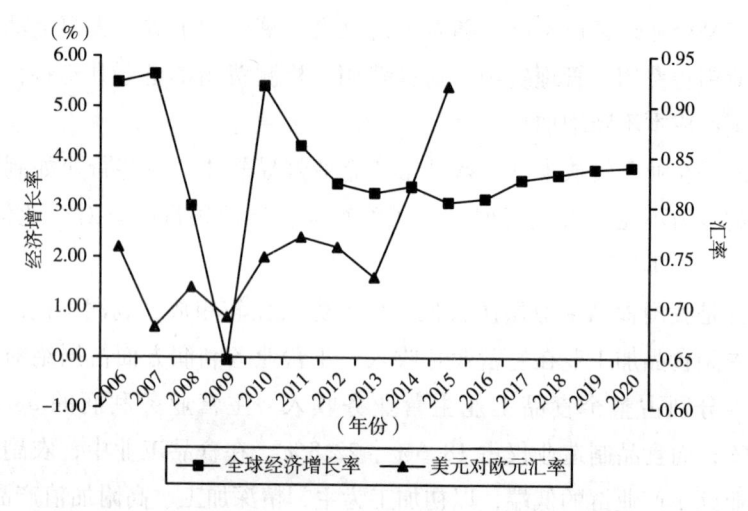

图4 2006~2020年全球经济增长率与美元对欧元汇率

资料来源:IMF数据库。

2. 跨国公司加快全球布局,我国食品企业"走出去"机遇与挑战并存

当前我国食品企业"走出去"面临重大战略机遇。一是世界经济低迷,部分国外食品企业经营困难,跨国合作意愿比较强烈,其资产、设备和技术处于低估值时期,有利于我国食品企业以更低的价格并购国外企业。二是我国食品工业经历三十多年的高速增长,形成了一批实力雄厚、竞争力强的大中型企业,随着国家"一带一路"倡议的深入推进,以及各种双边或多边自由贸易协定的签订,我国食品企业对外投资环境极大改善,有利于我国食品企业加快"走出去",在国外建立原料基地、兼并企业、新建工厂、开展技术合作等（见图5）。

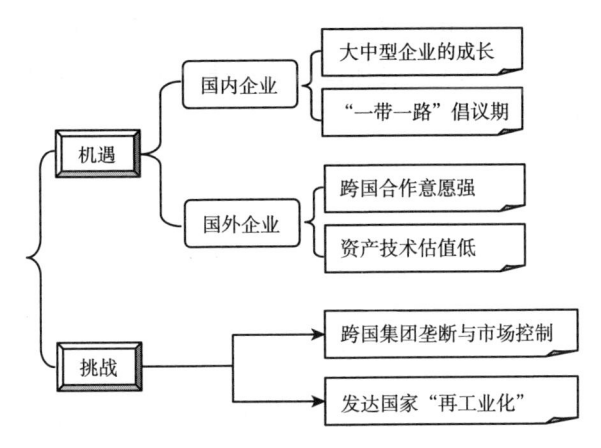

图5 我国食品企业"走出去"的机遇与挑战

但是，也面临着诸多挑战。近年来食品跨国集团纷纷在全球范围内通过资本整合，将技术领先优势迅速转化为市场垄断优势，不断提升核心竞争能力，采用兼并、控股、参股等多种手段大举进入发展中国家和新兴经济体市场，行业集中度不断提升，对我国食品产业全球布局产生巨大阻力。同时，全球新一轮科技革命正在兴起，美欧等发达国家纷纷掀起"再工业化"浪潮，科技创新正成为重塑世界格局、引领经济增长的主导力量，国外特别是发达国家食品工业技术进步加快，我国企业"走出去"面临技术创新的压力与挑战。

3. 食品加工新技术新装备蓬勃发展，为食品行业创造新空间

数字化新技术必将为"十三五"时期国内外食品工业创造新的发展空间，如3D打印技术采用食品打印机和数字食谱，目前已应用于焙烤食品、巧克力、糖果、肉类等食品。随着物联网、大数据、云计算等新一代信息技术的迅猛发展，食品工业将走向网络化，食品加工结合物联网技术，可以定制个性化营养配方，物联网、大数据、云计算等技术在食品冷链物流及安全溯源体系中的应用，有助于建立从生产到最终消费的可溯源性食品信息。智能化技术与食品工业的结合也是食品工业发展的新空间，食品加工机器人是传统食品行业现代化生产革新的创新动力，目前国际食品加工装备新型自动化、智能化技术的发展已经步入快车道，装备智能化程度日益提高必将给食品企业带来技术的革新；新材料新能源也是食品工业发展的新空间，生物技术、纳米技术、新工艺新材料等

高新技术的迅速发展，与食品科技交叉融合，不断转化为食品生产新技术，生物催化、生物转化等技术已开始应用于从食品原料生产、加工到消费的各个环节，催生了新型保健与功能性食品产业、新资源食品产业等新业态（见图6）。

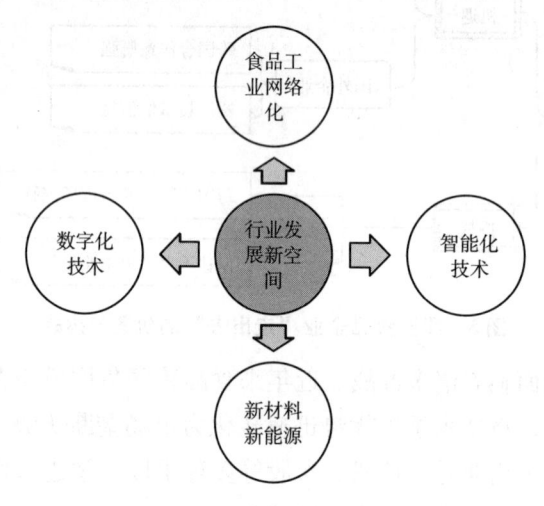

图6 食品工业行业发展新空间示意

（二）国内环境

1. 中国经济进入新常态，食品工业增长预期放缓

中国经济进入发展新常态，正从高速增长转为中高速增长，特别是2010年超越日本成为全球第二大经济体之后，中国经济增速持续减缓，过去三十多年高速增长积累的矛盾和风险逐步凸显，工业发展正从要素驱动、投资驱动向创新驱动转型。在经济发展新常态下，我国食品工业增长也将放缓，将从过去的两位数以上的高速增长下降到个位数的中高速增长。同时，随着食品消费结构升级，我国食品工业发展模式要从量的扩张向质的提升转变，食品工业保持以往的高速发展难度加大。

2. 消费需求刚性增长，营养安全产品前景广阔

"十三五"时期，我国食品消费总量将继续保持刚性增长。"二孩政策"的全面实施将使我国人口总量继续保持增长，同时，随着城乡居民人均收入水平的提高和贫困人口的全面脱贫,人均食品消费支出将继续增加,食品消费需求规模将继续扩张。伴随着新型城镇化深入推进和人均GDP持续增长,中产阶层比例扩大,我国对食品消费的需求将整体进入营养与健康的崭新历史时代。到2020年,我国城镇化率将达到60%,城镇人口将达到8.5亿人左右,人均GDP超过1万美元,预测人均食品消费将达到6 300元左右,相比2015年年均增长5.5%左右,居民食品消费从生存型消费向健康型、享受型消费转变,从低端产品向中高端产品转变,更营养、更健康的食品越来越受市场欢迎,未来的食品产业将由"数量驱动"向"价值驱动"转变,由"吃得饱"向"吃得好"转变,营养与健康食品产业前景广阔(见图7、图8)。

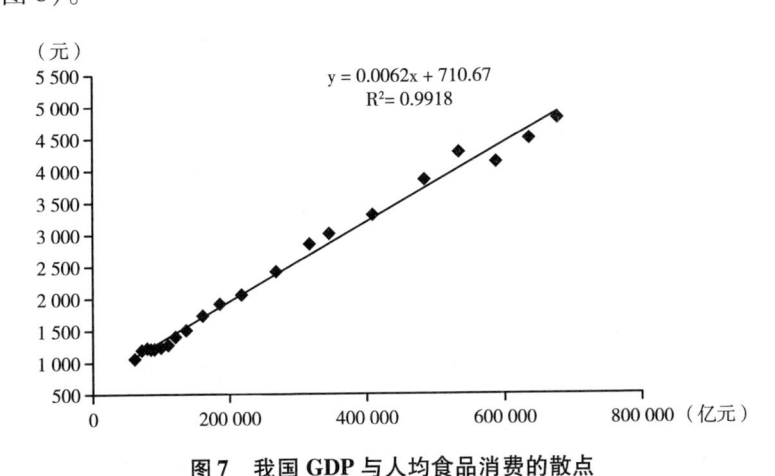

图7 我国GDP与人均食品消费的散点

注:(1)数据时间段为1995~2015年;人均食品消费数据中,2013~2014年数据来自2015年《中国统计年鉴》,2015年数据来自《2015年国民经济和社会发展统计公报》,1995~2012年数据根据农村居民家庭平均每人食品消费支出、城镇居民家庭平均每人食品消费支出按城乡人口权重加权平均计算而来,1995~2012年各项数据来自国家统计局网站;GDP数据来自国家统计局网站。

(2)图7模拟了GDP与人均食品消费之间的函数关系,横轴为GDP,纵轴为人均食品消费,二者拟合程度高达0.991。按照《中华人民共和国国民经济和社会发展第十三个五年规划纲要》2020年GDP超过92.7万亿元的发展目标,预测2020年人均食品消费将达6 272.60元,相比2015年增加30.3%,年均增长5.4%。

图8　我国常住人口城镇化率与人均食品消费的散点

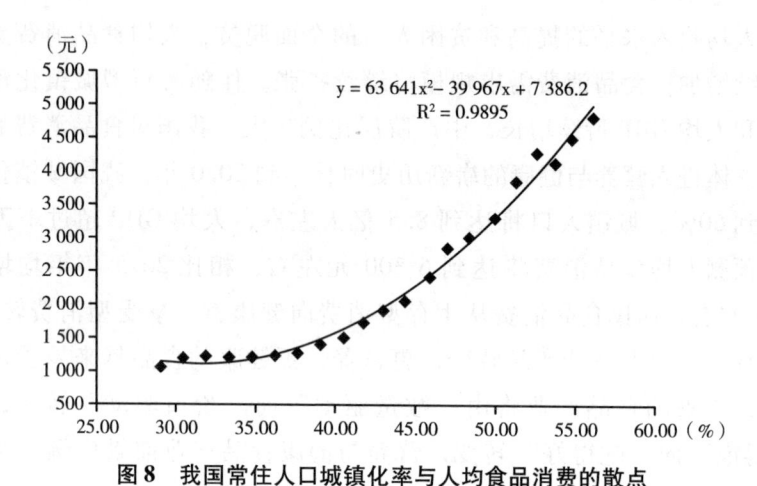

注：（1）数据时间段为1995～2015年；人均食品消费数据来源与图7一致；城镇化率数据来自国家统计局网站。

（2）图8模拟了城镇化率与人均食品消费的函数关系，横轴为常住人口城镇化率，纵轴为人均食品消费，二者拟合程度高达0.989。按照《中华人民共和国国民经济和社会发展第十三个五年规划纲要》2020年常住人口城镇化率达到60%的发展目标，预测2020年人均食品消费将达6 316.56元，相比2015年增加31.2%，年均增长5.6%。图7与图8有关2020年人均食品消费的预测数据非常接近。预测充分说明了未来食品消费前景广阔。

3. 品牌消费时代来临，食品消费方式分化

随着消费者文化层次、收入水平、消费观念的不断提升，消费者的品牌意识不断增强，人们将注意力转移到了主流品牌与更加标准化的商品，并愿意以更高价格购买有品质保证的商品，品牌产品的品质保证是品牌消费的核心，实施品牌战略，培育国际品牌，特别是对传统名、特、优、稀、珍食品的开发和品牌塑造，将成为我国食品工业"十三五"发展的一大重点。与此同时，食品消费方式和销售模式也将发生变化。一是食品销售由线下向线上线下相结合转变，食品电商通过布局全球范围的供应链，实现食品的全球原产地直供，满足消费者的多样化需求。二是原料、加工制成品消费向半成品、快消产品转变，生活节奏的加快使食品原料消费的比例逐渐降低，而对生活品质的追求又使得加工制成品难以满足消费者的需求，半成品、快消品则充分满足了消费者的愿望。三是大众消费向个性消费转变，个性化消费的需求颠覆了传统的产品思路、销售渠道和品牌认知方式，最终要求企业要完成从自我解决传统经

营的模式向市场个性化市场需求转变思想意识的升级（见图9）。

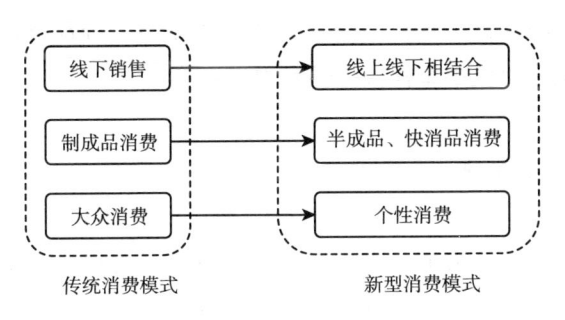

图9　食品消费方式分化示意

4. 节能减排要求提高，外部挑战压力加大

为落实绿色发展新理念，"十三五"规划增加了资源环境考核约束性指标，从"十二五"时期的11项增加到16项，其中要求"十三五"时期万元GDP用水量下降23%，单位GDP能耗降低15%，单位GDP二氧化碳排放量下降18%，化学需氧量排放总量减少10%。食品工业的酿酒、发酵、屠宰、制糖等行业耗水、耗能、污染物排放比较高，节能减排面临较大压力。

三、以五大发展新理念为统领，谋划"十三五"食品工业新思路

（一）指导思想

全面贯彻党的十八大和十八届三中、四中、五中全会精神，以邓小平理论、"三个代表"重要思想、科学发展观为指导，深入贯彻习近平总书记系列重要讲话精神，围绕"四个全面"战略布局和"四化同步"总体要求，坚持创新、协调、绿色、开放、共享的发展新理念，以满足人民群众日益增长和不断升级的安全、多样、优质、营养食品消费需求为目标，以供给侧结构性改革为主线，以创新驱动为动力，着力提高食品工业供给质量和效率，增强国内消费者信心；着力推进一二三产业融合，打造食品全产业链；着力加快信息化和工业化深度融合，促进食品

工业新技术、新产品、新模式、新业态发展；着力加快走出去步伐，培育世界知名品牌，进一步提高食品工业的竞争力，推动食品工业持续健康发展，为全面建成小康社会提供有力保障。

（二）基本原则

质量为先，安全为本。强化企业的质量安全责任，全面推进质量安全可追溯体系；强化全产业链质量安全管理，提升产品质量安全水平；强化品牌体系建设，实施品牌提升行动，培育国际品牌。

科技引领，创新驱动。发挥科技创新的引领作用，着力推进原始创新、集成创新、引进消化吸收再创新及创新示范，促进协同创新和创新成果产业化，加快产业技术创新和商业模式的创新。

集约高效，绿色循环。着力化解过剩产能，培育先进产能，提高原料的精深加工和副产品的综合利用水平，推进清洁生产和节能减排，大力发展循环经济，实现产业与生态环境和谐发展。

协调推进，融合发展。加快推进信息技术在食品工业领域的应用，促进产业发展质量和管理水平的双重提升；全面推进一二三产业融合，完善食品产业链条，加快推进食品工业转型升级与其他产业的融合互动、协调发展。

内外统筹，开放合作。统筹用好国际、国内两种资源，构建渠道多元、供给稳定的进口保障体系，积极支持食品企业"走出去"，重点加强与"一带一路"沿线国家的合作，推动形成全球合理布局，提升食品工业开放发展水平。

（三）发展目标

到2020年，食品工业规模化、智能化、集约化、绿色化发展水平明显提升，区域布局进一步优化，创新能力稳步提高，质量安全水平全面提升，国际竞争力明显增强，基本形成现代食品产业体系，实现食品工业中高速发展和迈向中高端水平。

——产业规模不断壮大。到2020年，规模以上食品工业企业主营业务收入超过16万亿元,年均增长7.5%左右。深加工食品占食品工业主营业务收入比重达到11%左右,食品工业增加值占工业比重达到12.5%以上。

——食品安全水平稳步提升。食品质量安全标准体系进一步完善,规模以上食品生产企业全部达到良好操作规范(GMP)要求,大中型企业普遍达到危害分析和关键控制点(HACCP)认证要求,食品质量抽检合格率达到98%。

——自主创新能力显著增强。到2020年,食品工业研发投入强度突破0.6%,关键设备自主化率提高到65%以上,食品加工核心技术和关键装备达到国际先进水平。

——两化融合水平显著提升。到2020年,大型食品工业企业ERP应用率达到75%,装备数控化率达到70%,中小企业应用信息技术开展研发、管理和生产控制的比例达到50%。

——绿色发展成效突出。到2020年,规模以上食品工业企业副产品综合利用率提高到90%以上,规模以上企业单位工业增加值能耗下降15%、单位工业增加值二氧化碳排放量下降18%、单位工业增加值用水量下降18%、化学需氧量排放总量减少10%。

——组织结构不断优化。形成一批具有国际竞争力的大型食品企业(集团),主营业务收入超1 000亿元的企业达到10家以上,主营业务收入超100亿元的企业达到100家以上,大中型企业主营业务收入占食品工业主营业务收入60%以上。

四、围绕十三大重点领域,明确"十三五"食品工业主攻方向

(一)粮食加工业

"十三五"时期,粮油加工业将在"创新、协调、绿色、开放、共享"发展理念的指引下,遵循"谷物基本自给、口粮绝对安全"国家粮食安全新目标的总体要求,以推进供给侧结构性改革为主线,以提质增

效、转型升级为目标，加快淘汰落后低效产能，稳步提高先进优质产能比例，大力发展新技术、新产品和新模式，不断提升粮食加工技术装备水平和产品质量，增强行业可持续发展能力，不断满足城乡居民日益提高的消费需求，有效保障国家粮食安全。到2020年，粮油加工业的总产值和销售收入增速保持年均10%左右。

——协调发展粮食生产与消费，强力推进主食产业化发展。充分发挥不同经济性质的粮食加工企业积极性，引导粮油加工企业集团化、园区化发展。以工业化生产、产业化经营、社会化供给为主要特征，适应膳食结构新变化和消费需求升级新趋势，形成具有中国膳食特色的新型主食产业发展方式。

——切实推进粮食加工节粮减损，提高副产物综合利用率。按照营养、健康标准和市场适应性，优化加工工艺，建立涵盖收储—加工—销售全过程的节粮减损指标控制体系，制定适度加工和节能减排行业标准，明显提高成品粮食出品率和副产物综合利用率，推动全谷物及杂粮食品等营养健康新产品开发及产业化，引导企业科学开展粮食精深加工。

——增强产学研协同创新能力，提升粮食加工科技水平。不断完善科技创体系和激励机制，引导粮食高端人才、资金等创新要素向高地集中。不断提升企业自主创新能力，引导企业转方式、调结构，积极采用新技术、新成果，通过产学研合作模式提升企业研发实力。

——紧跟"一带一路"倡议，探索粮食加工"走出去"新路径。支持粮食加工企业"走出去"，鼓励企业利用国际资源开展对外投资合作，支持中国企业赴海外开展租地种粮、粮食加工等项目。支持粮食加工机械"走出去"，鼓励企业参与对外援助和国际合作项目。支持粮食加工产品"走出去"，支持企业和"一带一路"沿线国家开展具有中国特色的粮食品种（如小杂粮、油料作物等）贸易，带动资金、技术和人才的输出。

——提升粮食加工宏观调控能力，构建多元化动态调节机制。提升粮食轮换加工调控能力，探索和推广粮食商业储备经营机制。建立粮食加工动态调节机制，适时出台阶段性动态扶持政策。建立粮食储备吞吐和进出口调节机制，进一步优化中央储备粮的轮换机制和粮食市场化交易体系，增强粮食加工市场化调节能力。

——增强粮食供给与安全监测能力，完善公共服务体系建设。完善成品粮食应急体系和网点建设，优化区域布局，提高应急供应能力。实施"互联网＋"战略，深入推进"智慧粮食"试点工程，加强企业对粮食网络信息的数据集成、挖掘、分析与处理能力。不断完善区域性粮食监督检验中心和检验站建设，改进粮食质量检测技术和方法，积极发展第三方社会检测机构，建立国家权威机构追溯平台、第三方追溯平台等构成的多层次信息系统，提升粮食质量检验机构的信息化水平和服务能力。

（二）食用植物油加工业

"十三五"时期，以科学发展观为指导，坚持产业升级，完善油脂工业产业链，坚持稳固走出去战略，以技术为引领，加大淘汰落后产能的力度，适度加工，节能减排，实现油脂加工现代化和质量监管信息化。到2020年，建立布局合理、结构优化、特色明显、协调发展的现代油脂加工体系，规模以上食用植物油加工企业总产值年均增长12%。

——重组和建设一批大型"龙头"企业。在主产油料的区域重组和建设一批年产油脂30万~50万吨的大型龙头企业。油脂加工大型龙头企业年生产量应占全国油脂年产总量的40%左右，企业严格实行HACCP规程，应对WTO的挑战。

——加大特种油料资源和新资源油料的发展和研究。推广米糠和玉米胚等集中制油，支持芝麻、葵花籽（油葵）、油茶籽、油橄榄、红花籽、亚麻籽、沙棘籽、紫苏籽、月见草籽等特种油料的发展，生产营养健康的功能性油脂。发展木本油料，扩大油源供应，研究开发适合于木本油料及其副产品综合利用的新工艺、新装备。加强微生物油脂的研究，选育出更多的高产菌株，改进生产工艺，扩大应用范围。

——加大油料副产物的综合利用。采用新技术在油脂行业的应用，提高油料副产物的利用率，重点是利用微波膨化技术增强米糠原料稳定性、利用水酶法实现油料蛋白和油脂的同步提取等。进一步增强传统油脂油料副产物的推广应用，重点是大豆低聚糖、异黄酮、皂苷、大豆蛋白肽、膳食纤维等，实现油脂加工业的产业链规模化和合理化，改变产品结构不合理的现状。

（三）肉类加工业

以促进畜禽生产、增加农民收入、保障食品安全和改善居民肉食消费为目标，贯彻创新、协调、绿色、开放、共享的发展理念，充分发挥肉类加工企业在农村一二三产业融合发展中的引领作用，大力推进畜禽养殖、屠宰加工和肉品流通的紧密衔接，统筹利用国内、国外"两个资源、两个市场"，加强和完善肉类食品产业链建设，加快推进肉类产业结构调整、科技进步和转型升级，提升供给保障力、市场竞争力和可持续发展能力。到2020年，肉类总产量达到9 000万吨。

——完善养殖场和屠宰加工企业之间的利益联结机制。按照"公司＋畜禽养殖专业化组织＋农户"的模式和"利益共享、风险共担"的市场化原则，与农户建立合理的利益分配机制和稳固的购销关系，保障肉类加工原料的稳定供应和质量提升。

——加快畜禽屠宰标准化改造与升级。对符合屠宰设置规划的企业，推动实施屠宰加工、肉品品质检验、冷藏运输、无害化处理和污水处理等标准化改造，并建立肉品质量安全管理体系，引导完成 ISO9000、ISO22000 和 HACCP 等认证，建立质量可追溯体系，为肉品质量安全提供技术和管理保障，组织实施"冷鲜肉加工"专项，推进肉类分割精细化和优质优价。

——实施品牌化战略。通过组织实施"中国传统肉制品加工技术改造与升级"专项，加强对我国优良传统肉类食品资源的挖掘，培育一批在国内外市场上具有较强竞争优势的民族特色品牌，推动传统肉类食品的工业化生产和品牌化经营，提升我国传统肉类食品的市场竞争力。

——推进肉类食品冷链物流的技改与升级。通过实施"肉类食品冷藏库升级改造"专项，改造一批存在安全隐患、"带病"运行的冷藏企业，提升一批安全管理基础较好的冷藏企业，从而达到全面提升我国冷库科学运行能力和安全管理水平的目标，为服务农牧业和肉类加工提供技术支撑。

——提高自主创新能力。依据促进肉类产业转型升级、保障肉品质量安全的重大科技需求，瞄准国际肉品科技发展趋势，通过组织实施肉类工业科技发展重点项目，加强基础研究，强化自主创新，突破技术瓶颈，为肉类产业向营养、安全、方便、高效提供有力的科技支撑。

——推进肉类食品工业园区建设。以肉类加工为主导，促进饲料、养殖、屠宰、加工、包装、冷链物流以及机械装备、食品添加剂、调味品等相关领域绿色产业集群的发展，着力实现园区内主导产业与相关产业的共生和资源循环利用。

（四）乳制品加工业

促进国内奶牛养殖业与乳制品加工业协调发展，提高人均乳制品消费水平，整合加工资源，优化产业布局，调整产品结构，提高企业国际化水平，提升技术水平和管理能力，保障产品质量安全。"十三五"时期，全国乳制品产量争取达到年递增5%左右，到2020年，总产量达到3 550万吨。

——优化产业布局和产品结构。继续发挥重点产区以及大中城市的资源优势，提高资源利用效率，合理配置原料和加工产能；鼓励发展具有地方特色的乳制品，鼓励羊乳、水牛乳、牦牛乳等特种乳制品的开发利用。加快调整产品结构，适应市场消费特点，鼓励发展高附加值的配方乳粉、干酪等产品；积极发展乳蛋白、乳糖等乳品深加工产品。

——确保奶源稳定可靠供应。鼓励自建、参股建设规模化奶牛场、奶牛养殖小区，逐步扩大企业自控奶源的比例，支持中国乳品企业到资源优势国家建设基地。鼓励乳制品加工企业通过返还利润、参股入股等多种形式，与奶牛养殖者结成稳定的产销关系和紧密的利益联结机制，大力发展规模饲养，提升奶牛养殖水平，提高奶牛单产，降低生产成本。鼓励乳制品加工企业自行建设或者收购生鲜乳收购站，加快建立生鲜乳质量第三方检测制度与体系。

——完善乳品标准体系和质量安全监管体系。对乳制品标准法规体系进行全面梳理，使行业标准法规体系进一步完备，符合行业发展要求。统一国产乳品与进口产品的监管方法和措施要求，保证企业公平竞争。完善乳品冷链物流配送体系及相关法规标准，保障全程冷链及有效实施，确保乳制品质量安全。

——提升行业关键技术和装备水平。坚持引进和自主研发相结合的原则，继续开展乳制品关键共性技术研究、集成与示范，重点发展膜分离技术、生物技术、冷杀菌技术、检测技术、流变学分析技术和冷冻干燥技术、干酪加工技术及乳清综合利用技术、直投发酵剂生产技术。支持乳制品质量安全控制关键技术、乳制品中非乳成分和非法添加物检测技术的研究与开发，重视乳制品包装材料开发，提高乳制品加工装备自主化率。

（五）水产品加工业

深入贯彻落实科学发展观，解决供给侧需要协调的问题，充分发挥市场配置资源的决定性作用，主动适应经济新常态的要求，客观预测和评估国际国内两个市场、两种资源，坚持以加快转型、升级、调结构为主线，依靠科技进步和自主创新，正视产业现有问题，优化产业布局，实现资源节约、环境友好、产品安全、满足市场需求的现代化水产品加工产业，努力提高水产品加工业综合效益和竞争力，实现水产品加工业的绿色发展。到2020年，水产品加工产量达到3 000万吨以上，水产品加工总产值达到5 000亿元以上。

——促进产业结构优化升级。推进传统水产品工业化生产，开发大宗水产品及产物资源加工新工艺、新产品，重点研究水产品加工副产品及高附加值产品开发技术、海洋渔获物船上保鲜与加工技术，海洋生物新资源食品开发技术，努力提高精深加工水产品的比例。

——强化水产加工品质量安全。健全水产加工标准化体系建设，建立与国际接轨的水产品原辅材料质量安全标准、水产品加工制造技术规范、水产品卫生质量安全标准及水产品物流标准。建立完善的产地准出和市场准入的快速检测程序，全面实施水产品可追溯体系和示范，建立完善的水产品安全风险预警系统与质量安全风险评估体系，保障水产品质量安全。

——优化完善水产冷链物流体系和市场信息服务。重点突破水产品贮运流通工程关键技术"瓶颈"，实施渔船具备自带制冷机组装备与保鲜技术系统，在有条件的地区试点建设海上综合加工船，逐步改善渠道上、下游的延伸冷链，实现全过程冷链物流的完全对接。强化水产品市场信息服务，培育新型多元的水产交易平台，引导开展水产品电子商务。

——促进产业集聚发展。积极规划和发展龙头企业主导、产业链完善、辐射带动作用强的水产品加工产业园区，推广产业集群示范模式，统一进行品牌、市场规划、合理布局能源配置、污染处理等，形成专业分工协作和相互带动的局面，配套检验检测、人才培训、加速形成功能完善、布局合理、资源节约、特色突出的现代水产品加工业产业集群。

——优化外贸战略和商品结构。结合国家"一带一路"倡议，积极开展与相关国家之间的渔业协议，开展养殖、加工及流通等领域深度合作，发展海外养殖基地、加工基地和远洋渔业保障基地。着力优化外贸商品结构，加大企业品牌宣传及市场开拓力度，增加品牌产品出口，提升出口产品附加值和技术含量。

（六）果蔬加工业

围绕制约我国果蔬加工业发展的关键因素，坚持以科技创新为引领，攻克一批关键共性技术，开发满足市场需求的果蔬产品，提高果蔬加工技术水平，构建果蔬加工业发展新模式，壮大我国果蔬加工业规模，更好带动农民增收、农业增效。到2020年，水果平均加工转化率超过20%，其中苹果达到35%，蔬菜平均加工转化率达到8%以上，果蔬加工行业产值达到5 000亿元左右。

——加强新技术研发和推广应用。重点加强高效制汁技术、非热杀菌技术、高效节能干燥技术、微波技术、速冻技术、膜技术、无菌贮藏与包装技术、超高压技术、超微粉碎技术、超临界流体萃取技术、膨化与挤压技术、基因工程技术及果蔬综合利用技术和相关设备研究。同时，以高效、节能、适应市场需求为基点，推进优势技术的产业化开发应用。

——大力发展加工型果蔬原料。优质产品来源于优质原料，果蔬罐头生产必须选用符合罐藏要求的原料。在罐头工业发达的国家，他们的拳头产品都有各自的优良罐藏品种，如日本的温州蜜柑、意大利的小型番茄、美国的黄桃等。要加快果蔬新品种选育，特别是大宗化、世界性果蔬品种的选育、引进和研究，采取常规育种和生物工程育种紧密结合，既重视鲜食品种的改良和发展，又重视丰产、抗病、优质的加工专用品种的引进与推广，引导形成合理的鲜食和加工品种种植结构。

——引导形成合理的区域布局。果蔬汁：在原料主产区发展浓缩果蔬汁、果蔬浆等加工，在人口聚集的大城市主销区发展果蔬汁终端产品。山东、陕西、山西、辽宁等地发展浓缩苹果汁，新疆等西部发展番茄酱、浓缩葡萄汁，河北、天津、安徽等地发展桃浆、浓缩梨汁，重庆、湖北等地发展柑橘浓缩汁与 NFC 柑橘汁，海南和云南等地发展热带果汁。脱水果蔬：在广西、云南、贵州、陕西、山西、甘肃、宁夏等西部特色果蔬主产地及山东、浙江、江苏、福建等东南沿海地区，发展脱水果蔬产业，形成"优势品种、优势产区加工"的"双优"布局。速冻果蔬：在果蔬主产地及山东、江苏、河北、辽宁、浙江、福建、广东等东南沿海地区发展速冻果蔬产业。

——健全全程质量控制体系。质量是产品的生命，要按照国际质量标准和要求来规范果蔬加工产业，在原料、加工、流通各个环节中建立全程质量控制体系。在果蔬加工生产企业推行良好作业规范（GMP）和危害分析的临界控制点（HACCP）。推广果蔬贮运保鲜新技术，应用新型果蔬保鲜剂、保鲜材料，普及果蔬品质与安全性快速检测技术（如微生物快速检测技术）。

（七）制糖工业

"十三五"时期，食糖产业要坚持以科学发展为主题，以转变发展方式为主线，以科技创新为支撑，按照"因地制宜，分类指导"的方针和"集约、高效、生态、安全"的发展方向，重点提高"四化"水平（即产业发展规模化、产业技术高端化、产业组织合理化、产业管理高效化），全面推进我国食糖现代产业体系建设，完善产业链的利益分配机制，促进区域协调，促进食糖产业转型升级，进一步提高食糖产业的综合竞争能力，保障食糖供给安全。食糖产能"十三五"时期保持在 1 800 万吨左右。

——加快糖料种植规模化与食糖产业的链条化发展。大力推动土地规模化集约化经营，通过多种形式流转土地承包经营权，促进土地集约化、规模化经营，同时大力推动制糖工业与糖料种植业的一体化经营，提高产业规模化生产水平。

——加快推进食糖产业先进技术的利用。大力推进糖料生产的良种化、机械化与水利化，提高糖料生产的劳动生产率；着力提高制糖工业的技术水平，缩小与国际先进水平的差距，积极推广应用先进技术与工艺，推进食糖产品多元化，提高生产效率，积极推进产学研相结合的制糖行业科技联盟建设，为行业发展提供必要的人才和技术支撑，提高产业技术水平和综合生产能力。

——加快推进食糖流通体系发展。改造、健全现有物流系统和基础设施，提高食糖包装标准，建立健全商业流通信息传递通道，解决信息滞后、扭曲、不完整等问题，完善和规范食糖批发市场发展，提供优质便捷的交易服务平台，推进管理、技术创新，探索特色经营模式，真正发挥食糖流通在产业链中的桥梁、纽带、蓄水池作用。

——加快推进政府产业管理职能转变。逐步形成统一的食糖产业管理部门，加强对食糖产业发展立法，推动糖业法立项，充分发挥中国糖业协会的组织、协调作用，提高食糖产业管理体制效率。

（八）方便食品

立足特色资源优势和产业基础，推进传统米面食品、杂粮和中餐菜肴的工业化，积极发展冷冻食品，拓宽冷冻食品加工范围，加大方便食品新产品开发力度，加快采用先进适用技术改造现有产品工艺，提高产品质量，提升产品档次，避免常温方便食品产品同质化、低水平恶性竞争，实现方便食品制造行业的快速发展。

——加强方便食品共性加工技术研究。重点研究挤压膨化、脱水复水、低脂油炸、复合保鲜、营养评价与强化、新型包装材料、冷冻冷藏、物性控制、安全性评价等技术。

——大力发展方便主食。采用非油炸或低脂油炸的新型加工技术，提高方便面制品的品质，扩大面制品品种；改变传统方便面高油脂和缺乏维生素、矿物质及纤维素等结构性营养问题，开发方便米饭、方便米线等米制品，实现"中式"方便食品的平民化；强化和均衡主食营养，全面提高方便主食的营养水平。扩大方便食品品种，使具有地方特色的传统食品实现方便化生产，传承和光大我国悠久的饮食文化。

——加快方便食品新产品开发。加快向多品种、营养化、高品质方向发展，积极发展风味独特、营养健康的休闲食品，开发风味多样、营养强化的焙烤食品，满足市场细分需求。推进冷冻米面行业扩大规模，继续提高速冻食品产量，拓宽冷冻食品加工范围，鼓励冷冻调理食品、冷冻点心和营养型冷冻产品等新产品的发展。

（九）饮料工业

——提高创新驱动发展能力。鼓励大型企业增加研发投入，独立或与科研学校联合建立技术、研发、检测中心，积极开发技术含量高和有特色的产品，使饮料产品的竞争从低价位的竞争转移到产品特色的竞争。整合力量，加大对关键技术、应用技术的研究，有重点地选择一批基础理论、综合应用、专项技术项目进行攻关和推广。在装备方面，重点开发节水节能降耗设备、新型绿色分离设备、节能高效蒸发浓缩设备、高速和无菌灌装设备、高速吹瓶机、吹瓶—灌装—封口等多合一设备、热熔胶贴标技术、无水冲洗和干润滑技术以及在线检测技术。

——提高饮料质量安全水平。大力整顿饮料企业，坚决取缔无卫生许可证、无营业执照、无食品生产许可证的非法生产加工企业，严肃查处有证企业生产不合格产品、严厉打击制售假冒伪劣食品的行为。全面清理食品添加剂和非法添加物，深入开展食品添加剂、非法添加物专项检查和清理工作。加强食品安全检测能力建设，增加原料检验、生产过程动态监测、产品出厂检测等先进检验装备，特别是快速检验和在线检测设备。完善企业内部质量控制、监测系统和食品质量可追溯体系。提高饮料行业准入门槛，明确饮料企业在原料基地、管理规范、生产操作规程、产品执行标准、质量控制体系等方面的必备条件。建立健全食品召回及退市制度。加强饮料企业诚信体系建设。

——建立健全标准体系。建立完善我国饮料产品标准体系，根据市场发展需求，调整和完善饮料产品标准体系，积极修订落后标准，适时制定特需标准。健全饮料食品安全国家标准体系，制定饮料产品真实性检测方法标准，提高行业整体的诚信水平。

——加强国产饮料自主品牌建设。支持优势品牌企业跨地区兼并重组、技术改造和创新能力建设，推动产业整合，增强品牌企业实力。引导企业开拓国际市场，通过国际参展、广告宣传、质量认证等多种形式和渠道，提高自主品牌的知名度和竞争力。完善认证和检测制度，提高国际社会对我国检测、认证结果的认可度，树立自主品牌国际形象。

（十）酿酒工业

——提升知名品牌竞争力。支持知名酿酒企业实施品牌战略，引导名优品牌参与全球竞争，进一步加快国际化战略的实施步伐。大力推动酿酒产业制造基地集群建设，积极建立酿酒生态园区，鼓励和规范酿酒产业特色区域发展。

——优化酿酒产品结构。推动啤酒风味向多元化、多品种等个性化方向发展，鼓励中小型啤酒企业生产特色啤酒；逐步实现葡萄酒产品品种多样化，促进高档、中档葡萄酒和佐餐酒同步发展；加快改良露酒产品，使其更贴近大众偏爱的消费口味；根据水果特性，生产半甜、甜型等不同类型的果酒产品；扩大黄酒行业干型、半干型产品产量，适度发展甜型、半甜型产品，研发适宜北方地区的创新产品。

——完善酒类产品安全保障体系。健全酿酒产业标准化体系，加强质量标准基础工作研究，加强感官品评技术研究和标准制定，加强酒精饮料真实性识别技术研究和标准研制。根据我国国情以及产业发展的特色，密切跟踪借鉴国外标准，加强完善酒类质量、安全标准体系，以标准化、规范化的生产、管理、检测、质量控制手段提升中国酒精饮料的品质形象。深入贯彻落实《中华人民共和国食品安全法》，切实执行有关食品安全的法律法规，健全行业食品安全监管体系，加大酿酒产业标准的实施力度。白酒标准体系改革应紧跟行业技术进步速度，强化标准之间系统科学的研究，改变我国白酒的技术标准体系不健全、技术标准发展缓慢、标准内容丰富但缺乏条理的现状，着力解决白酒质量等级划分、食品添加剂、食用酒精原料使用及产品标注、年份酒鉴定等标准体系。参照国际上主要葡萄酒生产国对特种葡萄酒（如品种葡萄酒、产区葡萄酒、年份葡萄酒和冰酒等）的管理模式，制定适合中国特色的葡萄酒管理办法。

（十一）发酵工业

深入贯彻落实科学发展观，积极适应经济发展新常态，依法规范行业。以市场需求为导向，以技术和管理创新为动力，以绿色化、个性化、高端化为突破口，进一步调整产业结构，强化并完善产业链条，发展具有核心竞争力的大宗和新兴生物发酵产品；大力发展具有自主知识产权产品，打造世界级知名品牌；推动行业内兼并重组，积极培育抗风险能力强的大型企业集团；加快集聚效应突出的生物发酵产业基地建设；实施走出去战略，全面提升企业和产品的国际竞争能力，努力实现生物发酵产业的中国梦。到2020年，总产量达3800万吨，总产值达4500亿元以上。

——调整产品结构。实现氨基酸、有机酸、淀粉糖、糖醇等大宗发酵产品的绿色提质增效以及应用链的扩展和延伸，提高产品特殊性能的研究，通过生物转化、生物催化等方法生产高附加值产品，大力发展生物基平台化合物。

——优化产业结构。围绕生物发酵产业的关键技术与产业化瓶颈技术，及未来生物发酵产业革命的重大科技问题，通过实施中国发酵行业金融服务平台的建设，优化产业结构，引导各类创新要素向企业集聚，为企业提供融资等服务，推广应用一批先进生物发酵产业技术，大力培育一批具有较强资本集聚能力和跨国经营能力，拥有自主知识产权核心技术和知名品牌的大型龙头企业。

——提高全行业技术创新能力。整合国内研究资源和优势研发力量服务于企业和产业，组建跨领域、高水平、设施先进的国家工程研究中心和工程实验室，建立生物发酵工程技术平台、新型发酵行业技术转移和全流程技术服务平台，推动生物发酵产业技术创新联盟建设，建立和积累我国生物发酵产业所需要的成套技术与核心技术，增强微生物菌种的设计改造能力与技术集成能力，加大生物产业装备研发及生产水平，以装备技术推动产业水平，提升自主创新能力，促进产业可持续发展。

——促进产品应用链体系建设。发挥政府和龙头企业的辐射推动作用,加快形成特色区域和产业集群,促进知识、技术、人才、资金等要素向优势区域集聚,加强企业之间的分工合作,大力发展产业化和应用基地,大力推动生物技术服务业,建立更多的生物发酵产业和产业应用示范区,推动我国生物发酵产业的集群式和应用链联动的协同发展。

(十二) 食品添加剂与配料工业

促进食品工业健康发展,保障食品安全,满足人们日益提高的生活需要,为人们提供健康、营养、快捷、方便、安全的食品做出努力。产业发展高度关注创新、协调、绿色、开放、共享的发展理念,加大科技投入,鼓励科技创新,应用新技术、新工艺、新设备,促进产业升级。在环保方面以提高环境质量为核心,以解决生态环境领域突出问题为重点,加大生态环境保护力度,提高资源利用效率。并要努力拓展国内外市场,积极响应国家"一带一路"倡议,提高产品市场占有率,带动行业健康发展。"十三五"时期,保持行业产品产量年增长率在7%左右,到2020年食品添加剂和配料产品产量达到1 420万吨。

——优化食品添加剂和食品配料品种结构。发挥产业竞争优势,提高加工、提取、分离、纯化等技术水平,大力发展以农副产品为原料的食品添加剂和食品配料,重点发展生产传统主副食品所需的各类食品添加剂,顺应国际发展方向,大力发展复配食品添加剂,努力发展具有功能性食品添加剂,满足人们健康饮食需要。

——研发和移植高新技术。重点突破生物工程技术、微胶囊技术、膜分离技术、吸附分离技术等共性技术和关键技术,在改造传统生产工艺中推广应用分子蒸馏技术、冷冻干燥技术、微波提取技术,提高食品添加剂和食品配料行业科技创新水平。

——强化行业监管。完善生产许可证管理办法,由目前对生产企业生产品种的审批过渡到对企业生产过程的监督管理,制定相应的过程管理法规、标准和办法,在行业企业中鼓励推广GMP、HACCP等行之有效的质量管理体系，继续加强和完善食品添加剂相关标准的制（修）订工作。

（十三）营养与保健食品制造业

以邓小平理论、"三个代表"重要思想和科学发展观为指导，深入贯彻落实习近平总书记系列重要讲话精神，响应国家"十三五"规划中推进健康中国建设战略，主动适应经济发展新常态，以满足人民群众不断增长的营养健康需求为目标，以贯彻落实京津冀协同发展、自贸区建设、"一带一路"建设等为契机，创新工作思路和机制，把重点产品、重点区域、重点人群作为突破口，构建安全、绿色的中国特色营养与保健食品制造业，实现产业健康持续发展，为"健康中国"提供有力支撑。到2020年，营养与保健食品工业总产值达2万亿元，年均增长20%。

——突破营养与保健食品领域急需关键技术。重点开展食物新资源、新成分、新功能的挖掘安全评价技术，构建体内外健康效用评价技术体系，开发营养功能因子的原料前处理、高效提取、绿色分离纯化和节能干燥技术，推动发展营养功能因子的活性保持及加工工艺技术，积极发展制备过程的模块化、智能化、信息化和网络化，促进新产品研发和结构调整。

——重视营养与保健食品产品开发。充分发挥我国特有动植物资源丰富的优势，挖掘利用药食同源传统养生保健理论和技术，大力开发面向不同人群的个性化低糖、低盐、低脂、高蛋白、高纤维、益生菌、欧米茄三等营养健康食品、营养强化食品，以及具有降低老年痴呆、延缓更年期、缓解忧郁、改善少年儿童弱视等慢病风险的新功能保健食品和特殊医学用途的配方食品。

——打造稳定可靠上游供应链。建立一批绿色、生态的营养与保健食品原料基地，构建系统性农产品营养功能和抗营养因子数据库，扩大高含量特征活性成分优质原料农产品生产，促进农产品升级为预包装健康快速消费品，满足人们日常健康需求。

五、聚焦六大主要任务，大力推进食品工业供给侧结构性改革

以"去产能、调结构、降成本、补短板、树品牌"为重点，加快推进食品工业供给侧结构性改革，着力提高食品工业供给质量和效率，形成与市场需求相适应、与资源禀赋相匹配的现代食品产业体系。

（一）加强全程监管，提高食品质量安全水平

——严格落实食品生产经营者主体责任制。建立食品安全授权制度，制定和完善以食品经营者首负责任、食品安全人员管理责任、从业人员岗位责任为主要内容的食品经营主体责任制度，推动经营者建立自身食品安全制度规范。全面建立食品安全可追溯制度，形成上下游产业食品质量安全可查询、可控制、可追究的追溯体系和责任机制。

——强化食用农产品质量安全源头治理。加大环境污染治理力度，强化食用农产品产地环境质量监测和评价机制，保护食用农产品产地环境。进一步推进农业标准化生产，加快传统农业向现代农业转型，大力发展绿色农业、循环农业、品牌农业。落实化肥农药零增长政策，减少化肥农药施用量，推广施用有机肥和生物农药。

——加强流通环节食品质量安全的管理。规范仓储、物流、批发和终端消费等流通环节食品经营者的行为，增强食品从产地到零售终端的行业组织化程度，构建主要品种和重点地区食品物流体系，创新准确、高效、安全的科学管理模式，提高流通环节食品质量安全水平。

——提高食品安全检（监）测与监管水平。合理划分中央和地方监管权限，建立健全地区间、部门间的协作机制，提高监管工作的系统性、协调性和一致性，形成工作合力，实现全方位、全过程有效监管。建立健全食品安全监察及责任追究制度，实行定期督察和"倒查"追究。进一步加强食品生产经营监管，严格实施食品生产经营许可制度。进一步完善国家、省、市、县四级检验检测机构的检（监）测能力建设，加强

以预警检测能力为重点的科研能力建设、以强化服务意识和手段为重点的制度建设、以提升技术素质为重点的人才队伍建设，全面提升食品检（监）测能力。健全风险监测评估体系，加强风险预警相关基础建设，确保预警渠道畅通，努力提高预警能力，科学开展风险交流和预警。严格食品检验机构资质认定。

——严厉打击食品安全犯罪行为。深入开展食品安全治理整顿，进一步加大食用农产品和食品生产经营各环节的整治工作，重点排查、治理行业共性的隐患和"潜规则"问题，坚决查处食品非法添加、食品掺假欺诈等各类违法违规行为，防范系统性风险；进一步规范生产经营秩序，清理整顿不符合食品安全条件的生产经营单位。以日常消费的大宗食品和婴幼儿食品、保健食品等为重点，深入开展食品安全综合治理，强化全链条安全保障措施，切实解决人民群众反映强烈的突出问题。加大对食品集中交易市场、城乡接合部、学校及周边等重点区域和场所的整治力度，组织经常性检查，及时发现、坚决取缔制售有毒有害食品的"黑工厂""黑作坊""黑窝点"，依法查处非法食品经营单位。

——加强食品安全舆论宣传与监督。加快食品安全信息化建设，加大食品安全政务信息公开力度，建立常态化的食品抽检结果公布机制；合理利用网络、电视、广播、报刊、手机信息等媒介，充分发挥舆论监督作用，加大食品安全与营养相宣传教育；发挥行业协会、科研机构等第三方机构作用，引导各类食品行业协会加强行业监管、自律和服务，指导民众正确认识食品安全问题，提供第三方检测机构专业的检测服务；建立有奖举报机制和消费者组织、中介组织、企业和政府间相互沟通机制，依靠社会力量监督，共同保障食品安全。

（二）调整优化产业结构，增加优质食品有效供给

——完善食品企业组织结构。支持骨干企业做强、中型企业做大、小型企业做精，鼓励企业兼并重组，优化资源配置，形成以大型骨干企业为引领、中型企业为支撑、小微型企业为基础的大中小微企业协调发展的组织格局；通过资源整合、兼并重组等方式，构建联结紧密、配套完整的食品产业链，打造更多销售收入超百亿元的大型食品龙头企业；

以"特色突出、链条完备、品牌集聚、国内一流"为标准,加大食品工业园区建设,形成一批集食品研发、制造、冷链物流、工业旅游为一体的现代食品工业园区,促进食品产业集约集聚发展。

——优化食品产业区域布局。继续发挥东部地区食品工业的技术优势,积极培育食品工业新的增长点,重点突破和推进传统食品工业化,大力发展新型保健与功能性食品产业和新资源食品产业。加大中西部地区食品产业发展,促进资源优势转化为产业优势,推动中西部地区积极承接东部食品产业转移。支持东北地区食品工业发展,充分利用其良好资源禀赋,大力发展绿色优质食品,打造成为支持新一轮东北地区老工业振兴的支柱产业。

——推动产品结构优化升级。以《中国食物与营养发展纲要(2014—2020年)》为指南,既要保障满足居民基本消费和营养需求的基本食品供应,又要应用高新技术生产高附加值产品,培育新兴食品产业,引导消费和提高居民的生活品质。积极适应食品消费需求结构转型升级的新要求,采用现代化食品科学、营养科学和先进加工技术装备,推进传统主食及中式菜肴规模化生产,提高工业化、成品化、标准化水平,使之成为食品工业新的增长点。

——加强品牌建设。在全行业范围大力培育品牌意识,以企业为主体实施品牌战略,提高品牌运营和管理水平,培育和保护知名品牌。鼓励优势品牌做大做强,支持中华特色名优食品的技术更新和装备改造,扶持"老字号"企业的发展,大力振兴"中华老字号"。支持国内有实力的企业"走出去",培育国际品牌,提升自主食品品牌的国际形象。在发展壮大原有品牌的同时,积极挖掘新的品牌资源,逐步形成一大批具有较强品牌影响力的产品和知名企业,树立中国品牌在中外消费者心目中的良好形象,提高中国食品的市场竞争力。

(三)加强创新能力建设,提升技术装备水平

——推动重大技术装备创新突破和应用。重大技术装备是食品工业转型升级和核心竞争力提升的基础。要坚持战略和前沿导向,支持食品产业重点学科方向的自由探索,加强食品原料功能、性质与原料组分结

构之间的构效关系、食品原料资源育种过程有害物产生机理等基础研究。以中国传统食品工业化自主创新为重点，部署和启动一批新的食品重大科技项目，加强食品物性修饰技术、食品生物技术、新型食品制造技术等前沿技术研究，加快突破食品制造、质量安全、营养健康、食品装备、食品物流、营销服务等领域关键技术，力争在国家战略优先领域率先跨越。加强食品通用共性关键技术及装备的研究，重点开展高效食品粉碎技术的研究及装备开发、食品杀菌技术的研究及智能装备开发、食品干燥技术的研究及装备开发、高效食品分离技术研究及装备开发、食品冷冻冷藏技术研究及装备开发、食品洁净技术与装备、多功能智能化过滤系统、高速PET瓶生产技术及装备研究等。积极采用快速制造、精密加工、表面处理、数控加工等先进制造技术和装备，建设重点领域智能工厂/车间，推进关键工序智能化、关键岗位机器人替代、生产过程智能化控制、供应链优化，提高关键零部件制造质量，加快装备自主化进程。

——加强食品工业创新组织体系建设。创新组织体系建设是提升食品工业创新能力的重要保证。要适应食品消费需求结构升级的新要求，着眼创新资源和要素的有效汇聚，明确食品企业、高等院校、科研院所等各类创新主体功能定位，推动各类创新主体打破壁垒开展深度合作，探索多种形式的协同创新机制，构建政产学研用一体的创新网络，加强方便休闲食品制造、功能食品制造等协同创新。健全技术创新的市场导向机制，强化食品企业创新主体地位和主导作用，促进企业真正成为技术创新决策、研发投入、科研组织和成果转化的主体，打造一批有国际竞争力的创新型食品领军企业。支持行业领军企业构建高水平研发机构，鼓励企业主导构建产业技术创新联盟，支持联盟承担产业共性技术研发重大项目，完善产业创新链。健全对中小食品企业创新的资助机制和服务体系，支持中小食品企业开发先进适用的技术、工艺和设备，加强管理创新和商业模式创新，走"专精特新"发展道路。

——建设食品工业创新重大平台。创新平台是支撑创新活动的重要载体，是构建食品工业创新体系的重要内容。要面向世界食品科技发展前沿和产业发展需求，建设一批具有国际先进水平的食品科研基地，在重大创新领域组建一批国家实验室，加强大科学装置等重大科研基础设施建设，形成以国家工程实验室、国家工程（技术）研究中心为龙头、以国家农产品加工技术研发中心和分中心为基础的工程化研究与应用体系。充分利用现有食品科学与技术国家重点实验室、国家级企业技术中心等，组建一批食品工业"四基"研究中心，提升创新基础能力。依托（国家）食品装备产业技术创新战略联盟和行业协会，建立食品机械和包装机械自主创新体系及平台，在重要食品加工装备和重点包装装备领域实现重点关键技术和共性技术的重大突破。推进有特色高水平大学和科研院所建设，依托企业、科研院所、大院院校，建设一批国家食品技术创新中心，支持企业技术中心建设。完善科技资源共享机制，推动食品相关高校、科研院所开放科研基础设施和创新资源，促进科技资源综合利用，强化科学技术研究、仪器设备使用、人才培养等服务。

——构建富有活力的创新生态。良好的创新生态可以为创新创业提供富集并充满活力的核心要素，有利于提升食品工业创新体系整体效能。要加快健全食品基础理论研究、重大关键技术装备研发、产业化开发相融合的投资格局，完善科技计划项目生成机制和实施机制，更加聚焦国家战略目标，强化科技同经济对接、创新成果同产业对接、创新项目同现实生产力对接。积极营造有利于知识产权创造和保护的法治环境、公平竞争的市场环境和崇尚创新创业的文化环境，加强传统食品知识产权保护。完善食品企业研发费用加计扣除政策，扩大固定资产加速折旧实施范围，推动设备更新和新技术广泛应用。加强食品技术和知识产权交易平台建设，促进创新要素的高效流动和有效配置。完善多渠道、多元化投融资体系，建立从实验研究、中试到规模化生产的全过程科技创新融资模式，促进科技成果资本化、产业化。鼓励发展服务中小微食品企业的低成本、便利化、开放式服务平台，打造一批食品"双创"示范基地。

（四）加强资源综合利用和节能减排，提高绿色发展水平

——淘汰落后产能实现资源合理利用。坚决淘汰技术装备落后、资源能源消耗高、环保不达标的落后产能，改造升级传统食品生产企业。建立产业退出机制，明确淘汰标准，量化淘汰指标，加大淘汰力度。综合运用金融、环保、土地、产业政策等手段，依法淘汰食品企业中的落

后技术、工艺、设备和产品，防止落后产能异地转移。促进重点节能减排技术和高效节能环保产品、设备在食品企业的推广应用，鼓励食品企业间资源循环利用应用。

——普及推广绿色食品加工技术。以发展食品绿色加工技术为重点，以节能减排和资源综合利用为目标，加快构建资源节约型、环境友好型的生产方式和消费模式，增强可持续发展能力。通过运用高新技术提高食品加工原料的利用水平，对食品生产过程中的副产物进行二次开发，减少食品加工副产物对生态环境的影响，延长生产加工产业链，不断提高资源综合利用水平，建设35家资源综合利用型标杆企业和10个资源综合利用食品工业园区（市、县、乡镇）。在食品企业中，加快推广应用节水型、节汽型、节电型等重点节能减排工艺技术和高效节能环保产品、设备，建设35家节能降耗型标杆企业，培育10个节能型园区（市、县、乡镇）。

——推进"两化"融合与循环经济发展。以信息化为支撑，探索资源节约和环境友好的食品工业可持续发展模式，建设30家"两化"融合标杆企业和10个信息化食品工业园区（市、县、乡镇）。推进信息化与技术、工艺、装备、产品、流程、业务等生产经营活动的有机融合，促进企业节能减排；利用信息化手段对高能耗、高污染重点领域和企业的能源消耗过程跟踪，掌握用能和污染物排放情况，对能源管理和污染治理决策提供支撑。

——建立符合食品工业特点的循环经济评价体系。利用相应的数据信息资料，建立一套设计合理、操作性较强的循环经济评价体系，为循环经济管理及决策提供数据支持是十分必要的。建立以企业工业增加值能耗水耗、固体废弃物综合利用率、废旧可再生资源回收利用率等指标作为主要考核评价指标的食品工业循环经济评价体系，同时针对不同行业的特点和发展阶段，分别建立相应行业的循环经济评价标准。在"十三五"时期，初步建立包括专家资源库、关键技术数据库、资源综合利用基础数据库、循环经济综合评价体系等信息资源库。

（五）加快"两化"融合，培育新模式新业态

——加快推进"两化"融合。全面推进食品质量安全可追溯，搭建

食品质量安全信息可追溯公共服务平台，优先在婴幼儿配方乳粉、白酒、肉制品、饮料等多领域开展食品质量安全信息追溯体系建设，并逐步推广到其他行业。提高食品生产智能化水平，推进智能制造模式在食品各行业的全面应用，推动工业机器人在重点行业中的规模应用，加快发展基于互联网的协同制造新模式，鼓励重点行业企业建设数字化车间，开展食品制造智能工厂建设试点。推进信息技术与经营管理的融合，推广应用面向生产制造层面的制造执行系统（MES）、自动监测和动态精细化管理系统和以企业资源计划系统（ERP）为核心的信息系统的集成应用，提高企业各个环节的管理效率和效能，实现产品开发、生产制造、经营管理等过程的信息共享和业务协同。

——培育发展新型业态。加快发展基于工业云、大数据、互联网等新技术新应用驱动的个性化定制、电子商务等新型业态。支持乳制品、酒类等重点领域企业利用信息技术进行消费信息的采集并根据用户个性化需求，推进产品在包装、口味、功能等方面研发设计、生产制造和供应链管理环节的柔性化改造，开展基于个性化定制产品的服务模式和商业模式创新。推动大中型食品企业建立完整的供应链管理（SCM）系统，大力发展电子商务，拓展 B2B、B2C 等模式在工业企业的应用，推广在线交易、电子支付及线上线下的一体化集成，创新电子商务与食品工业的集成应用模式。加大功能性蛋白、功能性糖原、功能性油脂、益生菌类等新食品原料的研究开发，开展新食品原料在饮料、乳制品、焙烤食品、肉制品、米面制品等大众食品以及特殊医学用途配方食品中的应用示范。大力发展食品工业技术转移、创业孵化、科技咨询等科技服务业，发展壮大第三方物流、信息化服务、节能环保、检验检测认证、融资租赁、互联网金融等生产性服务业，引导和支持大型企业延伸服务链条，从主要提供产品向提供产品和服务的转变。

（六）提升开放合作水平，拓展产业发展新空间

坚持"引进来"与"走出去"并重、引资和引技引智并举，积极参与全球食品生产和供给，提高中国在全球食品贸易中的话语权，构建我国食品工业高水平对外开放新格局。

——提升我国食品企业"走出去"能力,加快"走出去"步伐。建立以企业为主体、以市场为导向、产学研相结合的食品工业创新体系,大幅度提高我国食品企业生产技术水平和自主创新能力,缩短我国食品及技术装备与世界领先水平的差距,增强我国食品企业国际竞争力。鼓励我国食品企业采取产品出口、设立境外办事处和技术中心等多种方式"走出去",支持有实力的企业优先通过并购、合资方式进行海外投资,加强投资目标国市场开发和项目前期可行性论证。

——高水平利用外资,有效提升"引进来"质量。按照构建全方位高水平开放新格局的要求,完善食品产业对外开放相关法律、制度和政策等软环境,鼓励外资进入营养健康食品制造、新食品资源开发、食品加工副产物综合利用等领域,合作研发新技术、新装备、新产品。适度扩大优质食品进口,优化进口结构,积极引进国外食品工业自动化、智能化、集约化绿色制造先进技术、装备和管理经营,促进国际国内要素有序自由流动、资源高效配置、市场深度融合。

——逐步建立我国食品工业全球化的安全保障体系。积极参与国际标准制修订,努力确立中国食品企业在国际食品标准的话语权。完善我国食品安全可溯源体系建设,逐步与国际食品安全体系接轨。通过财政、金融、外汇、税收等政策支持和行业引导,逐步建立我国食品工业全球化的安全保障体系。

六、营造良好环境,构建食品工业健康发展的保障体系

推动我国食品工业健康发展,必须发挥制度和体系优势,完善法律法规和标准体系,加大投入支持力度,强化行业自律、政府服务和人才培养,充分发挥行业协会作用,营造有利于食品工业健康发展的良好环境。

(一)完善食品安全法律法规

全面实施《中华人民共和国食品安全法实施条例(修订)》,建立以

《中华人民共和国食品安全法》为统领的多层次食品安全法律体系。尽快完成食品召回、退市食品处置、食品安全可追溯、突发食品安全事件应急处置、食品安全事故调查处理、食品检验检查、食源性疾病报告、食品标识管理、食品从业人员管理、食品安全诚信等方面行政法规修订，指导督促地方食品药品监管部门加快食品安全地方立法进程，确保小作坊、小摊贩等监管有法可依。敦促食品生产经营企业学法用法，强化食品安全专业技术人员和食品安全管理人员等关键岗位的法律知识培训，充分利用广播、电视、互联网、移动平台、新媒体等多种形式，开展群众喜闻乐见的食品安全普法宣传，提高公众尤其是食品企业的质量安全意识。

（二）推动食品行业标准体系建设

健全食品行业标准体系，尽快实现食品行业标准全覆盖，改变部分产品没有统一标准的局面。完成现行食用农产品质量安全、食品卫生、食品质量标准和食品行业标准中强制执行标准的清理整合工作，加快重点品种、领域的标准制（修）订，充实完善食品行业国家标准体系。积极参与国际标准制（修）订，结合国情及食品行业情况，积极推进我国食品行业标准与国际标准接轨，建立统一、规范的认证认可体系。同时，鼓励地方根据监管需要，在国家标准的基础上及时制定食品安全地方标准，支持企业制定实施严于国家标准的食品安全企业标准。

（三）加大对食品工业投入支持力度

探索通过政府和社会资本合作、贷款贴息等方式，利用财政资金撬动引导金融资本、社会资本支持食品工业发展的新模式，支持地方政府整合现有农业产业化、农业综合开发、产粮（油）大县奖励、技术改造、中小企业扶持资金等相关财政专项资金，加大对食品工业的支持力度。采取政府参股或财政补贴方式，支持列入规划的食品工业园区建设、技术改造、应急加工体系建设、关键装备自主化、重大技术创新与产业化等重点项目。中央和地方各级政府要建立与食品安全监管职责相匹配的财政经费投入保障机制，加大对食品安全风险监测、食品安全风险评估、食品安全关键技术、食品追溯体系建设、食品安全监督检查等资金投入，中央财政重点对食品安全监管比较薄弱的中西部地区和基层给予支持。设立食品制造技术研发和改造专项资金，支持关键和共性技术开发。落实食品工业税收优惠政策，完善《农产品加工所得税优惠目录》，扩大进项税额核定扣除办法试点行业范围。拓宽融资渠道，引导金融机构加大对食品工业企业的信贷支持，支持符合条件的食品企业通过发行短期融资券、中期票据、中小企业集合票据等方式。

（四）建立健全食品安全诚信自律制度

食品安全诚信自律制度建设是一项复杂而全新的系统工程，是保障食品安全的长效机制和治本之策。重点发挥政府在诚信自律体系建设中的重要作用。通过形式多样的宣传培训教育，引导食品工业企业依法诚信经营，普遍形成"做食品就是做良心"的经营理念。探索建立食品工业企业诚信档案，及时向社会公开企业诚信信息。加强社会和媒体监督，建立诚信自律广泛宣传与弄虚作假曝光警示机制，提高社会公众参与度，通过社会公众、新闻媒体、基层监督员、消费者举报和投诉等方式，共同监督食品经营者的行为，综合采取失信行为曝光、罚款和市场退出等手段，严肃惩戒失信者。建立诚信经营激励机制，统筹参考食品工业企业诚信信息及评价结果，在政府采购、项目招投标、财政支持、税收政策、信用担保、公共服务、社会宣传等方面，对诚信经营者给予重点支持和优先考虑。

（五）强化政府服务

充分发挥政府在食品工业发展中的引导和服务作用，为食品工业健康发展创造良好环境。一要保障用地需求，按照土地集约节约利用的原则，鼓励食品企业比较集中的地区建设特色食品产业园区，通过集中建设公共服务和配套设施，引导食品加工企业特别是小微企业向园区聚集。允许农业产业化龙头企业通过租赁方式流转农民承包土地经营权和获取农村集体建设用地使用权，建设专用食品原料生产加工基地。二要优化创新环境，强化食品工业企业创新主体地位和主导作用，鼓励企业开展基础性前沿性创新研究；建立食品工业创业创新公共服务平台，向企业开放专利信息资源和科研基地，鼓励大中型企业建立技术转移和服务平台，打造创业创新服务与投资相结合的开放式服务载体；严格落实按税法规定享受研究开发费用加计扣除政策，支持企业加大研发投入，提高研发能力。三要加强品牌保护，支持食品企业加强品牌宣传，增强企业和全社会保护自主知名品牌的意识和责任，形成崇尚品牌、尊重品牌的社会氛围；建立和完善有奖举报制度，严厉打击仿冒、伪造名牌食品的违法行为。四要扩大对外交流，支持优势食品企业扩大对外投资，到境外投资建设生产加工基地和营销网络，积极参与世界重大食品合作交流活动，深度融入全球食品产业链、物流链。

（六）加强人才队伍建设

人才队伍是食品工业做大做强、做精做优的重要支撑。要加大专业人才培养及创新团队建设，鼓励高等学校与职业院校加强对食品机械设计制造、过程装备与工程、包装工程等食品工业行业亟须高级人才培育。加强产学研合作，支持高校骨干教师、科研院所的研究人员和企业技术骨干共同组成创新团队，建立人才梯度储备制度，为行业和企业的技术创新提供智力支撑。要支持企业引进优秀人才，鼓励各地把食品产业高端和创新人才纳入本地区优秀人才引进目录清单，对食品企业引进的高层次人才给予人才奖励资金支持，不断壮大食品产业高端人才队伍。

（七）充分发挥行业协会的积极作用

行业协会是政府和企业沟通的桥梁，要积极发挥行业协会在政策制度设计、技术联合攻关、质量品牌建设和行业诚信自律等方面的重要作用。要调动行业协会积极性和参与度，把行业协会吸纳到食品工业法律法规、政策制度、标准的制定之中。要发挥行业协会在食品科技进步中的先导作用，用好其掌握行业发展新情况、新动态的优势，支持行业协会协调企业、科研院所，组织开展食品科技联合攻关，推进食品工业技术进步。要突出行业协会在品牌建设中的组织协调工作，依托行业协会平台，做好优质产品的品牌文化宣传与新产品推广工作，扩大行业品牌的知名度和影响力，树立良好的品牌形象。要强化行业协会在诚信自律建设中的关键作用，支持行业协会建立健全诚信自律制度，发挥行业协会在行业内部约束、企业诚信自律、宣传教育等方面的引领示范作用。

附表　食品工业重大工程

工程名称	主要内容
食品科技示范工程	重点围绕食品新型加工与绿色制造技术及装备等核心问题与重大科技需求，分解为应用基础研究、核心技术与装备创制、典型应用示范部署专项任务，实现新知识支撑，新工艺创建，新技术突破，新装备保障，新产品创制和新格局的形成，提高科技创新与自主研发能力，为食品产业可持续发展提供有力的科技支撑 ▲优质营养：针对食品现代加工与绿色制造、中华传统与民族特色食品。工业化、新型加工与现代物流过程等食品品质质量保障等核心科技需求开展系统研究。 ▲方便特色：针对食品现代加工高新技术与绿色制造前沿技术开发、工业化与工程化中华传统食品加工技术突破等关键科技问题开展重点研究。 ▲高效低碳：针对大宗食用农产品的资源高效利用与减损增值转化、加工物流与粮食储运产业的节能降耗与减排低碳等迫切需求与重大科技问题开展重点研究。 ▲智能绿色：针对"从农田到餐桌"全产业链食品加工制造与粮食储运及物流服务的智能化、低碳化和可溯化等产业需求与重大科技问题开展重点研究。 ▲创新设计：围绕关键装备创新设计与成套装备制造及中华传统食品工业化加工专用装备国产化等核心需求与重大瓶颈问题，重点开展具有自主知识产权的专业化、成套化食品装备开发研究与新装备创制
食品质量提升工程	▲功能糖制造中关键酶开发及应用：酶活性达到国际先进水平。 ▲膜在食品添加剂制备中的应用：主要包括膜提纯、膜浓缩、膜回收废酸废碱液等现代膜分离技术。如膜提纯木糖液使其电导率降低至 500us/cm 以下，透光率提高至 70% 以上；膜浓缩单糖液使其浓度由 4%~5% 提高至 12% 以上，浓缩多糖液使其浓度提高至 20% 以上；膜回收废酸废碱液回收率达到 90% 以上，透光度达到 95% 以上。 ▲乳制品： （1）乳制品工业在线检测技术； （2）冷杀菌技术：杀菌效率大于 95%； （3）冷冻干燥技术：脱水率大于 95%。 ▲酿酒： （1）酿酒原料质量安全控制：建立酿酒原料种植和流通管理技术规范； （2）酒类产品质量提升技术：提高机械化程度，加强酒体结构研究，保证酒类产品的感官质量稳定；

续表

工程名称	主要内容
食品质量提升工程	（3）酿酒行业节能降耗技术：开发浓醪酿造、超高浓酿造技术，提高原料利用率，使全行业总体消耗水平较2013年下降10%。 ▲饮料： （1）含果肉的果汁产品彻底杀菌技术：果肉粒度、黏度、杀菌温度； （2）茶叶和速溶茶安全杀菌工艺技术； （3）浓缩果汁生产中罐底残留物处理技术：果汁得率、节能减排。 ▲制糖： （1）近红外快速糖分析技术：甘蔗检测≤5分钟，制成品检测≤2分钟； （2）甜菜高效渗出及超声辅助强化提取技术：甜菜废丝含糖降至0.3%以下，渗出时间缩短30%以上。 ▲食品发酵： （1）生物发酵过程的优化：建立高精度的信息反馈系统和发酵控制系统，形成发酵装备从小试到生产实现一步放大的技术和适合氨基酸类产品发酵过程的最优化控制技术； （2）发酵产品提取工艺的开发与优化：不同种氨基酸的膜分离工艺单元模块和色谱分离系统模块技术，提取工艺开发实现系统化、模块化、集成化。提高提取收率，降成本； （3）生物质非粮替代：以废弃生物质（农林加工下脚料）为原料，开发高效的预处理技术；建立以纤维素酶解制糖技术、半纤维转化木糖技术和木质素燃烧产能利用为一体的生物质开发新模式，研究木质纤维素糖类（纤维素和半纤维素）在食品发酵生产中的应用技术。实现纤维素、半纤维素、木质素的有效分离；纤维素酶解转化率达到70%，实现可发酵糖在食品发酵中的应用和木质素的高附加值利用； （4）有机酸提取技术。柠檬酸，乳酸等主要食品有机酸的提取—纯化—结晶耦合生产工艺。提取收率大于95%； （5）手性有机酸的光学纯度：提高L-乳酸，L-苹果酸等有机酸的光学纯度。产品纯度大于98%； （6）葡萄糖液连续离交精制技术：降低酸碱消耗量30%，降低水的消耗60%；出料指标灵活可调且稳定：电导达率波动<5μs/cm，pH值波动<0.5； （7）葡萄糖液颗粒碳柱应用技术：固定床或脉冲床脱色，减少物料损失，整体收率提高0.5%以上；多段耙式炉再生，再生损耗5%；活性炭可再生利用，对活性炭资源的消耗只有传统粉炭工艺的5%以内； （8）回混床预+流化床在结晶葡萄糖和无水葡萄糖应用：比气流干燥热效率提高30%；每台产能达到12吨/小时以上，解决了普通单一流化床烘干机生产能力小的问题。 ▲酶制剂： （1）酶蛋白表达系统改造和高产菌株的构建：经过基因组相关功能基因的改造、精简或删除，获得分泌酶蛋白分子可达到20g/L以上的优秀表达宿主细胞，使得改良菌株具有快速的生长速度及较高的代谢经济性，从而大幅度的降低生产成本。获得可高效表达酶蛋白分子的组成型、诱导型、温度敏感型等高拷贝表达载体；

续表

工程名称	主要内容
食品质量提升工程	（2）基于食品加工需求的酶蛋白催化特性的改善：针对食品加工过程中环境因素（pH 值、温度、渗透压等）以及水解位点特异性进行改造，提高加工食品的品质。 ▲酵母：高产纤维素酒精的工业酵母的选育、生产和应用，实现木质纤维素（纤维素和半纤维素）生产酒精中试示范。 ▲方便食品：方便面的抗氧化技术，含油量小于16%，复水时间3~5分钟，POV 在 0.12g/100g。 ▲肉制品： （1）传统肉制品现代化改造关键技术：采用高新技术如超高压、高密度 CO_2、高压脉冲光、超声波、高压电场、辐照、等离子体、活性包装、生物防腐技术等，应用于传统中式肉制品的制造，大幅度提高生产效率和改善产品品质，降低传统方法带来的不利影响； （2）畜禽宰前管理及动物福利关键控制技术：规范屠宰工艺，提高肉品质，增加国际竞争力； （3）冷鲜肉、调理肉制品加工与质量安全控制关键技术：研究非热加工、真空冷却技术等对畜产食品质量与安全的影响，获得关键控制技术体系； （4）不同肉类鉴别技术、畜禽检疫与肉类有毒有害物质残留检测技术：发展可视芯片、基因条码、电子鼻、生物质谱、近红外光谱、高光谱成像、计算机视觉、全自动酶联免疫分析法、聚合酶链反应（PCR）技术、多位点可变数量串联重复序列分析（MLVA）技术等无损检测技术在品质鉴别和安全检测方面的应用； （5）食品工程化与智能化加工新技术装备开发研究：建立食品加工通用装备知识库，开发模型驱动的智能化食品加工装备设计优化平台和工艺数据驱动的食品加工装备虚拟装配系统及基于多物理场耦合模型的智能控制系统；研发新型加工技术15项；研制大型温压结合超高压（压力700MPa 和高压舱550L 以上，升温速度小于4 小时）杀菌等新型食品加工装备和智能化高效加工设备15 台（套）；制定标准5 项； （6）中华传统工业化食品加工关键技术研究与装备开发：建立中华传统工业化食品研发技术体系，研发中华传统食品工业化、标准化加工技术20 项，创制中式传统食品核心加工装备5 台（套）以上；研制开发新产品30 种，工业化传统食品机械化、自动化、成套化装备应用率提高30%~40%； （7）传统酿造食品制造关键技术研究与装备开发：收集整理和建立不少于1 000 株菌株的菌种库，系统研究分析5~10 株我国常用的传统酿造食品特有微生物菌种的安全性、发酵产物的主要功能性成分及品质风味特征性；筛选传统优势酿造抗逆高效菌种20~30 株；建立5~10 种传统酿造食品定向调控生产技术；改良10~20 种传统酿造食品；集成开发5~10 套传统酿造食品的自动化成套技术与装备； （8）粮食收储保质降耗关键技术研究与装备开发：研发新工艺和技术5~10项；研制新设备10~15 台套；编制相关技术标准5~10 项，实现稻谷保鲜储藏损耗控制在1% 以内，仓储能耗降低20% 以上，储粮化学药剂使用减少50% 以上，烘干能耗降低20% 以上。

续表

工程名称	主要内容
食品质量提升工程	▲食品加工与贮运： （1）食品加工贮运过程典型加工单元评价与耦合技术研究，食品加工贮运的风险因子控制技术，食品包装关键技术，传统食品标准化和现代化生产关键技术：以突破"保持食品最佳品质"的一体化加工关键技术为目标，系统开展食品发酵、速冻、分离、包装、贮藏等食品绿色制造加工与贮运关键单元与过程研究，重点突破传统食品工业化与标准化高新技术及装备、非热加工新技术及装备、新型干法/湿法微细化加工技术、重组核心技术、节能高效加工技术、冷链物流集成技术等； （2）营养功能性食品制造关键技术研究与新产品创制：构建营养功能型健康食品制造关键技术体系，研究开发食品功能因子20种，方便营养功能型食品制造关键技术20项；开发营养健康食品成分准确分析技术及功效评价15项，形成配套技术规程20个，开发个性化营养功能性健康食品20种，形成生产技术标准20项； （3）方便即食食品制造关键技术开发研究及新产品创制：创制便捷化、营养化、个性化与工程化新型方便即食食品技术集群，实现低碳制造技术开发，形成即食休闲食品、方便食品加工专用即制酱料、调味料及香辛料等方便即食食品制造关键技术30项，开发新型方便即食食品40个，制定产品标准20项； （4）食品添加剂与配料绿色制造关键技术研究及开发：形成食品添加剂和配料的绿色制备及品质控制核心技术30项；采用食品香料香精、食用色素、天然高分子多糖及低聚糖、茶叶活性物质等天然原料创制抗氧化剂、调味剂（甜味剂、鲜味剂）、增稠剂、防腐剂、保鲜剂、乳化稳定剂和功能性食品配料等产品15个； （5）果蔬采后质量与品质控制关键技术研究及装备开发：建立果蔬采后质量和品质控制关键技术，研制果蔬品质快速检测技术20项、新设施和新装置10个，创制适合于不同果蔬产品的精准保鲜技术15项，研制新型绿色防病保鲜剂10种，毒素物质脱除剂15种，研制适合于易腐果蔬产品的贮运节能新装备10套； （6）跨境食品品质与质量控制数据库构建及创新集成开发：建立跨境产品溯源、身份鉴别及新发和潜在有害物发掘识别技术5~10项，质量控制技术5~10项，建立跨境食品身份标识特征DNA、多肽及化合物数据库、潜在和新发有害物残留数据库、边贸食品食源性微生物耐药性及致病性数据库3~5个；构建智慧口岸信息数据平台和评价预警模型3~5个，形成技术规范10~15项；建立出口食品质量控制示范基地3~5个； （7）主要食品全产业链品质质量控制关键技术开发研究：开发和构建全程无缝实时的国家食品品质质量与营养智能化监测与溯源体系和云服务示范平台1~2套，建立食品品质实时监测平台和智能化质量溯源与网络监控系统5个，研发食品表征属性及有害因子的高通量、定量、环保、在线无损识别新技术20项，研制新型食品基质前处理材料15~20种、食品品质质量劣变因子检测技术产品及实用装备10台（套）；研发形成加工食品原料和食品品质保障技术或技术规范10~15项，食品真实表征属性识别新技术和劣变因子新型检测技术10~20项，多维食品评价鉴伪新技术及真伪鉴别用标准物质20个，食品接触材料制品检测用实物标样2~3个；食品品质质量劣变因子检测产品及实用装备5~10台（套）

续表

工程名称	主要内容
食品绿色示范工程——示范技术	▲食品添加剂： （1）功能糖：加强新型微生物菌种、糖酶等资源的挖掘，开发高效的功能性糖品生物催化剂；先进发酵工艺与生物催化工艺的开发与应用，大幅度提高发酵强度和生物催化效率；高效节能、节水工艺与装备的应用示范。针对主要功能性糖品的生物制造需求，选育获得2~4种新型生物催化剂；建立固定化酶等高效生物催化技术，提高糖酶利用率5倍以上；高效节能、节水等工艺开发及集成应用，减少能耗、水耗30%以上； （2）连续化、规模化逆流浓度提取技术和设备在辣椒红、木糖等食品添加剂生产中的应用； （3）高效分离和纯化技术（层析、膜分离、分子蒸馏、超临界萃取、反胶团等）在天然色素、天然抗氧剂、生物防腐剂等食品添加剂生产中的应用。 ▲乳制品： （1）乳蛋白深加工技术、乳脂肪深加工技术：综合利用率大于98%； （2）干酪加工技术、乳清综合利用技术：干酪生产效率提高50%；乳清脱水后综合利用率大于98%； （3）直投发酵剂生产技术：有益菌群微生物每克大于1亿，存活期大于6个月。 ▲饮料： （1）高浓度果醋液态深层发酵关键技术产业化示范：发酵果醋酸度达8.0%以上，乙醇转化率90%以上； （2）谷物饮料开发及副产物综合利用产业化示范。 ▲制糖： （1）低碳低硫制糖新工艺：糖品含硫量<10mg/kg；硫磺用量降低30%以上； （2）甜菜废丝提取果胶技术：果胶纯度≥96%，提取率≥95%； （3）无硫低升糖指数蔗糖生产技术：升糖指数<50。 ▲食品发酵： （1）氨基酸产品的清洁化生产：获得氨基酸闭路循环的清洁生产工艺路线，减少酸碱及污水排放量，节约生产成本10%~20%； （2）谷氨酸温度敏感突变株强制发酵技术，研究温度敏感突变株合适的工艺条件，摸索工艺参数，提高产酸：产酸≥20%，糖酸转化率≥70%，提取收率≥90%。 ▲酶制剂： （1）复合酶生产葡萄糖酸盐：建立高效、节能的葡萄糖酸钠分离提取清洁生产工艺，产物纯度99%以上； （2）酶制剂清洁生产技术产业化示范：以年产2万吨酶制剂计算，减少污水排放2.64万立方米； （3）酶制剂蒸汽阶梯式综合利用技术产业化示范：以年产2万吨酶制剂计算，年可节煤5 000吨、节电2 000万千瓦时、节水200万立方米。 ▲食品安全： （1）开发农产品与食品储藏保鲜与防霉产品；

续表

工程名称	主要内容
食品绿色示范工程——示范技术	（2）研制农产品与食品特定包装材料； （3）研发食品安全现场和在线监管所需的新型试剂与装备； （4）构建食源性致病菌全基因组国家数据库和溯源技术国家网络； （5）研制食品安全监测检测所需的实物基体标准物质； （6）开发食品安全风险预警的大数据系统
食品绿色示范工程——食品安全	▲食品添加剂： （1）食品添加剂原料风险物质安全性评估：建立食品添加剂原料风险物质的风险评估模型及预防体系。 （2）食品添加剂生产过程安全性评估：建立食品添加剂生产过程风险评估模型及预防体系。 ▲乳制品： （1）检测分析方法：制定乳品中非乳成分和非法添加物的系列检测判别方法； （2）生产过程质量管理体系：需要利用流变学分析等技术对产品质量影响因素全过程做进一步的研究和分析，确定关键控制步骤及指标，完善质量管理体系，确保每一步的精确把关。 ▲酿酒： （1）酒类产品危害物控制技术：涉及各酒种，形成已知危害物识别、控制、消减技术； （2）酿酒原料基地建设：涉及啤酒、葡萄酒、白酒、黄酒、果露酒，保障酿造原料在农药残留、真菌毒素、重金属等方面的安全性； （3）酿酒行业标准体系建设：涉及各酒种，完善的、涵盖食品安全、生产过程、产品流通、资源利用、废物排放等方面的行业标准体系。 ▲方便食品： （1）原料本底污染调查：面粉中硼酸含量，蔬菜中未规定限量的农药残留含量； （2）辅料的安全性评价：反式脂肪酸含量； （3）品质追溯及其示范推广：示范企业，可追溯率或追溯准确率，高风险性原料，向上两级溯源，低风险性原料：向上一级溯源，速冻食品冷链温度全程可追溯； （4）迁移污染调查、安全性评价：苯残留、塑化剂。 ▲制糖： （1）甘蔗制糖无硫澄清技术：糖品无硫检出； （2）糖用天然高分子絮凝剂和生物絮凝剂：澄清效果与聚丙烯酰胺相当； （3）糖品分析用无毒澄清剂：测量结果与碱式醋酸铅方法不超过1%。 ▲食品发酵： （1）发酵食品有效成分检测和安全评价：开展发酵产品的感官实验、含量等关键指标的理化检测、微生物检测实验。配备氨基酸分析仪、气相色谱仪、液相色谱仪、液—质联用仪、原子吸收、红外光谱、离子色谱等国际先进精密分析仪器，摸索不同产品的性能、确定分析检测的条件及参数，加强对原辅料及生产过程的有毒有害物质的检测和控制技术。建立起平台化、系统化的发酵产品检测分析手段，在确保产品指标符合国家、行业标准的基础上，实现铅、砷、镉等重金属以及细菌总数、霉菌、毒素等卫生指标有效监控，确保食品安全；

续表

工程名称	主要内容
食品绿色示范工程——食品安全	(2) 食品级常规食品发酵菌种遗传操作系统和酶基因表达系统的构建：消除发酵食品生产微生物遗传改造过程的转基因安全隐患，实现食品酶蛋白的安全高效稳定表达。 ▲肉制品： (1) 肉品全程冷链物流安全控制技术：研究微生物预报技术、冷链物流技术等，以提高肉制品品质及安全性； (2) 肉品产业链质量安全控制全程跟踪与追溯关键技术：建立从农田到餐桌射频识别跟踪与溯源系统，实现动物饲养、卫生防疫、收购、屠宰、加工、存储、运输和销售过程中的信息化，选择大宗肉食品进行物联网工程化示范与应用推广； (3) 肉品加工质量安全控制标准体系示范：基于广泛的调查和研究，在基准数据基础上，参考发达国家标准，建立适于我国肉品企业的良好加工规范、卫生标准操作程序、危害分析与关键控制点综合安全控制体系和食用品质保证关键控制点体系
智能制造示范工程	▲食品添加剂： (1) 多元醇乳化剂生产设备：日处理原料50吨以上； (2) 大型多元醇乳化剂分子蒸馏生产线：纯度达到90%以上，年产3万吨以上； (3) 大型智能化杀菌装备（连续超高温瞬时灭菌、膜除菌、粉类胶体物料杀菌、微波杀菌等）； (4) 大型高速分离浓缩装备（碟片离心、卧螺离心、膜分离、膜式错流过滤及高效蒸发浓缩等装备等）； (5) 电子鼻、电子舌及其传感器的研发及产业化：达到国外同类产品水平； (6) 逆流连续水解提取装备：处理100吨玉米芯/日，糖浓度8%； (7) 制备高效蔗糖酯装备的研发及产业化。 ▲乳制品： (1) 大型乳粉生产设备、低温喷雾干燥设备：日处理鲜乳500吨以上； (2) 干酪生产设备、膜过滤设备、节约型多效设备、奶油分离设备、灭菌及无菌灌装成套设备，乳清处理设备及榨乳成套设备等：日处理生鲜乳100吨以上； (3) 原料和成品快速检测仪、生产过程在线检测设备和无损伤检测设备。半定量分析：微生物检测时间小于12小时，其他常见物质小于1小时；定性分析：微生物小于1小时，其他小于15分钟，整体误差小于2%。 ▲酿酒： (1) 白酒酿造过程机械化：实现酿造过程机械化率达80%以上； (2) 黄酒酿造过程机械化：实现酿造过程机械化率达70%以上； (3) 大容量、高速包装设备：实现自主知识产权啤酒酿造设备和高速包装线 (4) 酒精生产全程自动化控制：实现酒精生产自动化率达80%以上。 ▲饮料： (1) 桶装水码垛集装箱装备；

续表

工程名称	主要内容
智能制造示范工程	（2）桶装水空桶在线高速异味检测设备：灵敏度至少与正常人相当、产能达2 200桶/分钟； （3）包装饮用水生产过程中，精确控制臭氧投加量的自动化设备及臭氧快速检测仪器； （4）低酸含气饮料灌装、杀菌生产线的研发； （5）浓缩果汁低温灌装技术及装备的研发； （6）杯状奶茶自动化生产线：固体饮料纸杯倒顺杯交叉整列及自动化装箱设备，纸杯竖立运动稳定性技术。180杯/分钟纸杯交叉装箱，收缩膜不受损，1×15×2交叉装箱，重心不确定状态下保持30米/分钟的运行稳定； （7）工业机器人码垛包装工作站：最大负载300千克，最大抓取次数>500次/小时； （8）等离子体化学气相沉积连续PET瓶镀膜机组生产线：生产速率达到10 000瓶/小时，PET瓶氧或二氧化碳的阻隔性能提高10倍以上，迁移物量达到欧盟2002/72/EEC标准； （9）节能饮料输送生产线：比采用普通异步电机的饮料输送线节能20%以上。 ▲ 制糖： （1）结晶果糖生产线设备：异构化果糖转化率达到43%以上，分离果糖纯度可达96%以上，结晶果糖一次收率达到41%以上； （2）药用级无水葡萄糖生产线设备：真空煮糖结晶工艺，葡萄糖值为99.5，含水分0.5； （3）甘蔗联合收割机：含杂低于3%，效率15吨/小时； （4）大型甜菜高效渗出装置：日处理甜菜4 500吨以上； （5）内循环甜菜粕干燥设备：比现有转鼓式干燥机节能12%以上。 ▲ 食品装备： （1）玉米胚芽油小包装自动化灌装线设备：以5升为例，产能达到800瓶/小时； （2）高速PET瓶吹瓶机：以500毫升瓶为例，生产能力78 000瓶/小时，效率95%以上； （3）水饮料高速灌装生产线：以500毫升瓶为例，生产能力72 000瓶/小时，效率90%以上； （4）含气饮料中温高速灌装生产线：以500毫升瓶为例，生产能力60 000瓶/小时，效率90%以上； （5）热灌装饮料高速灌装生产线：以500毫升瓶为例，生产能力60 000瓶/小时，效率90%以上； （6）PET瓶饮料吹灌旋（无菌）生产线：以500毫升瓶为例，生产能力60 000瓶/小时，（无菌48 000瓶/小时），效率90%以上； （7）礼品箱高速智能装箱成套设备：以250毫升利乐砖为例，生产能力24 000包/小时； （8）小包装食用油灌装生产线：以5升油瓶为例，生产能力6 000瓶/小时； （9）啤酒高速灌装生产线：以640毫升玻璃瓶为例，生产能力60 000瓶/小时；以355毫升易拉罐为例，生产能力72 000罐/小时；

续表

工程名称	主要内容
智能制造示范工程	（10）果汁饮料灌装生产线：以500毫升PET瓶为例，生产能力36 000瓶/小时；以355毫升易拉罐为例，生产能力48 000罐/小时； （11）调味品灌装生产线：以500毫升PET瓶为例，生产能力36 000瓶/小时； （12）大型高速啤酒生产线：以620毫升/瓶为例，产能达到51 000瓶/小时。液位精度合格率≥99.5%，酒损率≤1%，破瓶率≤0.2%，增氧量≤0.02毫克/升； （13）连续真空微波干燥生产线：微波功率30～50千瓦； （14）连续热风微波耦合干燥生产线：以果蔬为例，处理量达到2吨/小时以上； （15）含气饮料高精度高产量混比机：额定产量在36 000～54 000实时在线调整，水、糖、二氧化碳均采用流量计控制，二次脱氧，水糖混合精度：±0.05利度，二氧化碳的含量精度：±0.15重量体积浓度； （16）（节能环保）流量计型定容式饮料灌注机组：以500毫升/瓶为例，产能达到40 000瓶/小时；灌装精度±1克，旋盖成品合格率≥99.94%； （17）农产品（山药、山芋类）深加工饮料热灌装生产线：以500毫升/瓶为例，产能达到36 000瓶/小时；液位精度合格率≥99.6%，灌装回流量≤10%，灌装温度控制精度±0.5度； （18）连续高效真空包装生产线设备：产能达4 000包/小时以上； （19）自动化裹粽生产线设备：产能达1 800个/小时以上； （20）包装密封完整性自动检测设备：检测率100%，速度可调； （21）基于电子鼻的风味在线检测设备：检测响应时间小于2分钟； （22）现代化、高效、高品质、低能耗干燥技术装备：能耗为热风干燥的1/2以下，烘干时间缩短一半以上，有效成分提高20%以上，连续或间歇式设备。 ▲食品发酵： （1）发酵过程自控装备：自动在线取样与检测、生物过程参数传感器研发、近红外光谱分析以及智能集成控制系统及软件的开发研制实现温度、pH值、溶氧、还原糖、尾气等因素的在线监测和氨基氮、总糖、总氮、有机酸等成分以及酶活力的全程快速检测；实现发酵过程优化控制； （2）搅拌设计、通气方式改造后的发酵罐设备：提高气含率30%，降低20%能耗； （3）工业色谱、新型膜、浓缩结晶等新型绿色分离装备的研制：研制出新型分离装备及其相应的提取工艺，降低产品分离过程中的资源和能量消耗，提高产品质量； （4）气溶胶静电除尘烟气治理技术：研制出消除发酵烟气治理的装备和技术路线； （5）乳酸厌氧发酵设备，大型发酵罐：300立方米以上； （6）乳酸提取工艺设备：膜分离技术，离子交换； （7）柠檬酸生产装备： • 液化喷射器：处理能力500吨/天； • 色谱分离系统：处理能力500吨/天，处理温度60℃； • 高精度定量包装线：25千克/袋、生产能力分为150袋/小时或300袋/小时、精度±20克，符合GMP要求；

续表

工程名称	主要内容
智能制造示范工程	• 高精度摇摆筛设备：四层及四层以上筛网，分筛率不低于95%、符合GMP要求； • 卫生级振动流化床：处理能力≥4吨，符合GMP标准； • 全自动平板下卸料离心机：直径1 600毫米，转速800转/分钟、符合GMP要求； • 多效浓缩装置：316L不锈钢材质、符合GMP要求； • 连续结晶装置：316L材质、符合GMP要求； • 高精度不锈钢过滤器：316L材质，过滤精度0.045微米； • 环保型螺杆式冷水机组：供回水温度7℃/12℃； • 自动程控厢式压滤机：300平方米/台、程控自动运行； • DU型连续过滤胶带式滤机：真空度 -0.05兆帕、过滤面积40兆帕； • 不锈钢全密闭反应釜：60立方米/小时、搅拌转速60转/分钟、316L材质； • 高效尾气吸收塔：净化率99.99%； • 全自动控制发酵罐：罐体工作压力0.65兆帕、通风量5 000立方米/小时、搅拌功率160千瓦； • 轴流压缩机：出口压力≥0.25兆帕。 ▲ 酵母： (1) 糖蜜分离机：国产分离机不适用糖蜜介质，基本全部进口； (2) 酵母离心机：国产设备制作精度差、设备能力小、传递齿轮、轴等材质达不到要求、设备故障多，人机界面不友好； (3) 真空转鼓过滤机：制作精度差，转鼓同心度低，设备打磨较差，不符合食品工业卫生条件要求； (4) 真空包装机：包装速度慢、故障率高、制作精度差。 ▲ 方便食品： (1) 挂面自动包装机：包装速度、包装袋可调范围； (2) 方便面自动包装设备：包装速度、包装袋可调范围； (3) 减少人力80%以上； (4) 大型化双螺杆挤压加工装备及其成套设备集成：即食谷物粥的产能达到800~1 000千克/小时； (5) 中式菜肴工业化专用设备及集成：节能20%以上，人力减少50%。 ▲ 肉制品： (1) 肉类屠宰与肉制品加工装备制造与自动化控制：发展家畜热汽隧道湿烫、连续自动去毛、多工位扒皮装备，家禽自动去内脏、自动称量分级装备，大型真空斩拌、滚揉、全自动定量灌装装备等； (2) 传统肉制品工业化生产成套设备与集成：研究中式传统肉制品（尤其是腌腊和酱卤）的科学加工工艺参数，加强快速成熟工艺研究，开发自动化或智能化设备； (3) 低温肉以及调理肉制品加工关键技术及重大装备产业化：研究西式低温肉制品、调理肉制品重要工序加工与保鲜新工艺，开发相关关键设备，解决其出油出水、质地差、货架期短等问题

资料来源：笔者自行整理。

专题报告

专题1 我国食品工业结构"十三五"升级思路研究

一、我国食品工业发展现状及成就

(一) 食品工业是国民经济发展的重要支柱产业

中国食品工业协会数据显示，2016年，全国规模以上食品工业企业实现主营业务收入12.0万亿元，比2011年的7.7万亿元增长了55.8%，年均递增率约9.3%。2016年，食品工业完成工业增加值占整个工业增加值（现价）的比重是11.9%，其中，农副食品加工业、食品制造业、烟草制品业及酒、饮料和精制茶制造业完成工业增加值占全国工业增加值的比重分别为4.8%、2.3%、2.6%和2.2%，同比分别增长6.1%、8.8%、8.3%和8.0%。

2016年，食品工业以占全国工业7.1%的资产，实现了占比10.4%的主营业务收入，比2010年的占比提高了1.6个百分点；创造利润总额8285.34亿元，占比12.0%，利润总额比2011年增长50.0%，年均增长18.4%；2015年，食品工业上缴税金总额9642.93亿元，占全国工业的15.2%，总额比2011年增长79.9%，年均增长9.9%；2011~2016年，食品工业各子行业年利润增长率均高于整个工业的利润增长水平（见表1），其中除农副食品加工业外，食品制造业利润居轻工业各行业利润之首，占总额的12.4%。食品工业继续成为拉动内需增长的主体，是国民经济发展的重要支柱产业。

表1　2011~2016年食品工业实现利润及其增长速度

指　　标	2011年利润总额（亿元）	2016年利润总额（亿元）	年均增长（%）
规模以上工业	54 544.0	68 803.2	4.75
食品工业总计	5 523.2	8 285.34	8.44
其中：农副食品加工业	2 373.0	3 422.84	7.60
食品制造业	1 100.9	2 000.75	12.70
酒、饮料和精制茶制造业	1 201.7	1 824.25	8.71
烟草制品业	819.5	1 037.50	4.83

资料来源：历年《中国食品工业年鉴》。

（二）食品行业集中度不断提高，产业集群效应逐渐显现

近年来，通过产业链和知名品牌食品企业带动，各地方建设形成一批食品工业产业园。特别是在广东、福建、浙江、江苏、山东等沿海、沿江地区，成千上万中小企业迅速崛起并形成一定规模，越来越多的"特色突出、链条完备、品牌集聚"的现代化食品产业集聚区崛起显现。

2016年，规模以上食品工业企业41 623家，比2011年31 735家新增9 888家。2014年，规模以上大中型食品工业企业共计5 789家、小型企业31 818家，分别占食品工业企业数的15.4%、84.6%；大中型食品工业企业完成主营业务收入占全行业的54.0%，小型企业占46.0%；实现利润总额分别占62.9%、37.1%；上缴税金分别占83.2%、16.8%。2014年，大中型企业的主要经济指标占比较以往年份均有显著提高。根据中国食品工业协会统计，2014年全国达到和超过百亿元规模的食品工业企业比2010年的27家增加1倍，达到54家，提前超额完成了"十二五"规划中提出的百亿元食品工业企业超过50家的发展目标。

（三）食品产销衔接良好，供需基本平衡

按照国家统计局食品工业4大类行业产销情况统计，2014年农副食品加工业产品销售率97.8%，食品制造业销售率97.6%，酒、饮料和精

制茶制造业 95.9%，烟草制品业 99.0%。农副食品加工业产销率与上年同期持平，其他 3 个行业产销率比上年同期有所回落。从全国食品 20 种主要品种产量来看，2015 年上半年，14 种食品产量增长，其中 8 种同比增长超过 5%，糖果产量同比增长超过 10%，但有 5 种食品产量同比出现负增长（见表2）。

表2　　　　　2011~2016 年食品工业主要产品产量　　　单位：万吨，万千升

产品名称	2011 年累计产量	2016 年累计产量	年平均增长（%）
小麦粉	11 677.79	15 265.3	6.93
大米	8 839.54	13 887.6	11.96
精制食用植物油	4 331.91	6 907.5	12.37
成品糖	1 169.11	1 433.2	5.22
鲜、冷藏肉	2 654.93	3 637.1	8.19
冷冻水产品	609.39	860.2	9.00
糖果	222.79	351.9	12.11
速冻米面食品	346.45	566.1	13.06
方便面	827.59	1 103.9	7.47
乳制品	2 387.49	2 993.2	5.82
罐头	972.53	1 282	7.15
酱油	662.49	991.4	10.60
冷冻饮品	249.49	331.5	7.36
食品添加剂	762	851.8	2.82
发酵酒精	833.73	952.1	3.37
白酒（折65度）	1 025.55	1 358.4	7.28
啤酒	4 898.82	4 506.4	-2.07
葡萄酒	115.69	113.7	-0.43
软饮料	11 762.32	18 345.2	11.75
精制茶	176.70	258.8	10.01

注：单位万千升对应酒类产品。
资料来源：中国食品工业协会。

2011~2016 年，7 种主要产品的年产量增长率超过 10%，但是乳制品、啤酒、葡萄酒等部分产品由于行业调整或者受进口产品冲击，产量增幅较小。

食品工业各主要子行业 2010~2015 年产量及具体相关情况变化如下：

1. 粮食加工业

粮食加工业转化农产品数量大，产业关联度高，"十二五"时期保持较快增长，生产总量迈上新台阶。2014 年，全国规模以上粮食加工企业有 6 061 家（年销售收入 2 000 万元以上企业），实现主营业务收入 12 571.51 亿元，比 2010 年（年销售收入 500 万元以上企业）增长 98.4%，年均增长 18.7%。2014 年全国规模以上粮食加工企业生产大米 13 042.82 万吨，比 2010 年增长 58.2%，年均增长 12.2%；生产小麦粉 14 116.02 万吨，比 2010 年增长 39.5%，年均增长 8.7%。

2. 精制食用植油加工业

我国是食用植物油生产和消费大国。"十二五"时期，我国食用油加工技术水平已达到国际先进水平，主营业务收入、资产总额等主要经济指标再创历史新高。2014 年全国食用植物油产量 6 534.13 万吨，比 2010 年增长 66.9%，年均增长 13.7%；实现主营业务收入 10 369.98 亿元，比 2010 年 6 076.80 增长 70.6%，年均增长 14.3%。2015 年上半年，精制食用油产量继续保持较高速度增长。

3. 乳制品制造业

"十二五"时期，乳制品制造业在整顿和调整中实现恢复性增长，行业诚信建设、安全生产能力得到提高，但全行业仍面临着消费市场疲软、生产成本上升、进口奶粉增加、要素资源稀缺等压力，处于艰难的转型发展期。2014 年，全国乳制品制造业完成主营业务收入 3 297.73 亿元，比 2010 年增长 67.8%，年均增长 13.8%。但是据国家统计局公布数据显示，2014 年我国乳制品工业出现负增长。2014 年，全国乳制品产量 2 651.82 万吨，其中液态奶 2 400.12 万吨，同比下降 0.91%，干乳制品产量 251.70 万吨，同比下降 4.17%。

4. 酿酒工业

酿酒工业是我国历史悠久的传统工业，也是世界酒类品种最全、产业规模最大的国家。"十二五"时期酿酒行业稳定健康发展，产业结构、生产规模和科技水平发生显著变化。

2014 年，全国葡萄酒制造业实现主营业务收入 420.57 亿元，比

2010年309.5亿元增长35.9%,年均增长8.0%;葡萄酒产量116.10万千升,比2010年增长6.6%,年均增长1.6%。

全国黄酒制造业实现主营业务收入158.56亿元,比2010年增长35.8%,年均增长7.9%。

全国啤酒制造业实现主营业务收入1 886.24亿元,比2010年增长46.2%,年均增长10.0%;啤酒产量4 921.85万千升,比2010年增长了9.8%,年均增长2.4%。

2014年,白酒制造业实现主营业务收入5 258.89亿元,比2010年增长94.2%,年均增长18.0%;白酒产量1 257.13万千升,比2010年增长了60.2%,年均增长12.5%。

但是值得注意的是,2011~2014年,啤酒和葡萄酒的产量增长缓慢,年均增长率分别为0.16%和0.12%,2015年上半年,啤酒和葡萄酒产量同比都出现较大程度减产,产量同比下降6.17%和8.53%。

5. 屠宰及肉类加工业

2014年,全国规模以上屠宰及肉类加工企业3 786家,比上年增加93家,实现主营业务收入12 874.01亿元,比2010年增长72.6%,年平均增长14.6%。2014年,畜禽屠宰业生产鲜冻肉3 903.4万吨,比2010年2 116.8万吨增长84.4%,年平均增长16.5%;肉制品加工业实现主营业务收入4 225.13亿元,比2010年增长42.2%,年均增长9.2%。但是我国肉制品加工规模以上企业在行业内占比仅20%,主营业收入利润率仅4.7%,行业结构失衡。

由于我国经济水平和城镇化水平的不断提高,以及《中国营养与食物发展纲要(2014—2020年)》的要求,到"十三五"末期,我国肉类年人均消费应达到29公斤,因此肉类加工产品的产量还将较大幅度的提高。

(四)区域食品经济均衡协调发展

2014年,按完成主营业务收入计,山东、河南、湖北、江苏、四川、广东、辽宁、湖南、福建、安徽位列前十位。共计完成食品工业主营业务收入71 560.66亿元,占全国食品工业的65.69%。其中,东部、中部、西部、东北地区分别有4个、4个、1个、1个省。东部、中部、西部、东北地区完成主营收入分别占同期全国食品工业的42.11%、26.81%、18.89%、12.19%。

整体上看，东部地区继续保持了领先和优势的地位，与此同时，中部地区努力将农业资源优势转化为产业优势，食品产业发展迅猛。中西部和东北地区食品工业主营业务收入占全国的比重由2010年的48.34%提高到2014年的57.89%。2011~2014年，中部地区食品工业总产值年均增长率最高，占比增加，东北地区占比降低，东部和西部占比变化不大。2014年各地区食品工业主营业收入同比增幅下降，特别是东北地区同比出现负增长（见表3）。

表3　　2011~2014年分地区的食品工业主要经济指标

地区	规模以上企业数（个） 2011年	规模以上企业数（个） 2014年	主营业收入（亿元）2011年	主营业收入（亿元）2014年	年均增长率（%）	2014年同比增长率（%）
食品工业总计	31 735	37 607	76 540.2	108 932.9	12.48	7.98
东部	13 368	14 936	32 972.8	45 867.5	11.16	8.32
中部	8 489	10 523	18 775.5	29 209.9	15.87	11.16
西部	5 894	7 509	14 781.0	20 576.8	11.66	10.66
东北	3 984	4 639	10 010.9	13 278.8	10.99	-2.88

资料来源：根据历年《中国食品工业年鉴》数据计算而得。

（五）食品工业固定投资持续增加

2011~2015年累计完成固定资产投资总额7.76万亿元，比"十一五"时期增加3.45万亿元，增长3.4倍。2015年，全国食品工业完成固定资产投资2.02万亿元，同比增长8.0%，投资额比2010年增长184.5%，年均增长23.1%；全国食品工业总资产6.17万亿元，比2010年增长72.8%，年均增长11.6%。"十二五"时期，全国食品工业固定资产投资持续高速增长（见图1），产品结构调整加快，工业自动化水平进一步提高，食品企业更加重视节能环保低碳发展。

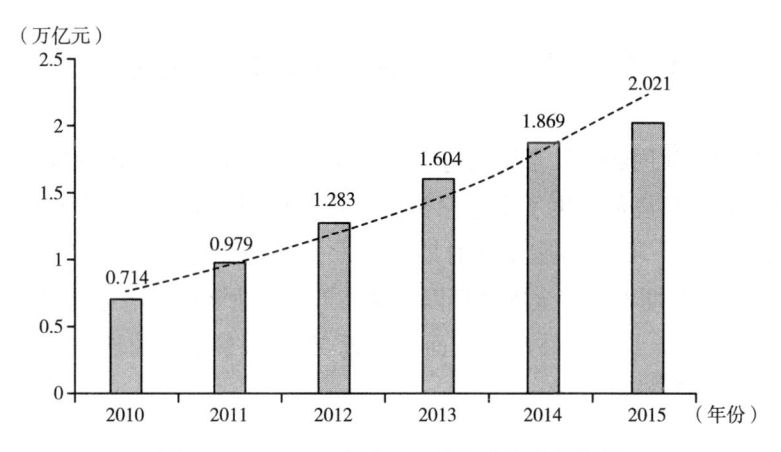

图1　2010～2015年食品工业固定资产投资额

资料来源：根据历年《中国食品工业年鉴》数据计算而得。

二、我国食品工业产业结构面临机遇和挑战

（一）食品消费需求结构面临新的变化

近10年，我国城乡居民的食物消费和营养状况有了明显改善，但是我国居民的营养摄入不均衡问题又日益显现，主要表现为我国消费目标和营养目标不协调、营养改善与健康需求不匹配等。因此，《中国食物与营养发展纲要（2014－2020年）》从多方面对我国食品工业的发展提出了新的要求，不仅对食物的数量、质量提出了新的目标，同时对食品的供应种类、营养健康提出了更多新的要求。

该纲要重点强调加快发展符合营养科学要求和食品安全标准的方便食品、营养早餐、快餐食品、调理食品等新型加工食品，以及奶类和大豆类加工产品的规模。居民食品消费正在从生存型消费向健康型、享受型消费转变，更营养、更健康、更方便的食品将越来越受市场欢迎。

由此可见食品的消费需求结构已经发生新的变化，产业结构也必须适应消费结构的进行调整和升级。

（二）食品工业增速减缓，进入中速增长新常态

当前，我国经济社会发展进入了新常态，经济发展的内在支撑条件和外部需求环境都发生了十分深刻的变化。数据显示，我国食品工业发展已经度过了30年高速发展时期，进入了中速增长的新常态。特别是"十二五"时期以来，全国规模以上食品工业企业增加值增速连续4年回落（见图2），我国食品产业正面临着近30年来最艰难的转型期，食品产业结构亟待转型升级。

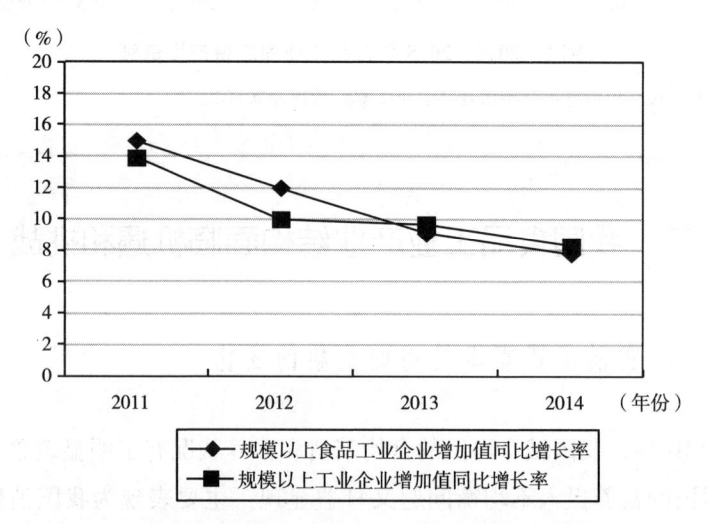

图2　2011～2014年规模以上食品工业企业增加值同比增长率

资料来源：中国食品工业协会。

据国家统计局提供数据，2015年，39 518家规模以上食品工业企业增加值按可比价格计算同比增长5.7%，比全国规模以上工业增加值增速低0.6个百分点，增速比上年回落了2.1个百分点。2014年，规模以上食品工业企业实现主营业务收入10.89万亿元，同比增长8.0%，增幅回落5.9个百分点；实现利润总额7 581.46亿元，同比增长1.2%，增幅回落12.4个百分点；上缴税金总额9 241.55亿元，同比增长7.2%，增幅回落3.6个百分点；规模以上工业企业主营业务收入利润率为7.0%，比上年降低0.4个百分点（见图3）。

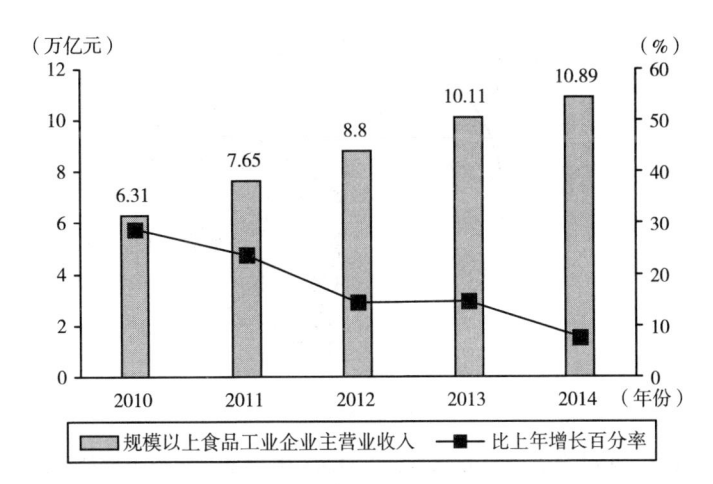

专题报告
专题1 我国食品工业结构"十三五"升级思路研究

图3 2010~2014年全国规模以上食品工业企业主营业收入情况

资料来源：历年《中国统计年鉴》。

另从2016年度全国食品工业经济运行暨行业指数发布会上获悉，2016年，规模以上食品工业增加值按可比价格计算同比增长3.3%，低于全国工业增速2.7个百分点，比上年同期回落2.4个百分点，食品工业实现利润总额8 285.34亿元，同比增长2.9%，比上年低3.0个百分点。

（三）食品工业区域发展存在差异

近年来，中部和西部地区食品工业得到快速发展，食品工业区域发展整体趋于协调。但是从统计数据来看，山东、河南、湖北、江苏、四川、广东六省的规模以上企业食品工业主营业收入占据了全国近50%的份额。虽然西部和东北地区都蕴藏着大量可供加工的农产品，劳动力资源丰富，但是西部地区和东北地区食品工业占比较小，人均食品工业产值和东、中部地区存在较大差距，食品工业区域发展仍存在一定差异（见图4）。

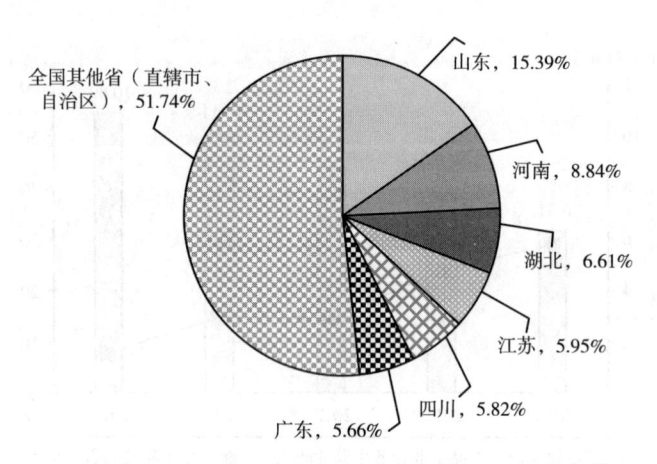

图4 2014年各省（直辖市、自治区）在全国规模以上食品工业
主营业收入中的占比情况

资料来源：根据2015年《中国食品工业年鉴》数据计算而得。

（四）食品工业发展水平与国外先进国家仍存在较大差距

但是与发达国家相比，我国食品工业发展水平与发达国家还存在较大差距。以食品工业中的子行业农副产品加工为例，我国农产品加工率只有55%，低于发达国家的80%，果品加工率只有10%，低于世界30%的水平，肉类加工率只有17%，低于发达国家的60%，2.1∶1的加工和农业产值的比值与发达国家（3~4）∶1的比值差距较大。

（五）食品工业面临资源和环境的双重约束

食品工业发展对资源依存度高，我国资源环境容量有限，国家需要不断提高节能减排标准，食品工业健康发展面临资源和环境的双重约束。我国食品工业部分行业单位产品的能耗、水耗仍然较高，加工过程中的副产物利用率较低，污染物排放较高。上述类型企业加快转型升级，大力发展循环经济和绿色加工成为必然的选择。

三、食品工业产业结构调整和升级任务

"十二五"时期,我国食品工业快速发展,成为产业关联度高、行业覆盖面广、中小微企业多、带动作用强的重要支柱产业和民生产业,与此同时,我国食品工业产业发展也正面临着机遇和挑战。产业结构升级和融合、聚集发展成为未来趋势。"十三五"时期,我国食品工业产业结构升级任务和具体措施如下。

(一)构建科学的食品产业体系

完善食品企业组织结构。形成以食品工业为引领,一二三产业融合发展的格局。形成以大型骨干企业为引领、中型企业为支撑、小微型企业为基础的大中小微企业协调发展格局;通过资源整合、兼并重组等方式,形成完整合理的食品产业链,打造更多百亿规模食品企业;以"特色突出、链条完备、品牌集聚、国内一流"的标准加大食品工业园区建设,形成集食品研发、制造、冷链物流、工业旅游为一体的现代食品工业园区,积极配套相应产业政策,促进食品产业高度聚集和集群发展。

(二)优化食品产业区域分布结构

继续发挥东部地区食品工业的技术优势,积极探索食品工业新的经济增长点,重点突破和推进传统食品工业化、新型保健与功能性食品产业,新资源食品产业等的发展;加大中西部地区食品产业发展,将其资源优势转化为产业优势,做好中西部地区转移承接东部地区食品产业的工作;重点加大东北地区食品工业建设,充分利用其良好资源禀赋,加快其食品工业振兴。

（三）产品结构优化升级

以《中国食物与营养发展纲要（2014—2020年）》为指南，既要保障食品供应、居民基本消费和营养需求，又要应用高科技手段生产高附加值产品，培育新兴产业，引导消费和提高居民的生活品质。加速推进马铃薯主食化进程，一方面研究并提出适合于主食加工的马铃薯品种特性，融合马铃薯种植产业，指导和建议不同加工类型所需马铃薯专用品种的培育与种植；另一方面优化加工技术工艺与装备，开发出口感良好、品种多样、营养丰富的马铃薯主食系列产品。采用现代化食品科学、营养科学和先进加工技术装备，将传统主食及中式菜肴进行规模化生产，使之工业化、成品化、标准化，使之成为食品工业经济新的增长点。

（四）以科技促进食品工业发展方式转变

为解决食品产业发展需求和资源环境约束的矛盾，必须高度重视科学技术的重要作用。以食品产业发展为需求，引导相关高校和科研院所培育一批食品科技领军人才、创新团队和高素质的食品产业管理人才。构建"产学研推用"有机融合的科技创新体系，协同开展重大共性关键技术设施装备研发。建立小试和中试研究平台及商业化量产应用平台，加快推动科研成果的落地转化。坚持将食品技术的自我创新作为食品产业转型升级的核心。

（五）以"互联网+"促进食品产业商业模式和食品安全管理升级

2014年，中国迎来大数据时代。2015年，"互联网+"写入政府工作报告，这意味着"互联网+"正式被纳入顶层设计，成为国家经济社会发展的重要战略。食品工业企业应加快采用互联网思维，构建数据中心，运用好大数据，创新商业模式，将"线下"的实体优势和"线上"的网络优势结合起来，一方面降低食品体系管理成本、拓宽融资渠道，另一方面为消费者提供更加便捷、安全的食品消费体验。食品产业相关管理部门要借助大数据,提升对食品产业的运行监控和食品安全管理,以"互联网+"为有力手段,促进食品产业链、价值链、创新链、服务链、资金链、安全链的改造与重构。

(六) 以食品工业绿色加工技术促进节能减排

以发展食品绿色加工技术为重点,以节能减排和资源综合利用为目标,加快构建资源节约型、环境友好型的生产方式和消费模式。加快促进稻壳米糠、等外果及皮渣、畜禽骨血、水产品皮骨内脏等用于生物医药、食品添加剂、饲料等的加工,充分提高食品加工原料的利用度,减少食品加工副产物对生态环境的影响。加快促进重点节能减排技术和高效节能环保产品、设备在食品企业的推广应用。

(七) 以"一带一路"共建契机促进食品工业发展转型

"一带一路"涉及全球60多个国家、40多亿人口、21万亿美元的经济总量。中国食品工业应积极研究沿线各国家错综复杂的地缘政治、食品消费习惯,加速中国食品走向世界,形成"引进来"和"走出去"内外统筹的发展格局。

(八) 加快政府职能的转变升级

食品工业相关政府职能部门在促进食品产业转型升级中要做好服务工作,完善管理体制,理顺职责关系。建立并不断完善食品工业相关产品标准、方法标准、管理标准及相关技术操作规程等。搭建科研单位、企业、行业协会、市场相互合作交流的平台。加强食品安全管理,强化新闻宣传和舆论导向,为食品产业的转型升级营造良好的环境。

专题2　我国食品工业"十三五""两化"融合与新业态发展研究

食品工业是国民经济的支柱产业，推动食品工业信息化和工业化深度融合，发展新型业态是加快食品工业转变发展方式，推动食品工业转型升级的必然选择。当前，我国食品工业正处于转型升级的重要时期，食品工业创新能力不足、信息化程度不高、食品装备智能化水平较低等问题依然严峻。国内外新一轮科技革命和产业分工调整对我国食品工业发展既有挑战，也带来前所未有的机遇。推动食品工业信息化和工业化深度融合，推动互联网与食品工业的融合创新，大力发展新型业态，对于食品工业提质增效和转型升级具有十分重要的意义。

一、"十二五"时期发展成就和存在问题

（一）发展成就

"十二五"时期以来，食品工业坚持走新型工业化道路，转型升级速度加快，食品工业领域信息化和工业化融合不断推进，新型业态发展取得良好成效。

1. 食品工业企业信息化程度稳步提升

"十二五"时期以来，食品工业领域随着两化融合的不断推进，企业信息化程度不断提升。大型骨干企业已经进入信息化综合集成应用阶段，部分企业已经将云计算、大数据、物联网、产品溯源等新技术应用

于食品生产、研发、销售等产业链的全过程，规模以上的食品企业普遍建立了官方网站。从重点行业看，乳制品、肉制品和饮料行业"两化"融合总体水平分别达到48.4、46.5和44.2。从企业信息管理系统看，目前食品企业ERP的普及率接近50%，销售额上亿元的食品企业的ERP普及率高达80%以上。从食品安全信息管理看，部分城市和地区将食品安全纳入了智慧城市试点和两化融合示范区建设。

2. 食品质量安全可追溯和诚信体系建设稳步推进

"十二五"时期以来，食品质量安全可追溯体系建设稳步推进且在食品安全监管中的作用不断提升。婴幼儿配方乳粉、白酒、肉制品、水产品等行业质量安全追溯体系建设成效明显。截至2014年底，我国婴幼儿配方乳粉行业100%纳入质量追溯体系，实现了试点企业信息公开和产品生产、流通、使用等产业链全程信息的实时实地跟踪、信息汇总与分类使用，提升了我国婴幼儿乳粉行业的质量安全水平。

在质量安全可追溯工作不断推进的同时，食品诚信体系建设也取得积极成效。一是建立了国家和地方食品企业诚信公共服务平台，推动实现了地方平台与国家平台互联互通，建立了政府部门、行业组织和企业的良性互动、协调合作的机制。二是健全了诚信制度和标准体系。在《2014年食品工业企业诚信体系建设工作实施方案》等多项诚信制度和标准体系的保障下，工业和信息化部指导了5 000家以上食品工业企业建立并运行诚信管理体系，组织行业、地方完成对1万人次的培训，开展了对22家委托评价机构的评价人员的专业培训；推动开展食品企业诚信管理体系评价工作，约有150家企业通过评价。

3. 食品专用装备国产化率进一步提高

随着智能化数字化专用装备、机器人及数控生产线大量进口和广泛运用，食品专用装备国产化率进一步提高，特别是饮料、啤酒、乳品、肉类等行业生产装备智能化和生产过程自动化水平提升明显，部分企业装备水平已达到国际先进水平。目前，国内屠宰加工技术和装备、饮料灌装设备、乳制品加工设备等的技术进步较快，装备的国产化率较高，部分装备已摆脱了国外技术垄断与制约。

4. 食品电子商务发展迅速

"十二五"时期，我国食品工业电子商务的交易规模从2011年的

197亿元增加到2014年的520亿元，年均增长率38.20%。越来越多的食品工业企业与天猫、京东等电商平台合作，开展B2C的业务；部分食品工业企业还利用线下门店与线上互联互通，开展O2O的电商模式。食品电商平台出现新的竞争格局，如我买网、顺丰优选，通过布局物流冷库，实现全程冷链，并按生鲜食品所需的温度进行分类储藏管理、配送。食品电商还通过布局全球范围的供应链，实现食品的全球原产地直供，即通过全球采购满足消费者的多样化需求。大数据的应用为食品电商提供服务支撑，通过对数据的分析使食品电商更贴近消费需求，并提供针对性服务。

5. 互联网与食品工业融合创新成绩显著

"十二五"时期，为更好推动互联网与工业融合，2013年以来，工业和信息化部启动了北京、广东、重庆、江苏等多省市互联网与工业融合创新的试点工作。通过有关调研发现，我国大型食品工业企业的研发、生产及营销等环节已开始尝试进行与互联网融合，实现生产经营模式的创新。部分食品企业利用电商、微商等移动互联网平台实现经销商订单运营模式以及社区店O2O直营模式的创新。白酒、乳制品等行业部分企业通过利用互联网、大数据、云计算等信息化技术的结合，开展了基于个性化定制的研发、生产，如洋河酒厂的移动互联网全柔性生产模式，伊利集团通过定制化研发生产，打造了安全透明的乳制品产业链。

6. 新资源食品引领食品工业转型升级

食品工业作为国民经济的重要支柱产业，虽然目前市场规模巨大，但作为传统产业，食品工业的快速发展还需要不断进行创新。新资源食品为食品产业创新和转型提供了重要途径。"十二五"时期，卫生和计划生育委员会分15批次批准了包括番茄籽油、枇杷叶等在内的共54种新资源食品，并在2013年10月颁布了最新的《新食品原料安全性审查管理办法》，加快了对新资源食品的开发与管理，标志着新资源食品产业进入了新的发展阶段。研究表明，新资源食品通常具有某些特定的营养和保健功效，随着人们对食品健康、保健功能需求的不断提升，新资源食品生产和研发将有利于推动食品工业向功能型、营养型、健康型方向发展。

7. 食品工业旅游如火如荼展开

工业旅游作为一种新型旅游模式，在食品工业中也应用广泛。"十二五"时期,全国多个地区的多家食品工业企业开展了食品工业旅游,比较有特色的如武汉市吴家开发区在2012年开发的首条工业旅游线路,益海嘉里下属的金龙鱼集团在我国建设了14个体验式生产企业,该集团还获得了上海市工业旅游景点服务质量优秀单位称号。食品工业旅游由单一的企业逐渐向全产业链的旅游模式转变,强化了食品加工从原料投入到产成品包装全过程的食品安全。食品工业企业通过开展工业旅游这种新型营销模式,既有利于提高企业的品牌知名度,也有利于提升食品工业的质量安全。

(二) 存在问题

1. 企业对"两化"融合的认识不够

一是企业思想保守。许多食品企业对网络生产、网络营销、网络管理等的意识淡薄,对信息化发展的认识不够,仍停留在旧有的经营模式及营销模式中,对企业管理和营销模式的创新缺乏主动性,对信息化发展的投入存在盲目性。二是网络营销认识不足。目前中小食品企业应用较多的网络营销手段为电子邮件、企业网店等,这些方式较为初级且目标用户不明确,不但效果不佳,效率也比较低下。

2. 信息化资源利用率较低

一方面,企业信息化管理存在"信息孤岛"。我国企业的信息化绝大多数从起步开始就是分头建设,缺乏统一规划,结果造成企业不同部门之间信息传递不顺畅,形成了生产、财务、人事、销售等"信息孤岛",造成资源无法共享、信息资源闲置,为未来信息化升级换代埋下隐患。另一方面,国家层面信息化系统存在重复和交叉。虽然我国已建成了一批食品溯源信息系统,但这些系统往往局限于某个地区或某个细分行业(如肉类、生猪、农产品等),缺乏全国性统一的食品安全溯源信息平台。这样既造成重复建设,也影响了信息资源的利用效率。

3. 企业信息管理系统集成能力不足

食品企业对仓储、物流、库存、分销、决策支持等管理系统要求比较高,需要各个生产环节有较好的协调性。而国内大型食品企业所使用的生产设备主要从国外进口,这些设备有自己的信息系统和数据模式,大多与国内企业的管理系统并不兼容。国内互联网企业在为食品企业开发信息管理系统的同时，没有考虑到二者数据的兼容和接口问题，信息管理系统的建设集中在生产能力和成本控制方面，导致企业信息化设备的利用率较低。

4. 食品工业企业的研发创新不足

"两化"融合对企业研发创新能力要求较高，目前我国食品工业的研发创新不足，技术水平比较落后。规模以上食品工业企业在2013年的研发支出与2011年相比虽有大幅提升，但占整个制造业的研发支出仍不到5%，研发支出强度不足0.5%，产学研联系不密切。食品工业的技术和装备水平较落后，缺乏拥有核心技术和自主知识产权的技术创新成果，直接制约了食品工业两化融合的推进，不利于食品工业竞争力的提升。

5. 资金和人才短缺

一方面，大部分中小食品企业生存率较低，企业资信度较差，融资渠道较少，外部资金来源有限。而信息化建设涉及生产、营销、管理等流程的重组革新，是一项投入较大、风险较高的企业行为，其涉及的软硬件设备的购置、运行及维护成本又很高，中小企业往往难以承受。另一方面，信息化发展需要营销、采购、网络、物流、电子商务等技术的紧密结合，需要既精通网络信息技术又掌握先进管理经验的复合型人才。中小食品企业由于自身的局限，大部分难以吸引到这样的人才。

二、"十三五"时期面临的发展环境

（一）国际食品工业"两化"融合的发展形势

1. 国际食品安全监管与追溯的信息化水平高

发达国家对食品安全的监管逐渐由单纯的生产、加工环节延伸到流通环节，实行全产业链的食品安全监管，并通过信息化手段实现对食品安全问题的追溯。以美国为例，美国的食品安全监管包括农业生产环节、食品加工包装环节以及运输销售过程，在每个环节或过程通过信息技术

专题报告
专题2 我国食品工业"十三五""两化"融合与新业态发展研究

获得有关原料及食品安全信息，形成巨大的数据库，并上传到公共信息平台进行信息公开。若发生食品安全问题，通过信息技术[①]即可快速查出问题环节，并实行紧急召回。近年来，美国通过在国内建立食品安全追溯试点项目，实施模拟追溯实验，对食品安全追溯系统的追溯能力进行评估，并研究哪些食品追溯方法更高效，以更好完善其食品安全监管与追溯系统。可以看出，国外的食品安全监管与追溯体系在信息化程度较高的同时也更加完善，也使中国的食品安全信息化监管面临更大的挑战。

2. 国际食品装备制造智能化程度较高

在美欧等发达国家"再工业化"过程中，均十分重视信息技术与先进制造技术的深度融合，以实现柔性制造、虚拟制造和智能制造。发达国家食品装备制造的技术水平较高，聚集了机、电、光及微机控制等高新技术，在食品装备的数字化设计与先进制造、智能控制与过程检测、节能减排等各方面，均远远超过中国的食品装备。发达国家在食品装备制造尤其是高端食品装备制造上的技术优势，加上发达国家先进的信息技术，将十分有利于其在食品工业领域开展两化融合，并将进一步推动发达国家食品工业工业化发展，实现自动化、智能化的生产，并有利于发达国家进行食品安全的全产业链监管。因此，发达国家在食品工业的两化融合程度将超过中国，其食品工业企业的生产效率及食品安全监管体系均要优于中国。

（二）国内食品工业两化融合和新业态的发展形势

1. 智能制造加速食品产业转型升级

为推动我国制造业的转型升级和跨越式发展，由制造大国向制造强国转变，2015年国务院颁布了《中国制造2025》，也被称为中国版的"工业4.0规划"，该规划中特别提出了加快食品等行业生产设备的智能化，改造提高精准制造敏捷制造能力；加快食品等重点行业的智能检测监管体系建设，提高智能化水平等。这标志着从国家层面开始大力推进

---

① 国际物品编码协会开发的 EAN·UCC 编码体系或 RFID（Radio Frequency Identification）射频识别技术。

食品产业的集成化、智能化和高端化发展，将加速食品产业的转型升级，提高食品产业的创新力度，有利于食品工业两化深度融合，推动食品制造的柔性化、智能化。

2. 食品安全形势助推产业信息化发展

"十三五"时期，我国食品安全问题仍然十分严峻，既需要解决传统的食品安全领域的信息不对称问题，又需要解决食品产业工业化过程中由食品制造设备落后、食品添加剂滥用等所带来的食品安全问题，以及食品工业国际化过程中的新型食品安全问题。目前，欧美日等发达国家已建立了较完善的食品安全监管模式，通过食品安全追溯系统实行信息化的食品安全监管。我国发布的《中国制造2025》对食品安全提出了更高的要求，规划中特别强调了要在食品领域实施覆盖产品全生命周期的质量管理、质量自我声明和质量追溯制度，保障重点消费品的质量安全。随着物联网、云计算、大数据等新型信息技术的推广，我国食品安全监管领域信息化水平将不断提升，越来越多的食品工业企业也将通过技术改造提升信息化水平。

3. 政策环境有利于产业两化融合的推进

金融危机后，美欧等发达国家意识到制造业的重要性，纷纷掀起"再工业化"浪潮，如德国提出的工业4.0，美国提出的工业互联网，我国也在2015年提出了《中国制造2025》，此次美欧国家"再工业化"浪潮中均强调了信息技术在工业化生产中的重要性，促进工业化和信息化的融合。我国通过推进信息化和工业化深度融合专项行动计划、加快推进智能制造、大力发展工业互联网、全面推广互联网与工业融合创新、加快培育发展新业态和新模式、加快"两化"融合支撑能力建设等措施不断完善"两化"融合的政策环境。在国家不断推动工业企业两化融合的背景下，我国食品工业企业两化融合发展将迎来新的发展机遇。

4. "两化"融合深入食品工业企业的各个环节

"十三五"时期随着两化融合的不断推进，将不断催生食品工业领域的新业态及新模式。物联网、云计算、大数据等新一代信息通信技术将不断融入食品工业的各个环节，在产品研发设计、生产、企业管理、流通、节能减排等环节中不断深入。例如，计算机辅助设计与辅助制造等信息技术与研发设计相结合将推动食品研发设计的数字化；制造执行系统、计算机集成制造及柔性制造等信息技术与生产过程融合将促进食品工业生产的柔性、虚拟及敏捷制造的实现，促进工业生产的智能化、网络化和精准化；企业原料与库存、财务、知识及人力资源管理的经营管理过程中信息技术的应用将推动食品工业企业信息流、物流及资金流的集成；在采购营销环节加强信息技术的应用将促进食品工业企业电子商务的发展，并且随着电子支付及物流等配套服务的发展，食品工业企业的经营效率将会提高。在食品工业企业的节能减排和清洁生产环节加强信息化监测系统的应用会带动食品工业企业提高对资源的利用效率，提高企业的清洁生产水平。

5. 互联网在食品工业领域的应用将不断深化

"十二五"末期，"互联网＋"的涌现及与传统制造业的融合促进了传统行业新型生产经营模式的涌现，促进了传统制造业的转型升级。食品工业企业也不断拥抱互联网，将互联网思维模式用在企业的生产经营过程中，创新生产经营模式，提升企业的品牌形象。"十三五"时期，互联网在食品工业企业的应用会得到深化，互联网与食品工业的深度融合将改变食品工业企业的生产经营模式，提高食品的质量安全，打造安全透明的食品工业产业链。

三、指导思想、基本原则和主要目标

（一）指导思想

全面贯彻党的十八大和十八届二中、三中、四中全会精神，坚持走中国特色新型工业化道路，以促进食品工业创新发展为主题，以加快新一代信息技术、互联网技术与食品工业深度融合为主线，以提升产业信息化水平和发展新型业态为主攻方向，着力提升技术创新能力，提升质量效益水平，提高综合集成能力，实现信息技术应用、产业发展与工业转型升级融合互动、协调发展。

（二）基本原则

市场主导，政府推动。 发挥市场机制的基础性作用，通过政府政策扶持、规范市场和公共服务体系建设，激发两化深度融合的内生动力，为产业发展提供保障。

创新驱动，质量安全。 加强自主创新能力建设，强化食品安全监管与质量保障体系建设，以食品企业诚信体系建设和食品质量安全可追溯体系建设为抓手，全面提升食品安全整体水平。

产用互动，协调发展。 深化信息技术在企业和行业管理领域的应用，促进行业发展质量和管理水平的双重提升；鼓励企业与信息技术企业深化合作，大力发展新型业态，全面推进工业化、信息化、产业发展与工业转型升级的融合互动、协调发展。

多方参与，协力推进。 加强统筹协调，充分发挥工信主管部门、通信管理机构、部属院校和研究机构、行业协会和第三方机构的积极作用，创新工作机制，构建上下协同、各负其责、紧密配合、运转高效的两化深度融合推进体系。

（三）发展目标

到 2020 年，食品工业两化深度融合取得显著成效，信息化条件下重点区域、重点行业、重点企业的竞争能力普遍增强，信息技术应用和商业模式创新有力促进产业结构调整升级和新型业态的发展，工业发展质量和效益持续改善，两化融合发展水平综合指数达到 85 以上。

——食品质量安全可追溯全面推广。100% 的婴幼儿配方乳粉企业、60% 的白酒企业、60% 的肉制品企业等重点行业实现质量安全信息追溯、汇总与分类使用。

——区域"两化"深度融合水平明显提高。国家级"两化"融合示范区达到 50 个，省级两化融合示范区达到 100 个，重点食品工业园区公共管理和企业服务信息化覆盖率达到 85%。

——重点行业典型应用方案普及推广。一批行业典型应用解决方案得到普及推广，乳制品、饮料、肉制品等重点行业"两化"融合水平整体提升，骨干企业ERP应用率达到80%，装备数控化率达到80%，装备联网率达到80%。

——企业"两化"深度融合建设成效显著。大中型企业"两化"融合水平逐级提升，处于集成提升阶段以上的企业达到60%；中小企业应用信息技术开展研发、管理和生产控制的比例达到50%；中小企业信息化服务平台服务中小微企业的比例达到70%。

——新型业态在工业领域全面渗透。通过工业云、大数据、互联网等新技术新应用驱动的个性化定制、众包设计、众创空间、电子商务等新型业态蓬勃发展，大型企业运用电子商务开展采购、销售等业务的比例达到90%，中小企业达到70%。

四、发展方向和主要任务

（一）开展三个层面的应用示范和推广

在企业、行业、园区三个层面，建立一批示范点（区）和试验点（区），开展"两化"融合的应用示范和推广，初步形成"点线面"相结合的推进格局，提升食品工业经济的发展质量和综合竞争力。

1. 开展企业层面的应用示范

以骨干企业为重点，选择示范效应明显的行业龙头和能够带动上下游产业链进行信息化改造的核心企业，打造一批国家级、省级"两化"融合示范、试点企业，总结成功经验，形成典型案例，在全行业大力推广，引导广大中小食品企业，通过信息化改造增强核心竞争力，推动企业转型升级。

2. 开展行业层面的应用示范

以婴幼儿配方乳粉、白酒、肉制品、饮料、乳制品等重点行业为主体，鼓励主要行业协会、行业龙头企业发挥引导、示范作用，加快制定行业两化融合示范标准，搭建行业两化融合服务平台，推动信息技术在各行业门类的深入应用，提升行业整体信息技术的应用水平。

3. 开展园区层面的应用示范

以食品新型工业化示范基地为依托,加快园区信息化基础设施的建设,建立具有产业集群特色的信息化平台,指导园区编制企业信息化建设指南和服务标准,加大工业园区信息化建设力度,重点推进国家级和省级"两化"融合示范区、试验区和产业服务示范园的建设。

(二) 重点推进六个环节的"两化"融合与新业态

从食品产品研发设计数字化、工业生产过程自动化、企业管理和行业服务网络化、市场销售电子化、流通环节智能化以及节能减排、清洁生产和循环经济中应用信息化技术等六个环节着手,加快食品工业领域信息化和工业化的融合步伐,鼓励发展个性化定制、众包设计、电子商务、众创空间、工业旅游等新型业态,推动产业结构转型升级。

1. 推进信息技术与研发设计融合

——鼓励个性化定制在研发设计中的应用。支持乳制品、白酒等重点领域企业利用互联网、大数据、云计算等技术进行消费信息的采集并根据用户个性化需求,推进产品在包装、口味、功能等研发设计、生产制造和供应链管理等环节的柔性化改造,开展基于个性化定制产品的服务模式和商业模式创新。

2. 推进信息技术与生产过程融合

——全面推进食品质量安全可追溯。搭建食品质量安全信息可追溯公共服务平台,在婴幼儿配方乳粉、白酒、肉制品、饮料等多领域开展食品质量安全信息追溯体系建设,并在全行业进行推广。推进制度标准建设,建立产地准出与市场准入衔接机制。支持大型食品企业利用互联网技术,对生产经营过程进行精细化信息化管理,加快推动移动互联网、物联网、二维码、无线射频识别等信息技术在生产加工和流通销售各环节的推广应用,强化上下游追溯体系对接和信息互通共享,不断扩大追溯体系覆盖面,实现食品"从农田到餐桌"全过程可追溯。

提高食品装备的智能化水平。推进智能制造模式在各行业中的全面应用,推动工业机器人在重点行业中的规模应用。开展重点行业先进制造技术模式的试点示范。推动智能制造生产模式的集成应用,建立技术开发与推广服务平台，实现协同创新。在重点行业企业建设数字化车间，鼓励开展食品制造智能工厂建设试点。

——推动物联网技术的应用。推动物联网在食品行业中的应用，针对生产过程控制、生产环节监测、安全生产和节能减排的物联网集成创新应用组织开展试点示范，并将试点示范的内容延伸到食品供应链跟踪、产品全生命周期监测等领域。乳制品、白酒、肉制品等重点行业发展网络制造新型生产方式，开展以企业间协同为核心的网络制造试点示范，建设工业云服务平台。

——鼓励推进大数据集成应用。支持第三方大数据平台建设，鼓励行业龙头企业建设大数据平台，开展食品消费市场数据挖掘分析和智能决策。通过大数据实现对产品消费市场的长期动态跟踪、预测。利用大数据系统建立完备的消费者资料数据库，对数据库中不同地域、年龄、收入的消费群体进行分级管理，把握消费倾向，提供针对性的服务。

3. 推进信息技术与经营管理融合

在大中型食品企业中重点推广企业资源计划（ERP）、财务管理（FM）、知识管理（KM）、人力资源管理（HR）等技术的有效应用，实现企业管理中的信息流、物流、资金流的集成，提高企业综合效益和核心竞争力。

4. 推进信息技术与营销的融合

——推动电子商务的创新发展。一是推动大中型食品企业建立完整的供应链管理（SCM）系统，大力发展电子商务，拓展B2B、B2C等模式在工业企业的应用，推广在线交易、电子支付及线上线下的一体化集成，提高对市场的响应速度和服务水平，提升企业采购和营销效率。支持大型企业自营的电子商务平台发展为面向食品工业领域的电子商务应用，建设专业化第三方行业电子商务平台，完善电子支付、数字认证、争议处置等保障机制。二是在粮油食品加工、肉制品加工、果蔬加工等领域建成一批以商品交易为核心、现代物流为支撑、金融及信息等配套服务为保障的规范的大宗商品现货交易电子商务平台。

——支持农副产品电商建设。支持农副产品、农资批发市场对接电商平台，积极发展以销定产模式。完善农村电子商务配送及综合服务网络，着力解决农副产品标准化、物流标准化、冷链仓储建设等关键问题，发展农副产品个性化定制服务。开展生鲜农副产品电子商务试点，促进大宗农副产品电子商务发展。

5. 推进信息技术与物流的融合

——大力发展智能物流系统。推进大数据、云计算在食品工业物流领域的应用，鼓励大型食品企业与第三方物流企业合作共建智能仓储体系，优化物流运作流程，提升物流仓储的自动化、智能化水平和运转效率，降低物流成本。在食品工业全产业链积极推广应用二维码、无线射频识别等物联网感知技术和大数据技术，实现仓储设施与货物的实时跟踪、网络化管理以及库存信息的高度共享，提高货物调度效率。

6. 推进信息技术与节能减排的融合

——推进节能管理信息化。重点推进农副食品加工、肉制品加工等行业生产设备的数字化和智能化，改造传统工艺和生产流程，提高能源综合利用、污染源（物）监控和清洁生产的水平。完善信息化监测系统，对耗能与污染较高行业的能耗和污染排放进行实时监控，提高能效监测和节能管理信息化水平。鼓励企业推广流程工业能源在线仿真系统，支持建设一批企业能源管控中心，开展数字能源试点。推广节能减排信息技术，推动企业数字能源应用等级评价。

（三）鼓励发展三大领域的业态创新

1. 推进食品工业"互联网+创业创新"

——鼓励发展众创空间。充分发挥互联网开放创新优势，支持食品创新工场、社会实验室、智慧小企业创业基地等新型众创空间发展。充分利用国家自主创新示范区、科技企业孵化器、大学科技园等现有条件，通过市场化方式构建一批创新与创业相结合、线上与线下相结合、孵化与投资相结合的众创空间，建立一批以食品包装设计、口味研发、功能性食品等为特色的食品工业众创空间示范基地，加快发展"互联网+"创业网络体系。

——推动食品工业大众创业。鼓励食品工业大众创业，万众创新，推动食品行业"创业团队""家庭网商（微商）"向管理先进、设施完备、制度完善的现代食品电子商务企业转型。大力挖掘和推介一批网商

（微商）成功案例，宣传推广网商（微商）发展成功经验。

2. 加快发展食品服务型制造

大力发展与食品制造业紧密相关的生产性服务业，推动国家级、省级食品工业两化融合服务功能区和服务平台建设。在食品工业领域开展试点示范，引导和支持大型企业延伸服务链条，从主要提供食品产品向提供产品和服务转变。鼓励企业增加服务环节投入，发展个性化定制、全生命周期管理、网络精准营销和在线支持服务等。加快发展食品工业研发服务外包、技术转移、创业孵化、知识产权、科技咨询等科技服务业，发展壮大第三方物流、信息化服务、节能环保、检验检测认证、电子商务、融资租赁、互联网金融等生产性服务业，提高食品工业两化融合的支撑能力。

3. 大力发展食品工业旅游

重点推进全国食品工业旅游综合示范区、地标型工业休闲景区与全国性食品工业旅游精品的建设。选择市场反应良好，具有区域吸引力的食品工业旅游项目进行深度开发，促进食品资源与文化创意产业的有机融合，增加动态活动项目，强化食品工业安全产业链，打造地标型工业旅游景区。结合现代食品工业发展的成就与趋势，集合不同产品的产业性质和区域位置，开发与推广白酒、乳制品、农产品加工、民族食品等几大板块的工业旅游产品线路，进一步挖掘优势产品潜力、加大开发力度，重点打造100个具有全国影响力的食品工业品牌旅游精品。鼓励与扶持这些有特色、有优势、有市场影响力的工业旅游项目接轨国际标准，引领全国工业旅游的发展。

五、保障措施

（一）建立健全工作推进机制

一是成立领导小组。工业和信息化部成立两化融合专项行动工作办公室，明确任务分工、工作进度和责任，抓好落实。组织开展年度检查与效果评估，并将评估结果作为专项行动滚动调整的重要依据，开通专项行动网站,对工作进展情况进行公开发布与跟踪评价。二是建立协同推进机制。加强部省合作,突出地方工信主管部门在区域推进工作中的组织作用,支持建立由政府主要负责同志牵头的领导机制,将食品工业"两化"融合纳入政府工作综合考核体系,确保任务落实。在有条件的地方开展国家级、省级"两化"深度融合区域试点。支持行业协会和地方开展食品工业"两化"融合水平测度、企业对标和示范推广工作,引导食品企业参与企业"两化"融合管理体系建设试点和普及推广。

(二)加大政策和资金支持

一是制定和完善食品工业两化融合的相关政策措施,对国家级、省级"两化"融合示范园区、企业予以重点支持,引导中小企业发展资金、国家科技重大专项、工业转型升级等资金向"两化"融合专项倾斜,提高企业信息化改造的积极性。二是地方政府用足用好"两化"融合专项资金,提高资金利用效率,并根据地方可支配财力的增长情况,逐步加大"两化"融合发展引导资金投入。

(三)加强基础设施和公共服务平台建设

一是努力完善信息网络、物流设施和电子支付等基础设施,特别是农村地区信息基础设施建设,改善上网条件,促进农副产品电子商务发展。二是推动物流信息化发展,壮大第三方物流服务业,支持食品工业专业物流和供应链服务业发展。三是建设信息技术公共服务平台。依托国家级、省级"两化"融合服务平台建设,重点推进行业信息技术研发和应用平台建设。根据食品工业发展特点和分类指导原则,研究制定不同行业、不同规模的企业信息化解决方案。通过会展、论坛等形式,推动信息技术服务企业和生产制造企业开展对接。鼓励平台为生产企业提供"外包"式的信息技术应用服务,提升信息技术在各行业研发、设计、生产等环节的应用能力和水平。

(四) 加强项目储备和重点行业应用推广

一是研究制定《食品工业两化融合重点发展领域目录》，面向企业征集"两化"融合项目，形成项目储备库，实施动态管理，建立项目长效推进机制，实现工业化和信息化融合的可持续发展。二是分类引导和推广。分行业、分区域开展企业两化融合水平测度和等级评定，树立一批示范企业，开展企业对标，引导企业逐级提升。三是推进重点行业的试点和示范。在有条件的重点行业，促进企业间商务信息和知识共享，开展网上研发、设计和制造，增强产业链的协同能力。食品装备制造企业加强数字化车间、智能工厂建设建立实时在线服务体系；食品加工领域重点发展众包设计、电子商务、C2B等商业模式，推进智能生产示范；食品原料企业培育和发展B2B电子交易平台，加强数字化供应链管理等。

(五) 强化人才队伍建设

一是依托国家现有的"千人计划""万人计划"，围绕食品工业两化融合重点发展领域，通过大力"招才引智"，积极引进海内外生产性信息服务业领军型人才、高层次人才和团队。加强对具有行业应用背景的专业信息技术人才、具有信息技术知识基础的管理人才以及复合型人才的引进和培养，不断优化人才发展环境。二是做好信息技术专业人才培养和信息化基础普及培训工作，实施"信息化专业人才培养工程"，为推动食品工业两化融合发展提供人才保障。鼓励高等院校和职业技术院校面向市场需求，积极调整学科和专业设置，加快发展信息技术、智能制造、智慧服务、电子商务等相关专业的人才培养；支持生产性服务企业与学校合作办学，开展与行业应用结合的信息技术教育，培养各类行业信息化应用复合型人才。鼓励高等院校、行业协会、中介机构等深入企业，开展针对行业应用的信息技术培训活动。

（六）营造良好发展环境

一是依托食品工业领域现有的展览会、博览会、研讨会等载体和平台，针对"两化"融合发展中的重点、难点问题，加强探讨交流，展示国内外在相关技术、产品、模式等方面的先进成果，推动国内外技术研究和项目合作，实现"两化"融合知识、经验、技术、人才的有效流动。二是鼓励有条件的食品企业发展基于互联网的定制化生产、众包设计、智能制造等新型模式，并在行业内开展宣传和推广。三是引导信息化服务商围绕中小企业多样化、个性化需求，整合服务资源，开发面向中小企业的信息化服务平台。四是尽快完善《中华人民共和国电子商务法》《非银行支付机构网络支付业务管理办法》等网络营销相关的法律法规，健全网络信息安全保障体制，制定和完善打击网络黑客、发布虚假广告、破坏网络设施的法律。五是强化信息产品和服务的信息安全检测与认证，支持建立第三方信息安全评估与监测机制。

专题3 我国食品装备工业"十三五"发展战略研究

食品装备行业是机械工业的一个重要分支,承担为食品工业提供技术支撑和装备支持的重要任务。"十二五"时期,我国食品装备行业延续了全面快速发展的势头,在行业规模、产业结构、产品水平、国际竞争力等方面都有了较大幅度的提升,为我国的经济建设和社会发展做出了积极贡献。当前,我国总体经济形势下行压力仍然较大,产业结构的转型升级已成为我国经济发展的重要任务;食品装备行业也存在"需求不旺、产能过剩、成本上升、创新能力薄弱"等主要问题。因此,在全面深化改革的新时期,食品装备行业要在"稳增长、保全局"的总体要求下,把"推进行业转型升级、提高发展质量和效益"作为行业发展的中心任务,从战略高度做好行业"十三五"发展规划,推动我国食品装备行业的健康快速发展。

一、"十二五"规划发展概况

"十二五"时期,在外部环境依然复杂、国内经济形势下行压力大的情况下,我国食品装备行业积极推进产业转型升级、加大科研投入、开拓市场,继续保持行业经济运行态势快速平稳发展。

(一)行业经济运行态势平稳增长

"十二五"时期,我国食品装备行业经济运行态势仍然保持了高速增长。全国食品机械平均增长率为14.5%，高于全国机械工业的整体增长速度。近年来，由于受国际经济形势和我国经济下行压力的影响，食品装备行业的经济增速放缓。2015年，我国食品装备行业完成工业总产值3 893亿元（见图1），同比增长14.50%，其中，食品机械为1 818亿元，同比增长13.77%；包装机械为2 076亿元，同比增长15.21%。从进出口情况看，"十二五"时期，我国食品装备进出口贸易平均增长率为6.72%。食品装备行业2015年进出口总额为72.85亿美元（见图2），同比增长 -5.4%，其中，出口总额39.47亿美元，同比增长3.92%，进口总额33.38亿美元，比上年增长 -14.48%。通过分析测算，我国食品装备的国际竞争力仍然处于比较劣势，技术装备水平与国外还存在较大差距。

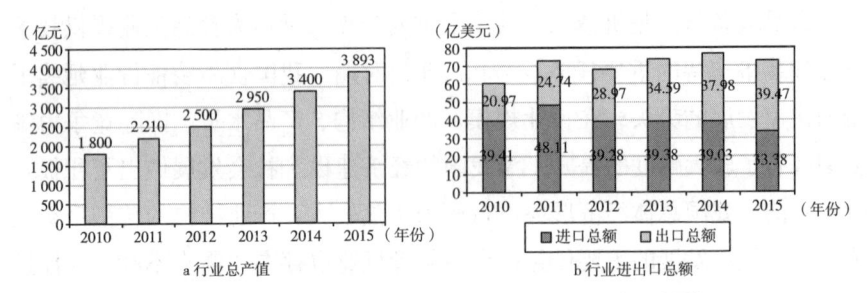

图1 2010～2015年食品装备行业总产值和进出口额情况

资料来源：中国食品和包装机械协会。

（二）自主创新促进行业快速发展

"十二五"时期以来，在国家有关部委政策支持下，特别是工信部《"十二五"智能制造装备产业发展规划》、财政部、工信部、保监会三部委《首台（套）重大技术装备保险补偿机制试点工作》、发改委、工信部实施《国家智能装备发展专项资金计划》、农业部《关于实施主食加工业提升行动》、科技部"863"计划及《国家科技支撑计划》等，都对我国食品装备行业提供了较大支持，对食品装备行业的发展起到了积极的推动作用。在粮油、果蔬、畜禽产品、水产品加工、液态食品包装装备和关键装备开发等重点领域取得了丰硕的成果，自主创新能力明显增强，突破了食品加工领域中的一批共性技术，在食品非热加工、可降解食品包装材料、在线品质监控等关键技术的研究方面取得重大突破；

掌握和开发了一批具有自主知识产权的核心技术和先进装备,开发了6 000 瓶/时 5 升大容量吹灌旋一体机;72 000 罐/时高速易拉罐灌装机;单模产量 2 250 瓶/时的第 5 代吹瓶机;36 000 瓶/时热灌装铝瓶旋盖定量生产线;36 000 瓶/时纯生啤酒玻璃瓶智能自动灌装线;16 000 包/时液态奶无菌包装线;全自动连续式智能杀菌釜;220 公斤/时智能化半干面生产线;输送、码垛、装箱、成型、封箱等智能物流包装生产线;10 000 只/时肉鸡自动屠宰加工生产线;600 头/时猪自动化屠宰加工生产线等一批关键装备和成套装备。持续的科研投入,使自主装备的技术水平与国际差距逐渐缩小,部分产品性能达到或超过国外先进水平,实现了关键成套装备从长期依赖进口到基本实现自主化并成套出口的跨越,行业的产品质量总体水平显著提高,全面提升了我国食品装备行业的整体水平。

(三) 产业结构调整取得明显成绩

在产业结构方面,培育形成了一批市场占有率高、辐射带动能力强、发展前景好、具有明显竞争优势的行业骨干企业和龙头企业,提高了重点产品与关键装备的生产集中度,有效提高了国产关键装备和成套装备的技术水平。对中小食品和包装机械企业,发挥企业专、精、特、新的优势,逐步实现良性循环,形成了各类企业分工协作、共同发展的格局。

产品结构向多元化、优质化、功能化方向发展,高科技、高附加值产品的比例稳步提高,量大面广产品的综合性能逐步改善。高端的关键装备、成套装备的技术水平与国际先进水平逐步接近,部分产品已替代进口并开拓国际市场;中端产品已基本实现国产化,整机的技术水平和可靠性已逐年提高;低端产品由于存在技术配置低、故障率高、能耗高等缺陷,在结构调整中正逐步改造或淘汰。

(四) 产学研技术创新模式基本形成

"十二五"时期以来,我国食品装备行业已基本形成依托食品装备产业技术创新战略联盟、以大中型骨干企业为主体、以科研单位和高等院校为支撑、产学研相结合的技术创新模式。在技术创新过程中，产学研合作不断向纵深发展，合作层次不断提高，合作模式不断创新，人才队伍不断壮大，整体素质普遍提高，开展食品装备相关教学与科研的高校数量有所增加，新成立了一批国家级、省级研发中心、示范基地。

在优化科技资源、提高创新效率等方面发挥了重要作用，突破了一批产业共性关键技术和重大产品技术，解决了部分影响行业发展的技术瓶颈。

（五）标准体系建设取得重大进展

自2012年食品装备《"十二五"技术标准体系建设方案》颁布以来，共发布食品装备标准200余项，较好支撑了食品装备行业的产业结构调整和优化升级。国家食品机械监督检测中心建设也得到了加强，有力地推进了我国食品装备标准化水平和检测能力的提升。

（六）知识产权保护得到加强

近年来，食品装备行业多项成果获国家、省部级科技进步奖励，企业专利申请和授权数量逐年上升，知识产权保护意识增强。广东达意隆包装机械股份有限公司的商标已获得10个马德里成员国的授权许可，在全球范围内有效保护了企业利益；乐惠集团2014年收购了英国Microdat公司资产的同时，也收购了Microdat公司拥有的全部IP（知识产权）。

二、行业发展存在的主要问题

（一）政府主导和行业引导力度薄弱

长期以来，我国食品装备行业面对经济形势多变、国内外市场竞争日益激烈的外部环境，缺乏宏观引导，力度薄弱。一是对长期存在的技术水平低、产品质量差、产品结构不合理、创新能力不足等问题，缺乏有效措施，导致这些问题长期未能根本好转；二是长期存在的低水平同质无序竞争等问题，未能有效遏制，导致此类问题愈演愈烈；三是国家实施食品市场准入后，装备行业没有配套的跟进政策和措施，食品装备对食品安全的保障作用未能受到应有的重视。

（二）低水平无序竞争的市场环境亟待改善

我国是食品装备制造和使用大国。高端的关键装备及成套装备市场已被国外企业和行业骨干企业占领。在中、低端食品装备产品市场，由于我国的法律法规不健全、没有形成规范的市场准入规则、专利保护意识较差等原因，使许多没有研发平台的企业，通过模仿或通过其他渠道廉价获取产品技术资料、生产相关产品，形成低水平、同质、无序竞争的市场环境，且这种状况不断恶性循环，影响了行业的整体科研能力和新产品研发的积极性。

（三）自主创新能力亟待加强

引进、消化、吸收、再创新的发展历程，提升了食品装备行业的整体水平。但面对激烈的市场竞争，特别是国际竞争，我国的行业企业还存在整体实力不强、自主创新的能力不足的局限，主要体现在以下几个方面：（1）我国食品装备的国家标准与行业标准大约只覆盖产品的20%，标准化体系建设不够健全和完善。（2）标准类型不配套，现有标准主要是产品标准，缺乏基础标准、方法标准、管理标准和安全卫生标准等，严重制约了标准的适用性。（3）部分标准的具体技术内容及条款已经过时，不能促进行业创新与技术进步。（4）企业重视不够，部分企业只关注新产品的开发，缺乏对性能指标、技术要求和试验方法等方面的研究，无法形成标准体系。

（四）企业责任和品牌效应的意识有待提升

国际知名品牌的建设思路是通过设计和创新注入别人难以模仿的技

术含量，提高产品的整体水平，加强产品全生命周期的售后服务，通过市场提高产品影响力，最后形成知名品牌。但我国的企业更注重有形的产品销售和简单的售后服务，忽略后续产品全生命周期的售后服务，从而影响企业的品牌建设。

（五）企业规模小，未形成出有国际影响力的企业集团

我国食品装备行业80%以上为中小企业，缺乏具有较高品牌认知度的大型跨国企业。受到企业规模的制约，难以形成与国际一流大企业集团抗衡的制造能力、开发能力、经济实力和市场竞争能力，普遍存在研发投入不足、产品科技含量低、产业集中度不高、同质化竞争严重、利润空间小等问题。

三、面临形势分析

（一）政策环境有利于行业发展

21世纪以来，尽管曾经历全球金融危机的冲击，食品装备和包装机械行业发展的政策环境一直保持非常有利的态势。

2006年，《国家中长期科学和技术发展规划纲要》明确把"农产品精深加工与现代储运"列为农业重点领域优先主题，并把农产品精深加工技术、农产品加工先进技术装备列为重点发展关键技术，以机械工业为主体的装备制造业进入了加快振兴的全新发展阶段。

2009年，《国务院关于进一步促进中小企业发展的若干意见》的发布，营造了有利于中小企业发展的良好环境，对加快食品装备中小企业的技术进步和结构调整十分有利。

2009年，国务院相继通过了《装备制造业调整振兴规划》和《轻工业产业调整振兴规划》，对食品装备行业巩固和开拓国际市场、加快自主创新、推动结构调整和产业升级提供了坚强保障。

2010年，中央明确提出，要以加快转变经济发展方式为主线，加快

推进结构调整,大力加强自主创新。在国民经济转型升级的大背景下,各行业对装备自主创新的需求更加迫切,非常有利于食品装备和包装机械产品需求结构的优化升级。

2013年,中央提出了"一带一路"倡议的构想,为食品和包装机械企业走出国门、开展国际竞争提供了战略机遇。

从政策的连续性和稳定性看,"十三五"时期,食品装备行业的经济运行仍将保持快速平稳运行的发展趋势。

(二) 国内市场需求变化要求产业升级

食品装备行业承担为食品工业、包装工业、农产品加工业等行业提供技术支撑和装备支持的重要任务。

食品工业的持续快速发展为食品装备行业带来广阔的市场发展空间,我国的食品装备行业已进入结构调整发展时期,需要行业企业生产出更多符合我国实际需求的食品加工装备。

农产品精深加工是国家中长期发展规划农业重点领域的优先主题,需行业企业开展农产品精深加工关键技术的研究,开发高性能的农产品精深加工装备。

包装工业的快速发展,迫切需求行业企业研发不同类型的、能耗低的包装材料制造机械与包装机械装备。

在国家实施扩大内需政策的导向下,提高民众生活消费,可直接拉动和促进食品装备行业的发展。

(三) 国际市场需求变化要求产业升级

由于不确定因素还很多,全球经济复苏仍将是一个缓慢曲折的过程。受金融危机的影响,利用技术标准等技术壁垒的国际贸易保护主义倾向重新抬头,国外经济增速下降、失业率增长,使短期内我国食品装备行业的国际需求不容乐观。

从长期来看,西方各国已开始调整政策、更加注重实体经济的发展,必将需求更多质优价廉的食品和包装机械装备,则必然给我国食品装备行业带来新的发展契机。随着出口的扩大、外资的引进，食品装备行业的国际需求必然继续提高。

根据以上分析，我国食品装备行业机遇与挑战并存。但从总体宏观分析，机遇大于挑战。因此，我国食品装备行业应充分利用良好的发展机遇，加大投入力度，改善行业内部条件和外部环境，调整产业结构，加速产业升级步伐，进而推动食品装备行业的快速发展。

四、行业发展的总体思路

（一）指导思想

"十三五"时期，围绕我国食品工业、农产品加工业的技术及装备的战略需求，瞄准国际食品装备行业的发展趋势，积极推进产业结构调整和产品技术升级。坚持科技创新驱动，加强信息化与智能化的融合，提高产品质量和竞争力，淘汰落后技术、产品及产能，适应经济发展的新常态。以市场为导向，以行业及企业的产品需求为目标，建立绿色、智能、安全、服务的产品生产新体系。企业经营模式从以数量增长向质量效益提升转变；产品开发模式从以跟踪模仿为主向自主创新为主转变，从以注重单项技术突破向注重技术集成转变，从单机生产向成套装备制造转变。实现行业关键共性技术、重要技术装备和标准化等工作的重点突破。加强本领域一流创新专业人才的培养，建立一流水平的创新团队。掌握一批核心技术，拥有一批自主知识产权的产品，造就一批具有国际竞争力的企业。

（二）基本原则

1. 坚持创新驱动的原则

坚持原始创新、集成创新和引进消化吸收再创新，积极推进具有自主知识产权的产品开发。加大自主创新投入，着力突破共性关键技术和重要产品；以（国家）食品装备产业技术创新战略联盟为平台，建立以企业为主体、产学研紧密结合、具有长效机制的创新体系，推进食品装备由制造大国向制造强国的转变。

2. 坚持市场导向的原则

遵循市场经济规律，充分发挥市场在行业资源配置中的决定作用。从我国食品工业发展的技术装备需求出发，面向国内外两个市场，瞄准现实和潜在的市场需求，通过技术创新进一步优化产品结构，提高产品质量，全面提高食品装备行业的国际化竞争能力。

3. 坚持技术规范和标准互认的原则

遵循技术规范和标准，加强国家和行业标准建设，积极引用国际标准，推进标准的国际互认，破解国外标准与技术壁垒，通过标准营造公平竞争环境，发挥标准在市场配置中的重要作用，构建行业公平开放透明的统一市场规则。

4. 坚持安全卫生原则

食品装备的设计、制造及使用必须遵守国家相关机械产品安全方面的标准和规范，有效规避设备安全风险，防止对操作人员的伤害，保障食品加工企业的安全生产。遵守食品装备卫生要求及相关标准，防止食品装备材料的有害物质向食品迁移，防止食品加工过程中污染，确保食品生产过程中的食品安全。

5. 坚持绿色智能服务发展的原则

食品装备行业发展必须坚持绿色制造和智能服务发展的原则。大力实施绿色制造，在产品设计、制造、包装、运输、使用、报废处理的整个生命周期内，废弃资源最少、有害污染物排放最小，即对食品安全和环境的影响最小，资源利用率最高，企业经济效益和社会效益协调发展；推进信息化与智能化融合，建立基于互联网、物联网、云计算、数字设计、先进制造等技术的智能平台，在产品设计、生产制造、管理与服务等方面实施智能制造；坚持从生产型制造向服务型制造转变，加强食品工艺和装备的有机结合，提高产品的个性化实用功能。在重视产品设计和制造的同时，同时重视产品使用和维护，提供产品全生命周期的制造服务，获得比销售实物产品更高的利润。

6. 坚持政产学研用相结合的原则

培育若干创新集聚平台，培养复合型设计研发人才，加强政产学研用相结合，推动科研院所研究成果产业化，帮助企业解决科研力量不足的发展"瓶颈"，促进设计研发、制造企业、应用服务的协同发展。

7. 坚持质量为先和走出去的发展原则

牢固树立质量为先的发展观念，提高制造从业人员质量意识和职业素养，提高中国产品的国际市场核心竞争能力，真正实现中国食品装备制造业品质和信誉的升级。以《中国制造2025》纲要和"一带一路"倡议为指引，加大开拓国际市场的力度，让优质的中国制造产品走出国门。

（三）发展目标

1. 行业发展速度、规模和结构目标

2013年，我国食品装备工业实现总产值2 950亿元，同比增长为15.36%。2014年，我国食品装备工业实现总产值3 400亿元，同比增长为15.25%。以2014年食品装备工业总产值和发展速度不变值为基础，2015年达到3 918亿元。综合行业"十二五"时期的发展速度，考虑"十三五"时期国内外的经济环境和影响因素。预计"十三五"时期，我国食品装备工业年均增长率在12%~13%，到2020年工业总产值达到6 000亿元以上。

2. 技术创新目标

依托（国家）食品装备产业技术创新战略联盟和行业协会，建成协调有效的食品装备自主创新体系及平台，在大型食品加工装备和重点包装装备领域，实现重点关键技术和共性技术的重大突破，推进新技术、新产品的开发。形成若干具有自主知识产权的产品和技术。行业技术创新能力显著增强，开发的新产品部分达到同期国际先进水平。到2020年，科技研发经费占总产值的比例由2%提升至5%，关键设备自主化率由50%提高到70%以上，逐步改变我国食品装备高端和关键装备严重依赖进口的局面。

3. 节能、降耗、减排目标

通过产品技术创新、采用先进技术、新材料、新工艺，改造传统制造方法，提高装备制造的专业化、规模化生产水平，实现节材5%、能耗降低15%。设备节能、降耗、减排等指标达到国家相关标准的要求，部分产品达到国际先进水平。

4. 标准化目标

依托全国包装机械标准化技术委员会、全国轻工机械标准化技术委员会、全国制酒饮料机械标准委员会、全国食品机械标准化委员会、全国食品包装机械标准化技术委员会和国家机械工业食品机械标准化技术委员会等平台，根据食品装备和包装机械发展的需要，构建面向国际互认的食品机械与包装机械标准化技术体系。重点制（修）订一批行业的基础标准、通用标准和产品标准，积极采用一批国际标准、欧盟标准及发达国家的标准，提高产品技术水平和行业准入规范标准，破解国外的技术壁垒，增强产品的国际竞争力。

5. "两化"融合和试点目标

中国食品装备制造目前一直都是小批量、定制化生产，产品交付周期长。"十三五"时期，以缩短订单交付周期和提升产业链智能制造水平为目的，实现信息化和制造业的深度融合，将订单交付周期缩短20%。建设产品数据管理（PDM）平台、基于包装工业产业链的供应链管理平台（SCM）和客户关系管理平台（CRM）、基于工业物联网技术的车间执行系统（MES）、基于定制型、小批量离散制造模式的新一代ERP平台和基于产品智能化的远程监控、故障诊断与数据采集、分析平台等工具平台，并实现在食品装备及下游企业的应用，并在中国食品装备行业内建设15~20个示范项目。

五、发展重点与主要任务

按照行业"十三五"规划的发展战略和目标，坚持稳定规模、调整结构、提升水平、保障食品安全的发展思路，把技术创新、智能化、信息化、绿色安全、高效节能及重要成套装备作为"十三五"时期食品和包装机械行业的发展重点。

"十三五"时期，我国食品装备行业将以《中国制造2025》纲要为指导，全面推进智能制造、绿色制造和优质制造，努力实现"中国制造向中国创造转变、中国速度向中国质量转变、中国产品向中国品牌转变"。

（一）重视现代设计方法、先进制造技术及数控装备的应用

食品装备行业应构建现代设计技术体系，采用创新设计、智能设计、可靠性设计等先进设计方法，实现信息化和智能化的深度融合，运用虚拟样机、互联网、云计算等先进技术与手段，满足用户个性化需求，实现离散制造非标装备的互联，生产流程断点的消除，实现智能化设计与分析、标准化集成、互联服务增值，提高产品开发与设计质量与水平。

积极采用快速制造、精密加工、表面处理、数控加工等先进制造技术和装备，实现关键工序智能化、关键岗位机器人替代、生产过程智能化控制、供应链优化、建设重点领域智能工厂/车间，提高关键零部件的制造质量，实现食品装备制造的现代化。

（二）加强通用共性关键技术及装备的研究

重点对量大面广的通用装备的关键技术进行深度研究，开展绿色加工技术研究，通过技术创新与集成，提升共性关键技术的水平。搭建智能制造网络系统平台。

1. 高效食品粉碎技术的研究及装备开发

重点开展湿法超细粉碎技术的创新研究，解决传统湿法粉碎设备效率低、能耗高的缺陷，研发高效节能的食品粉碎装备，提升产品综合品质、提高生产效率、降低能耗。重点开展干法超细粉碎技术的研究及大型装备的研发，解决目前干法超细粉碎物性不稳、产量低、能耗高、效率低的问题。

研究利用挤压膨化工艺技术和装备，解决谷物熟化与颗粒微观造孔问题，利用在线高速制粒机解决谷物颗粒二次颗粒的成型问题。

2. 食品杀菌技术的研究及智能装备开发

重点开展杀菌技术的创新研究、杀菌技术集成应用研究、节能技术的研究、智能控制技术的研究，降低杀菌对食品品质的影响程度，提高杀菌效率、降低能耗；重点开发全自动多工位间歇杀菌釜与高效连续杀菌釜、固态食品微波杀菌装备，开发面向工业化生产应用的超高压杀菌

装备、电磁场杀菌装备、辐射杀菌设备，开发电子束灭菌无菌灌装生产线；基于微波技术的流态食品超高温瞬时灭菌加工新技术；大型超高压冷杀菌釜。

3. 食品干燥技术的研究及装备开发

以保证食品品质、提高效率、降低能耗为出发点，重点开展食品物性与干燥方法的优化及集成研究，优化食品干燥工艺，提高设备智能化水平。重点开发节能高效的热风干燥技术及装备、研究负压红外热辐射干燥技术及装备、高效热泵干燥技术及装备、太阳能干燥技术及装备、真空微波组合干燥技术及装备、连续真空冷冻干燥技术及装备。

4. 高效食品分离技术研究及装备开发

重点开展离心分离、膜分离、萃取分离、物态转化分离等方法研究。重点开展高速离心机关键技术的研究和关键零部件的设计与制造，开发高速碟片离心机和卧式离心沉降分离机，实现国产化、替代进口。重点开展膜分离技术的研究，开发新型的膜分离过滤材料，提高膜分离关键部件的技术水平，开发高效智能的膜分离装备。积极开展绿色萃取溶剂的研究，优化萃取工艺，提高萃取效率和质量，开发大生产能力的智能化的萃取生产装备。

5. 食品冷冻冷藏技术研究及装备开发

重点开展高效制冷蓄冷技术、蒸发器换热技术、高效节能配风技术、除霜技术等的研究，开展高效无轨螺旋输送装置、连续冻干装置等关键装置的研发，开发高效节能的流态化速冻机、双螺旋速冻机、液氮超低温速冻机、真空冻干机等，提高装备的生产效率、降低能耗。

6. 洁净技术与装备

对有洁净、无菌要求的食品加工、食品包装环节，积极采用洁净技术，建立洁净生产环境，确保食品洁净生产和食品安全。结合食品加工工艺，研发洁净技术与装备。

7. 啤酒原料处理智能工艺控制技术及装备

重点研究突破柔性粉碎、在线调浆、粉碎辊间隙柔性自动调整、薄层快开压滤等关键技术。研发啤酒原料处理的智能控制技术和装备。

8. 大型啤酒糖化、发酵智能控制技术及装备

重点研究啤酒糖化、发酵的工艺技术和系统自动检测及智能控制技术，研发啤酒糖化、发酵工艺设备的智能控制技术和装备。

9. 大型啤酒工厂能源及排放智能控制技术及装备

重点开发啤酒糖化发酵系统的二次蒸汽热法回收技术及冷法回收技术、啤酒酿造过程低排放技术、开发啤酒整厂能源平衡控制技术。

10. 大型白酒生产机械化、自动化技术及装备

重点开发白酒制曲、发酵全过程智能化生产技术及系统；智能化出入窖技术；智能化探气上甑技术；数字化白酒库与灌装线间调酒系统技术；基于大数据采集与分析的原料纯净化与品质管控系统；基于智能机器人的固态发酵生产线。开发年产1 000吨白酒基酒自动化标准生产线，年产10万吨白酒智能化工厂成套装备。

11. 节能型智能控制成套酒精生产线技术及设备

重点开发酒精装备生产线智能操控系统、大型非粮原料酒精技术及装备、智能双粗塔多塔生产普级酒精技术及装备、双精塔多塔生产特优级酒精技术及装备、节能无水酒精技术及装备、药用酒精技术及装备；多效废热蒸发技术及装备；机械式蒸汽再压缩（MVR）蒸发技术及装备；厌氧好氧制取LNG（甲烷液化气）环保技术及装备。

12. 多功能智能化过滤系统

重点研发全新的可再生聚苯乙烯颗粒的无土过滤技术及装备，采用新型过滤工艺及过滤元件彻底取代以往的添加介质过滤，研发食品多功能智能化过滤系统技术及装备。

13. 高速PET瓶生产技术及装备研究

重点研究高速PET瓶制造装备新型吹瓶技术、PET瓶坯加热过程建模与智能效能优化控制技术、旋转式高速PET吹瓶装备凸轮系统优化技术、智能监测及控制技术、瓶坯成型质量智能识别技术和快接式换模对接技术。重点开发单腔2 400瓶/时以上高速旋转式PET瓶吹瓶机。

14. 大型数字化糖厂及全自动智能生产线

依据西门子PCS7平台，自主二次开发甘蔗糖数字化制糖工厂控制系统，重点研发φ1 500×3 000毫米甘蔗压榨机组技术及装备、12 000吨甘蔗渗出器技术及装备、220立方米连续煮糖罐技术及装备。甜菜糖数字化工厂，重点研发100立方米洗菜机技术及装备、φ1 800毫米转鼓切丝机技术及装备；200立方米预灰槽技术及装备、80立方米饱充罐技术及装备、300 立方米立式助晶机技术及装备。

（三）重点产品技术装备开发

1. 粮油加工技术装备开发

——主食工业化技术装备开发。目前，我国主食（如米饭、馒头、面条、水饺、包子等）生产仍以作坊式生产为主，技术装备比较落后，缺少工业化生产技术及装备。重点开发自动化方便营养米饭和方便面制食品加工技术装备，推进主食工业化生产进程。

——杂粮主食化精深加工技术装备开发。开展玉米、荞麦、燕麦、青稞、大麦等杂粮的改性处理技术、精深加工技术研究，重点开发杂粮主食化精深加工装备。

——薯类精深加工技术及装备。开展马铃薯、木薯等精深加工技术研究，重点研究淀粉制备技术及装备、马铃薯主食化关键技术及装备，填补马铃薯主食化技术装备空白。

——油脂绿色加工技术装备开发。重点开展双低浸出制油技术及工艺、高效绿色压榨制油技术及工艺、油脂纯化技术、饼粕综合利用技术的研究，开发蛋白提取双低浸出制油装备、绿色压榨制油装备、高效饼粕蛋白提取生产设备。

——开展谷物食品超细加工技术及装备研究。重点研发高速分散谷物粉碎与在线造粒技术及装备、用于谷物与植物原料超细加工的大型冲击磨粉碎技术及装备、系列食品微米超细加工技术及装备、全谷物半固态连续化酶解技术及装备。

2. 果蔬保鲜与加工技术装备开发

——果蔬保鲜技术装备开发。重点开展果蔬绿色冷藏保鲜技术、名优果蔬产地预冷技术、气调冷藏车和冷链配送技术的研究，开发产地微型节能冷库、果蔬预冷生产线。

——净菜加工技术装备开发。重点开展大宗蔬菜清洗技术、切割技术、品质保持及杀菌技术、分装及包装技术等的研究，开发净菜加工生产装备，提高净菜商品化程度。

——军用及航空食品技术装备开发。重点研发系列军用及航空食品加工技术及装备。为国防建设做好战备物资准备。

——坚果抗氧化加工技术装备开发。重点研发板栗、核桃、松籽等坚果去皮去壳、分选技术及装备，研发糖果、烘焙、方便食品、炒货等坚果食品防止氧化蛤败的技术及装备，开发坚果精深加工生产装备。

——食用菌加工技术装备开发。重点开展各类蘑菇、木耳等食用菌生产技术、清洗技术、分选及切割技术、干燥技术及精深加工技术等的研究，开发食用菌精深加工生产装备。

——果蔬废弃物综合利用技术装备开发。开展量大面广果蔬类废弃物加工技术、综合利用技术研究，重点开发果蔬功能制品、食品添加剂、饲料添加剂等产品，开发果蔬废弃物综合利用生产成套装备。

3. 禽畜屠宰及肉类加工技术装备开发

——家禽屠宰加工技术装备开发。重点开展家禽屠宰脱毛技术、自动掏膛去内脏技术、分割技术、骨肉分离技术、分类分级技术、在线自动检测技术、称重分装技术等的研究，开发鸡、鸭、鹅的大型屠宰生产线，肉制品加工装备。

——家畜屠宰关键技术及装备开发。重点开展家畜屠宰自动破膛技术、内脏自动掏取技术、胴体自动劈半技术、部位分割及骨肉分离技术等的研究，开发基于机器人技术、智能检测技术的自动化家畜屠宰关键设备和生产线。

——肉类制品加工技术装备开发。重点开展火腿、腊肉、肉肠、肉饼、肉串等制品的加工技术与生产工艺研究，开发大型真空斩拌机、真空灌肠机、真空制冷滚揉机、连续式液态烟熏炉、热风烘烤炉、肉串机、全自动肉饼（块）成型机、连续定量切边、拉伸真空包装机、开发智能化骨肉分离机，全自动切割分份机等加工设备，开发工业化生产的自动化肉类制品生产线。

4. 乳制品加工技术装备开发

——液体奶加工技术装备开发。重点开展自动化挤奶技术、牛奶预处理及智能化杀菌技术、调配与自动检测技术等的研究，开发高水平的液体奶加工技术装备。

——奶粉加工技术装备开发。重点开展奶粉洁净生产技术、品质监控技术、奶粉智能追溯系统等研究，开发牛奶低温节能型蒸发器和连续运行20小时以上多效粉类蒸发器。开发自动化配方奶粉、全脂奶粉、脱脂奶粉加工技术装备，提高设备的智能化水平，开发新型高效原位清洗奶粉回收装置。

——开发全自动连续式甜炼乳生产设备。研究高浓度高黏性物料蒸发技术和多级闪急蒸发技术及装备。

5. 饮料加工技术装备开发

——开发新型节能饮用水制备技术及设备。研究节水节能型全热膜工艺无菌水、无臭氧化矿泉水、物理无菌水制备及工厂生产用水回收系统组合设备，彻底规避瓶装水溴酸盐风险。开发出口型免安装集成式卫生级饮料工艺、包装水处理装备，军民两用车载太阳能移动式饮用水生产装备，开发仿生人体健康水元素——天然矿物液营养再平衡系统。

——果蔬汁饮料加工技术装备开发。重点开展果汁饮料、蔬菜饮料加工的压榨制汁技术、调配混合技术、杀菌技术、品质控制和在线检测技术等的研究，开发大型无菌冷灌技术装备设备。

——植物蛋白饮料加工技术装备开发。重点开展大豆、杂豆、杏仁、核桃等饮料加工的去皮去壳技术、粉碎制浆技术、分离过滤技术、调配混合技术、杀菌技术、品质控制及在线检测技术等的研究，研发植物蛋白饮料加工技术装备。

——茶饮料加工技术装备开发。重点开展茶汤连续萃取技术、高压均质技术、灌装技术、在线检测技术等的研究，开发智能化、高产能的茶饮料加工装备和成套生产线。

6. 中式料理产业化关键技术及装备开发

——研发大型工业化烹饪技术及装备。基于仿生技术、机器人技术、智能技术、物联网技术，开发中式料理生产线。

——高速液态调味品灌装技术及装备。研发调味品（醋、酱油、黄酒等）灌装技术及设备。研发连续熔盐技术及装备、40 000瓶/时以上调味品电子阀灌装生产线、调味品智能柔性化灌装生产线。

——全组分天然调味料体系加工成套技术及装备。重点研发连续式固体高温短时杀菌（STHT杀菌）系统技术；高含量纤维天然植物调味料加工的气流冲击磨粉碎技术。

7. 食品包装技术及装备开发

——开展液态食品生产线智能机器人研究。研发液态食品生产线智能工业机器人、高速视觉检测技术、产品装箱质量在线检测技术、研究机器人与成套设备的同步跟踪技术。

——重点研究基于物联网食品包装装备智能制造数字化车间的研究。研究产品数据管理（PDM）平台；基于包装工业产业链的供应链管理平台（SCM）；客户关系管理平台（CRM）；基于工业物联网技术的车间执行系统（MES）；基于定制型、小批量离散制造模式的新一代ERP平台；基于产品智能化的远程监控、故障诊断与数据采集、分析平台。解决并联机器人的高速、高精度、高可靠性和高安全性问题。

——重点研究基于物联网智能液态食品生产数字化车间研究。研究整线平衡系统的智能控制；智能故障诊断与预测系统；整线数据采集与分析系统能研究。实现制造过程和制造产品的智能化、柔性化、网络化、精密化、绿色化。

——高速啤酒灌装技术及装备与生产线的开发。重点开展啤酒灌装方法及灌装阀设计、灌装精度控制、封盖技术等的研究，解决重要零部件的高性能材料及加工精度、传动及智能控制等关键问题，重点开发90 000罐/时以上易拉罐啤酒灌装生产线，60 000瓶/时玻璃瓶啤酒包生产线，400桶/时12L以上回转式PET桶装啤酒灌装生产线，20L双线120桶/小时以上鲜（扎）啤杀菌清洗灌装一体机。

——高速含气饮品灌装封盖机的开发。重点开展含气饮料的混合技术、灌装方法及灌装阀设计、封盖技术等的研究，解决重要零部件的优化设计、高性能材料及其加工精度、传动及智能控制等关键问题，开发高速玻璃瓶、塑料瓶、易拉罐含气饮料灌装封盖机。

——高速饮料全自动吹瓶灌装旋盖一体机的开发。重点开展吹瓶模具、洁净吹瓶技术、灌装阀设计、旋盖技术等的研究，解决重要零部件的优化设计、高性能材料及其加工精度、传动及智能控制等关键问题，开发72 000瓶/时以上旋转式PET瓶饮料吹灌旋一体化装备，开发42 000瓶/时饮料无菌吹灌旋一体机，12L以上大瓶水吹灌旋一体机。

——回转式全自动黏流体灌装封盖机的开发。重点开展黏稠流体的供送技术、灌装技术、计量技术等的研究，解决重要零部件的优化设计、高性能材料及其加工精度、传动及智能控制等关键问题，开发回转式全自动黏流体灌装封盖机。

——高速液态奶灌装技术及装备的开发。加强工艺和设备结合的理论研究，重点开展液态奶、酸奶等产品的杀菌技术、计量技术、灌装技术、封口技术、洁净技术等的研究，解决关键零部件的优化设计、高性能材料及其加工精度、传动及智能控制等关键问题，开发液态奶无菌灌装装备、在线制杯（盒）式无菌包装装备、塑杯装酸奶无菌灌装装备、液体食品无菌储运装备、大型饮料无菌冷灌装装备等。重点开发 24 000 瓶/时 PET 瓶装乳品无菌高速智能灌装生产线，24 000 盒（罐）/时以上饮料、乳品无菌纸盒（罐）包装生产线。

——食品真空气调包装技术装备开发。重点开展肉制品、马铃薯片、奶粉等易氧化食品的真空气调保鲜包装技术研究，开发预制袋充填封口真空包装机、制袋充填封口真空包装机。

——鲜活农产品、水产品保鲜包装技术装备开发。重点开展高附加值鲜活农产品、水产品的气调保鲜技术、冰点保鲜技术、有氧保鲜技术、保鲜包装材料等的研究，开发水果、蔬菜、水产品等包装设备。重点开发水果、蔬菜的保鲜膜包装技术装备，水产品等生鲜食品长效保鲜包装技术装备等。

——开发研制关键设备及检测设备。研制易拉罐封口滚轮设计及制造技术及材料和工艺的研究；研发超高速不锈钢标站、集成组合式智能切换模块技术、各模块自由对接和分离相容系统，影像定位激光印码防伪系统，超大容量可自控标识上标系统。开发高速易拉罐封口机，72 000 瓶/时以上智能组合贴标印码防伪一体机系列，新型激光裁切及预涂胶贴标机系列，智能高速回转式贴标机，液态食品在线品质检测系统。

8. 物流化二次包装技术及智能化立体仓储系统研究

开展对完成内包装的包装单元进行集合、装箱、托盘堆码、捆扎等技术集成及开发，研发大型、高效的物流化包装关键装备，基于机器人技术、先进控制技术、互联网技术等，开发物流化后包装生产线。研发食品生产后道分拣、装箱、码垛、卸垛包装智能机器人，400 包/分以上高速便携式小型化六连包包装一体机，120 包/分以上多功能高速膜包装机，60 箱/分以上高速纸板裹包式装箱机，6 层/分以上立柱式高速码垛机，食品包装智能立体仓储库及物流输送系统，30 箱/分易碎瓶特种纸箱包装机（罐头、调味品、农产品），膜包与码垛、装箱与码垛的集成化智能一体机。

9. 研发高速全自动罐头食品制罐生产线

重点解决超薄钢板（0.12~0.14mm）的焊接技术、冲压成型工艺技术，解决产能达到900~1 200罐/分的超薄罐制造生产线关键设备的模具工艺技术。

10. 研发高速全自动罐头食品加工及包装生产线

研究罐头杀菌的时间和温度控制技术、保证杀菌的均匀性和可靠性，研发机器人视觉识别系统，研发高速罐头包装生产线。

（四）加强标准化建设与国际互认工作

依托全国包装机械标准化技术委员会、全国轻工机械标准化技术委员会、全国制酒饮料机械标准委员会、全国食品机械标准化委员会、全国食品包装机械标准化技术委员会和国家机械工业食品机械标准化技术委员会建设行业标准化平台，构建面向国际互认的食品机械与包装机械标准化技术体系。重点制（修）订一批国家和行业的基础标准、通用标准和产品标准；积极采用一批国际标准、欧盟标准及发达国家的标准；鼓励企业制定高水平的企业产品标准。提高我国食品和包装机械产品的技术水平，破解国外的技术壁垒，增强产品的国际竞争力。

（五）建立行业创新体系，提高行业技术创新能力

依托（国家）食品装备产业技术创新战略联盟和行业协会建立食品机械、包装机械自主创新体系及平台，发挥企业在创新活动中的主体作用，大力开展技术创新和产品创新活动，开发一批自有知识产权的新技术和新产品；发挥科研院所、大院院校在创新中支撑作用，解决一批制约行业发展的关键技术问题，形成一批具有自由知识产权的专利、先进技术；在重要食品加工装备和重点包装装备领域实现重点关键技术和共性技术的重大突破。形成大众创业、万众创新的行业发展新态势，行业技术创新能力显著增强，开发的新产品部分达到同期国际先进水平。

（六）培育知名的龙头企业和一批专、精、特的中小型企业

在"十三五"时期，根据现有生产集中度和规模效益发展情况，要打造1~2个销售额达到50亿元级企业集团和10~15个20亿元级企业集团，成为国内知名、国际有影响的公司。同时要支持发展一批专、精、特及成长性较好的中小型企业，使行业结构更趋于合理。

（七）加强专业人才培养及创新团队建设

为解决行业专业人才不足、技术创新能力薄弱等问题，必须加大专业人才培养及创新团队建设。通过高等学校的机械设计制造及其自动化专业设立专业方向、过程装备与工程专业、包装工程专业等培养行业亟须的食品机械、包装机械专门高级人才。通过高校骨干教师、科研院所的研究人员和企业技术骨干共同组成面向产学院合作的创新团队，为行业企业的技术创新提供智力支撑。

六、措施与建议

（一）建议加大产业发展政策支持

食品装备行业属于涉农产业，与"三农"问题密切相关，对拉动农产品增值、农民增收具有重要作用。但是，我国食品装备在财政支持和税收优惠政策等方面长期游离于涉农产业之外，不仅影响了食品装备行业的发展，也不利于解决"三农"问题。因此，需要开展财政支持和税收优惠政策的研究，制定国家财政支持和税收优惠政策和措施。

（二）加强行业指导和协调工作，服务行业发展

行业协会肩负着指导行业、发展行业的历史重任。通过完善行业协

会职能，承接好政府转移职能，更好地发挥行业指导和协调作用。

一是为企业办实事。及时了解和掌握企业的困难和问题，广泛征集企业意见和建议，指导和帮助企业解决实际问题。二是开展行业政策研究。食品装备行业属于涉农产业，但长期未能享受涉农政策。拟开展行业政策研究，向有关部门提出享受涉农政策的理由和建议，要锲而不舍地开展这项工作。三是开展市场跟踪研究。及时掌握市场发展动向，对市场风险性和竞争进行跟踪研究，及时提出预警措施，不断协调行业与市场的矛盾。四是发挥行业专家委员会的作用。通过行业专家委员会要适时诊断行业发展的技术难题，帮助企业解决生产过程中的技术问题。

（三）给予技术创新体系扶持政策和设立奖励基金

我国食品装备行业的技术创新一般依靠有实力的骨干企业独立进行，或依靠各种松散的产学研技术创新体系，创新机构主要依靠国家重点项目进行临时组建，缺乏利益共享、风险共担、优势互补的长效机制。建议出台有重点、多元化的技术创新体系扶持政策、继续给予首台套补贴和提供保险政策，强化产学研联合开发的纽带作用和示范引导作用，构建产学研用一体化的创新中心（联盟），鼓励拓展技术创新模式，加大对发明专利、软件著作权等知识产权方面的保护力度，建立起技术创新的长效机制，以进一步做大做强行业龙头企业，盘活创新性中小型企业，掌握核心技术，构建全球知名的本土品牌，鼓励食品装备产业由"中国制造"向"中国创造"方向发展。

（四）加强标准化工作，建议实施产品准入制

实践证明：没有高标准，就没有大品牌。不仅要瞄准国内先进标准进行"对标"，而且更要瞄准国际通行规则进行"接轨"。重点要做好以下工作：一是积极推进食品装备和包装机械标准化建设工作。按照市场发展需求，完善食品装备基础标准、方法标准、安全卫生标准、管理标准等，提升产品标准质量，扩大标准覆盖面。二是积极采用国外先进标准。在科学研究和新产品设计中，鼓励采用 ISO 系列标准、EN 系列标准

以及发达国家的先进标准，实现更多食品装备符合安全卫生、节能减排、环境保护等国际惯例。三是加强先进标准的实施和推广力度。筛选对企业的技术和产品有重要提升作用的标准，通过培训班、技术讲座等形式组织企业进行宣传，发挥标准在企业技术进步和产品质量提高中的作用。四是建议对食品安全要求高的、对产业关联度大的重要产品实施技术准入制。

（五）加强产品质量监督，建议实施产品质量召回制

国际成熟产业的产品质量监督与质量召回制是行业发展的重要机制，企业需对产品在生命周期内的质量负责，提供全程服务。因此，建议我国基于国家和行业标准，大力加强产品技术质量检测工作，积极开展产品的质量技术监督，建立质量事故的责任召回制，为设备使用方提供产品全生命周期的质量服务，适应国际化的竞争需求。

（六）给予"两化"融合创新研发专项基金扶持政策

新一轮科技革命和产业变革呼唤加快推进信息化与工业化深度融合。以制造业数字化、网络化、智能化为标志的智能制造，是"两化"深度融合切入点和主攻方向。推进"两化"深度融合是一项全局性、系统性工程，应统筹谋划、提早布局，将成熟的思路及时转化为政策举措。政府可通过设立创新研发专项基金、建立食品装备研发国家团队、集中优势攻克食品装备智能制造所面临的共性技术难题、基础性课题等，重点支持核心技术与重点装备的研发。对于在高新技术创新或设备节能降耗方面取得较好成绩的企业给以奖励，充分调动企业的自我创新意识和环保积极性。

（七）制定企业走出国门，贯彻"一带一路"倡议的支持政策

"一带一路"建设是国家经济发展的全球倡议。国家应出台相关政策，继续给予企业参加国内外展会的政策支持，支持企业走出去，推进

企业国际化的发展步伐。构建面向欧亚市场需求的发展战略，实现跨越欧亚国家食品装备、成套装备设计与工程承包等市场需求的互联互通，鼓励合作建设境外经贸合作区、跨境经济合作区等各类产业园区，促进产业集群发展。

专题4 我国食品"十三五"安全保障与对策研究

近年来,全球范围内频发的食品安全事件造成了人民群众生命财产的损失,食品安全问题备受关注。处于经济转型发展期的我国,食品安全事件爆发的频率相对更高,食品安全水平与广大城乡居民的期望有一定差距,与国家形象的维护不相适应。真实、客观、全面描述我国食品安全现状与存在问题,对进一步提高我国食品安全水平,确保人民群众"舌尖上的安全",实现伟大"中国梦"的意义深远而重大。

一、我国食品安全现状及存在问题

(一)食用农产品安全现状及存在问题

食用农产品安全现状:一是安全状况总体平稳、稳中有升。2015年,农业部在全国152个大中城市对蔬菜、畜禽产品、水产品、果品、茶叶等5大类产品开展4次质量安全例行监测,共检测117个品种,抽样13 998个,检测参数94项。结果显示蔬菜、畜禽产品、水产品、果品等抽检率分别达到96.1%、99.4%、95.5%、95.6%。[①] 二是农业标准修订取得重大突破。《食品中农药最大残留限量》(GB 2763—2012)正式发布并实施,较原标准增加1 400个农药残留限量标准。三是农业标

---

① 农业部农产品质量安全监管局。

准化生产基地建设成果显著。四是"三品一标"（无公害、绿色、有机农产品和地理标志农产品）认证继续推进。截至2012年11月底，"三品一标"种植业面积达到2 500万公顷，农产品产量超过3亿吨。五是农业执法监管力度明显加大。2012年，相继开展"瘦肉精"等6个农产品质量安全专项，成效显著。

食用农产品安全存在的问题：一是我国农业生产以分散化的农户为主，农业耕种、养殖等行为复杂，监管难度大。二是农产品监测网点未能实现全国覆盖，抽检样本偏少，难以真实反映农产品安全现状。三是农产品易受虫害、寄生虫、致病菌侵入带来的生物性污染，或造成产量降低，或造成农产品腐败变质，危害健康。四是农药、化肥、兽药、地膜、添加剂等使用不当带来的化学性污染。我国化肥施用强度为世界之首，但利用率偏低，化肥的大量流失破坏了农业生态环境，导致农产品中硝酸银、重金属等严重超标。农药的超量及不当使用造成农药大量落入土壤、水源、大气中，污染环境，通过生物富集效应造成农产品中农药残留超标，危害健康。五是农产品产地环境中土壤、水、大气等污染带来的本地性污染。据2014年《全国土壤污染状况调查公报》显示，全国受调查的630万平方公里土地中土壤点位超标率为16.1%，其中耕地土壤环境土壤点位超标率高达19.4%，主要污染物为镉、镍、铜、砷、汞、铅、滴滴涕和多环芳烃等。本地性污染治理难度较大，需要通过净化产地环境或调整种养品种等措施加以解决。

（二）食品生产加工环节安全现状及存在问题

食品生产加工环节安全现状：一是食品、食品添加剂、食品包装材料、容器等相关产品实行严格许可生产。截至2016年11月，全国共有食品生产企业13.6万家，证书16.6万张；食品添加剂企业3 329家，证书3 480张。二是规模食品生产企业装备先进、技术领先。啤酒、饮料、乳制品、肉制品等行业大型企业普遍拥有世界一流水平的生产设备和检验设备，产品质量有保证。三是严格食品监督抽检。国家食品药品监督管理总局（简称食药总局）重点对食用植物油、肉制品、乳制品、饮料、葡萄酒等16类食品及食品添加剂进行抽检，并监督检查食品生产企业，立案查处违规企业。

食品生产加工环节存在的问题：一是抽样检查品种较少，样本偏少，难以真实反映生产环节食品安全现状。二是食品生产主体多而小，微型和小作坊占比大，这些企业工艺设备技术落后，缺乏检测设备，监管难度大，易造成食品安全隐患。2012年，我国40余万家食品生产主体中规模以上食品生产企业仅占8.4%。三是添加剂滥用，掺杂造假长期存在。四是生产过程中非食用物质溶入现象常有发生。

（三）食品流通环节安全现状及存在问题

食品流通环节安全现状：质量安全逐步改善。一是流通市场严格实施准入制，截至2013年底，食品经营主体达811万户。二是建立流通环节食品检（监）测体系。2013年，国家食药总局抽检流通环节食品样品38.0万组，其中35.8万组合格，合格率为94.1%。三是加大流通环节执法力度。2016年，国家食药总局检查食品经营户1 096.2万户次，监督抽检食品144.44万批次，发现问题经营主体54.12万户，完成整改64.61万户；查处食品经营违法案件12.54万件，涉案总值2.73亿元，罚没款金额11.89亿元，移送司法机关的违法案件1 172件。四是强化农村市场食品监督管理，实施农村儿童食品专项检查。五是开展"食品安全大家行"主体宣传活动，进一步增强消费者对食品安全信心。2013年共组织主体宣传活动4 255场次，食品安全知识科普讲座1 710场次，多媒体宣传8 259场次，发放宣传资料236万份。六是食品追溯体系建设初见成效，涉及行业从乳制品延伸到肉类、酒类等。[①]

食品流通环节存在的问题：一是流通市场主体多，规范管理难度大。二是监管力量及经费不足。三是农村食品流通市场形势依然严峻。应加大监管投入，充实监管力量，配备必要的技术装备，填补基层监管执法空白，进一步加强农村市场的监管，逐步建立和规范以农村中心集镇为重点的农产品批发市场、集贸市场等安全便捷的食品流通网。

---

① 国家食品药品监督管理总局网站。

(四) 进出口食品安全现状及存在问题

进出口食品安全现状：我国进出口食品由出入境检验检疫部门实施全程监管，依靠技术支撑和足额的经费投入保障食品安全，效果显著。一是在国外食品技术性贸易壁垒越筑越高的情况下，出口食品合格率始终保持在99%以上，质量安全基本得到保证。据海关总署统计，2015年，我国共检验出口食品204.3万批，总额538.2亿美元，被境外通报不合格率为0.1%。二是进口食品大量进入我国，安全水平保持在较高水平。2015年共检验进口食品10.8万批，总额67 167.2万美元，不合格检出率为7.71%。

进出口食品存在的问题：一是出口不合格食品水产品及制品类、蔬菜及制品类、肉类占比大，农兽药残留是最主要原因。二是部分出口食品存在着"国内检测合格，国外检测不合格"现象，这与我国检测方法、标准、仪器落后有关。三是微生物污染、标签不合格是造成进口食品不合格的两个主要原因，且受阻的进口食品中含有违规转基因成分的食品批次有所增加，未来应加以重视。

(五) 餐饮环节安全现状及存在问题

餐饮环节安全现状：一是餐饮服务严格执行许可制度，严格把好准入关。二是餐饮环节安全形势稳中向好。国家食药总局加快推进"十二五"时期餐饮服务食品安全检测能力建设，建立了由国家中心、区域中心、区域分中心、县级监测站四级餐饮服务监测网络，开展风险监测工作。2013年，抽检餐饮环节样品12.3万件次，检出问题样品8 054件次，问题样品检出率6.6%。三是开展学校食堂食品安全等专项检查，成效显著。四是推进国家餐饮服务食品安全示范县评定工作。2013年，公布首批入选85个示范县名单，并加大宣传力度，发挥其示范效应。

餐饮环节存在的问题：一是截至2013年底，全国263万家餐饮服务单位中90%以上为中小型单位，管理水平普遍较低，设施简陋，是餐饮食品风险高发区。二是掺杂造假时有发生。一些餐饮企业为了追求利润和品相，滥用添加剂，使用劣质、变质食材加工饭菜等。三是一些家庭缺乏餐饮加工知识，易发生细菌性等食源性疾病等。

(六) 食品安全监管现状及存在问题

食品安全监管现状：一是食品安全监管体制由原来的分段监管为主，品种监管为辅改为集中统一监管体制，监管职责更为明晰，责任追究主体更为明确。将原食品药品监督管理局餐饮监管职能、国家质检总局对食品生产环节职能、国家工商总局对食品流通环节监管职能整合纳入国家食药总局。农业部负责农产品质量监管和禽畜屠宰、生鲜乳收购环节的安全监管；卫生和计生委负责食品安全风险评估和标准的制定。二是推进监管重心下移。区、县食品药品监督管理机构在街道或乡镇设立派出机构，增设食品监管协管员，填补基层监管执法空白，加快形成食品监管纵横工作体系。

食品安全监管存在的问题：一是监管体制发挥作用有待检验。国家层面监管体制改革基本完成，但仍需有一系列的具体措施加以支撑。因食品监管体制改革中央地方尚未同步，地方食品监管机构设置差异较大，未形成清晰明确的监管体系，政令难以统一。二是食品安全源头农产品监管留在国家食药总局之外，由农业部来同时承担食用农产品数量与质量的安全管理，易重视数量生产，忽略质量，也易形成监管盲区。三是属地管理模式面临考验。监管体制改革后继续强化地方政府对食品安全负总责，易滋生地方保护主义等。

(七) 食品安全立法现状及存在问题

食品安全立法现状：一是我国食品安全立法不断完善，法律法规体系基本形成。二是地方立法不断推进，以省级地方人大立法的食品安全条例和针对食品加工小作坊和食品摊贩管理办法或条例为主，深化对小摊小贩监管。三是公安机关等依法依规加大对食品安全犯罪的打击力度。2012年，审结生产、销售不符合安全标准的食品刑事案件和生产、销售有毒食品刑事案件分别为220件、861件，同比增长

179.8%、224.6%；生效判决人数分别为446人、1 059人，同比分别增长159.9%、257.5%。①

食品安全立法存在的问题：一是随着食品安全监管体系改革，中央和地方法律应据之进一步制（修）订完善。二是食品安全违法犯罪成本过低，惩罚力度不够，屡罚屡犯的违法事件屡见不鲜。日益扩大的食品工业规模，在客观上增加了食品安全监管对象，应充分发挥社会力量治理食品安全问题，与政府监管形成互补，形成合力，提高我国食品安全水平。

（八）食品安全标准现状及存在问题

食品安全标准现状：一是注重完善食品安全标准体系，开展标准清理工作。对4 934项农产品质量安全、食品质量、食品卫生及行业标准开展清理，并提出了各类食品安全国家标准的目录，共计1 061项。二是加快重点和缺失标准的制（修）订，完善食品安全国家标准体系。截至2014年底，完成50%以上食品安全国家标准整合工作，公布乳品安全标准等429项国家标准。三是制定了《食品安全国家标准跟踪评价规范》，进一步加强食品安全国家标准跟踪评价，及时了解标准实施情况，推进标准的贯彻实施。

食品安全标准存在的问题：一是部分农兽药残留标准、指标缺失。二是标准科技含量低，研究资金投入不足。一些基础和评估数据缺失，导致一些食品安全标准的科学性依据不足。三是食品安全标准未纳入法律体系，未有法律效应。四是有标不依、执标不严。一些小微型生产经营企业不执行现有标准等。五是食品安全标准制定主体和其监管职能不一致，标准制定对监管的针对性和时效性不足。

（九）食品安全舆论现状及存在问题

食品安全舆论现状：一是媒体舆论积极曝光食品安全问题，揭露一些生产经营者制售假冒伪劣产品，破坏市场秩序和社会公正，危害人民

---

① 最高人民法院。

群众生命健康安全,损害国家信誉和形象的行为。二是网民主动爆料或举报将成为舆情的重要源。

食品安全舆论存在的问题:一是食品安全舆论缺乏行业自律,少数媒体或因缺乏食品安全专业知识或故意炒作造成一些食品安全事件失实,甚至传播虚假信息,引发民众产生恐慌心理,影响社会稳定。二是一些食品安全热点被误读,信息不对称。食品安全热点多被误读,信息不对称。三是信息发布渠道不够通畅,良性互动社情舆论尚未形成。四是社情舆论缺乏第三方力量。

(十) 食品营养安全现状及存在问题

食品营养安全现状:近10年来,我国居民营养健康状况有了显著改善,预期寿命由2000年的71.40岁增加到2010年的74.83岁。一是居民膳食质量显著提高,优质蛋白质、脂肪占比提升,碳水化合物占比下降。二是儿童营养不良得到改善。5岁以下儿童营养不良比例由2000年的22%降至2010年的13%;生长迟缓率为从2002年的14.3%降到2010年的9.9%。[①]

食品营养安全存在的问题:面临着营养缺乏与营养过剩的双重问题。一是根据联合国粮农组织(FAO)数据,2010~2012年我国仍有1.58亿营养不良人口,占全球营养不良人口总数的18.2%,占全国人口总数的11.5%。二是营养过剩导致居民体重增长明显加快,超重肥胖比例显著增加。2010年,我国18岁及以上居民超重率为30.6%,肥胖率12.0%;高血压、高血脂、高血糖等代谢性疾病及肿瘤等慢性疾病发病率急剧上升,严重危害身体健康,应引起高度重视。

二、提高食品安全保障水平的对策措施建议

食品安全是一个综合性的复杂系统,涉及多个部门,需要多方协调

[①] 中华人民共和国国家卫生健康委员会。

配合，才能建立起较为完善的食品安全体系。为了进一步提高我国食品安全水平，建议采取以下政策与措施。

（一）加快治理农业污染，从源头上保障农产品质量安全

农产品是保障食品安全的第一关，应把住农产品生产环境安全关，治地治水，净化农产品产地环境，切断污染物进入农田的链条，保证安全农产品进入食品生产、流通、消费和餐饮环节。

1. 加大环境污染治理力度，保护农产品产地环境

依照《农产品产地安全管理办法》，建议环保、国土、农业、水利、海洋等部门通力协作，加大环保投入，完善治理环境保护设施，加强大气、土壤、水、海洋等环境治理力度，改善、降低污染水平，从严惩处破坏环境、污染环境的行为，建立土壤、水等环境监测制度，强化农产品产地环境质量监测和评价机制，保护农产品产地环境。

2. 深化农业体制改革，进一步推进农业标准化生产

我国几千年来都是自给自足、分散式的小农经济，加上人多地少，尚未形成标准化的农业生产体系。建议抓住加快城镇化建设契机，进一步深化农业体制、机制改革，加快农户向城市转移，减少农业人口，通过建立农业合作社，土地流转等多种形式，减少兼业农户比例，使土地适度集中，实行农业标准化生产，积极发展生态农业，大力推广无公害种植技术，继续加大农业生产良好规范（GAP）推行力度，大幅度提高无公害农产品生产面积，增加"三品一标"产品总量规模，加快传统农业向生态农业、有机农业、低碳农业转型步伐。建议国家加大对农业保险的补贴力度，改变农业对农药"保险"的依赖程度，进一步依赖金融"保险"。

3. 减少化学农药施用量，推广施用生物农药

建议农业部门派遣农业技术人员进入农村向农户进行农作物种植、农药正确施用技能等相关农业知识培训，充分利用害虫综合防治系统减少农药的施入量；依据不同的耕种作物及虫害合理安全选用不同的农药，并制定施药安全间隔期；采用合理耕作制度，消除农药污染，在污染较重地区，在一定时间内不宜种植易吸收农药的作物，代之以栽培果树、

菜类等少吸收农药的作物品种，减少农药的污染。建议加大生物农药宣传力度，加大生物农药补贴力度，提高化学农药税收，并建立优质农产品销售网络，规范具有公信力的采用生物农药生产的农产品认证机制，实行正确的优质农产品定价机制，积极推广使用生物农药。

4. 减少化肥使用量，推广施用有机肥

建议对农作物耕种土壤肥力进行测定，在此基础上按作物需要和作物吸收的特点进行施肥，建立合理的无机有机肥结构，减低化肥使用量，大力普及平衡施肥。加大对有机肥施用补贴力度，改革化肥供销体制激励农户减少化肥的施用量，增加有机肥、农家肥的施用量，改善土壤土质，降低病虫害发生风险。加大对农户化肥正确施用技能培训，推广科学施肥技术，并建立合理耕作制度，适当调整种植业结构，充分利用豆科作物的固氮肥源，减少化肥使用量。

（二）严格落实食品生产经营者主体责任制

鉴于我国食品安全事件主要以生产经营主体不当行为、不执行或不严格执行已有的食品技术规范和标准体系等违规违法行为的人源性因素为主，建议以最严谨的标准、最严格的监管、最严厉的处罚、最严肃的问责制落实好食品生产经营企业的主体责任。

1. 建立食品安全授权制度

食品生产经营单位依法严格履行食品安全主体责任，企业法人负责或者法人书面授权设立质量安全负责人，配备专、兼职食品安全管理人员，对产品配方、原辅料入厂、生产过程控制、产品出厂检验和放行等实行"全过程"签字负责，切实解决企业管理层"人人负责、人人无责"的问题。食品生产经营单位要保证必要的食品安全投入，健全食品行业从业人员培训制度，先培训后上岗，制定和完善以食品经营者首负责任、食品安全人员管理责任、从业人员岗位责任为主要内容的食品经营主体责任制度，推动经营者建立自身食品安全制度规范。

2. 全面建立食品安全可追溯制度

建议全面实行食品生产企业原辅料采购使用、生产过程控制、产品检验、出厂销售等"全过程"记录制度，形成上下游食品质量安全可查询、可控制、可追究的追溯体系和责任机制。同时，食品经营者把好食品的进货关、销售关和退市关，食品零售做到进货有台账、登记全、信息准、可追溯；食品批发做到来源可查、质量可查、去向可查；食品现制现售做到经营合法、原料合格、操作合规。

3. 建立食品安全诚信自律制度

建议围绕开展质量安全记录、信用档案建设等工作建立食品安全诚信自律制度，加大食品安全政务信息公开力度，对违法违规企业坚决予以曝光，对食品生产经营安全企业进行相应激励，如在增值税、营业税和所得税方面给予优惠，适度减免；在金融支持方面鼓励农业发展银行、进出口银行等政策性银行给予政策性贷款；在政府服务方面，提供更为周到的运输、检测、通关等服务。

（三）提高食品安全检（监）测与监管水平

1. 合理划分中央和地方监管权限

鉴于食品的大流通性，建议合理划分中央和地方权限：中央一级的食品安全监管部门应发挥宏观协调指导作用，负责监管跨省或在国际市场销售的食品，对在全国范围内有重大影响的食品安全案件进行查办；地方政府负责本行政区域范围内的食品安全监管执法工作，对于在本地生产、加工、销售的小企业、零售店、餐饮店进行监；对于跨市区域的农产品或食品，应加强省一级食品监管部门的直接监管。面对食品大流通的复杂格局，各级食品监管部门应树立大局观念，建立健全地区间、部门间的协作机制，提高监管工作的系统性、协调性和一致性，形成工作合力，实现全方位、全过程有效监管。

2. 建立健全食品安全监察及责任追究制度

目前，我国已实行食品监管新体制，为发挥新体制的作用，当务之急要尽快建立健全符合国情的食品安全监察机制。建议实行从中央到地方的食品安全特派员制度，从中央食品监管机构中选拔政治素质高、原则性强、业务熟练的公务员，授以特定职权，对地方履行食品安全监管职责情况进行监察，定期将督察情况反馈。

食品安全意义重大，建议建立食品安全权责制，及时追究监管不力的部门和官员责任。一是建立、完善责任制，依据三定方案，明确各单位和岗位的工作职责、范围、权限与责任。二是制定执政效能评定量化标准，提高问责制的可操作性。三是实行"倒查"机制。对于已经发生的食品安全事故，除对当事人严肃查处，还要对其上级主管部门实行"倒查"追究制度。

3. 加大培训，强化监管队伍建设

建议采取开展各种形式的业务培训，强化执法干部对食品专业知识的学习。各地方根据实际情况，合理配备和充实食品安全监管人员，重点强化基层尤其是农村市场监管执法力量，可在农村行政村和城镇社区设立食品安全监管协管员，承担协助执法、隐患排查、信息报告、宣传引导等，逐步建立和规范以农村中心集镇为重点的农产品批发市场、集贸市场与连锁超市、放心店等规范有序、安全便捷的农村食品流通网。加强食品安全监管执法队伍的装备建设，重点增加现场快速检测和调查取证等设备的配备，提高监管执法能力。加强监管执法队伍法律法规、业务技能、工作作风等方面的教育培训，规范执法程序，提高执法水平，切实做到公正执法、文明执法。

4. 进一步加强食品生产经营监管

建议继续严格实施食品生产经营许可制度。强化新资源食品、食品添加剂、食品相关产品新品种的安全性评估审查。不断强化对生产企业的不定期监督检查，扩大抽样检验覆盖面，加大对重点食品、重点环节和重点地区的检查力度，不合格食品一律下架、退市，责令企业召回。切实加强对食品生产加工小作坊、食品摊贩、小餐饮单位、小集贸市场及农村食品加工场所等的监管。采取明察暗访、突击检查、追踪溯源、排查举报线索等方式，及时发现和查处违法生产经营行为，及时查处食品安全重点案件，严惩违法犯罪分子。

5. 进一步完善检（监）测能力建设

建议进一步完善国家、省、市、县食品安全质量安全检（监）测体系建设，在加大检测装备投入、改善实验室条件等硬件建设的同时，加强以预警检测能力为重点的科研能力建设、以强化服务意识和手段为重点的制度建设、以提升技术素质为重点的人才队伍建设，全面提升食品检（监）测能力。提升一线执法检（监）测能力，重点提升粮油制品、肉制品、乳制品等高风险食品的一线执法快速检（监）测能力。配备便携式、可车载的快速检测设备，建立流动实验室，满足偏远地区食品生产小企业、小作坊等日常监管检测的需要，及时发现食品中违规使用添加剂、有害物质超标、农药兽药残留超标等常见质量安全问题，改变基层监管机构职能靠感官判定食品质量安全状况的现状。建议提升食品质量安全检测技术及仪器设备的研发能力，研发具有自主知识产权的检测仪器设备，建立国际先进的研发平台，支持食品检验检测设备国产化，提升食品质量安全预警和突然事件快速反应能力。

6. 健全风险监测评估体系

建议加强监测资源的统筹利用，进一步增设监测点，扩大监测范围、指标和样本量，提高食品安全监测水平和能力。统一制订实施国家食品安全风险监测计划，规范监测数据报送、分析和通报等工作程序，健全食品安全风险监测体系。加强食用农产品安全风险监测和例行监测。建立健全食源性疾病监测网络和报告体系。严格监测质量控制，完善数据报送网络，实现数据共享。加强监测数据分析判断，提高发现食品安全风险隐患的能力。完善风险评估制度，强化食品和食用农产品的风险评估，充分发挥其对食品安全监管的支撑作用。建立健全食品安全风险预警制度，加强风险预警相关基础建设，确保预警渠道畅通，努力提高预警能力，科学开展风险交流和预警。

（四）完善法律法规、标准体系

1. 完善法律法规体系

建议相关部门以国际现有的食品安全法典为依据，进一步完善法律法规体系，推进法规清理工作，进一步完善食品安全法，并针对食品营养安全问题，进行营养立法。尽快完成食品召回、退市食品处置、食品安全可追溯、突发食品安全事件应急处置、食品安全事故调查处理、食品安全风险监测评估、食源性疾病报告、食品从业人员管理、食品安全诚信等方面行政法规和规章制修订，促进法律法规有效衔接。由国家卫生计生委（包括原卫生部）公布食品中可能违法添加的非食用物质和易滥用的食品添加剂名单，建议逐步调整为公布可能违法添加的非食用物质和允许使用的食品添加剂名单，并规定添加剂量。发挥地方的积极性，鼓励推动食品安全地方立法，加快制定食品生产加工小作坊和食品摊贩管理等地方性法规。

2. 加强基础数据研究，加快标准制（修）订

WTO、CAC及欧美等相关组织制定食品安全标准时均采用风险评估作为技术手段和方法论。建议相关部门要加强风险评估技术研究，为制定科学的食品安全标准提供依据，并尽快完成现行食用农产品质量安全、食品卫生、食品质量标准和食品行业标准中强制执行标准的清理整合工作，加快重点品种、领域的标准制（修）订工作，充实完善食品安全国家标准体系。并了解发达国家标准信息，积极开展国内外食品安全标准的比较研究，合理地消化吸收，加快推进我国食品安全标准与国际标准接轨，力争打破国际技术贸易壁垒。同时鼓励地方根据监管需要，及时制定食品安全地方标准。鼓励企业制定严于国家标准的食品安全企业标准。

3. 实现法规与标准的一致性

立法法和标准化法修改已经列入全国人大常委会2014年立法工作计划，建议在立法法和标准化法的修改中，统筹考虑，将强制性标准定义为技术性法规或者规章，列入法规或者规章的范畴，按照法规规章的制定程序，将其纳入法制化的轨道，确保其科学性和民主性，并实行规章的备案审查制度等法律监督实施制度，调整与健全我国食品安全标准法律法规与政策，保证法律与标准的良好衔接。同时明确规定标准制定程序、制定主体、食品安全标准工作职责和任务等，保证标准制定的科学性，实施的合理性。

4. 完善食品安全标准制定主体

在食品安全法修订过程中，建议按照继续深化机构改革的需求，在时机适当的时候，将食品安全标准制定职权交由食品安全监督管理部门，实现标准制定权与监督管理权统一，避免权力不完整而影响食品安全保障水平的提高。同时，考虑到改革的严肃性和慎重性，在时机成熟之前，为加强食品安全监管与食品安全标准的紧密结合，可以赋予农业、食品药品监督管理、质量监督检验检疫等部门提出制定食品安全标准建议的权力，上述部门提出要求制定标准的，卫生部门应当及时纳入标准制订计划。

5. 加强食品安全标准的宣贯和实施

为了加大食品安全标准的实施力度,建议加大食品安全标准宣传力度,及时公开食品标准信息,大力普及食品安全标准知识。通过对标准的宣贯,促使企业实施人员了解、熟悉标准,提高企业负责人标准化意识,引导企业建立企业标准体系,促使企业严格按照标准组织生产,提高企业执行标准的自觉性,强化企业对食品安全标准的实施。

(五) 加大资金投入

建议加大对食品安全风险监测、食品安全风险评估、食品安全关键技术、食品追溯体系建设、食品安全监督检查等资金投入,国家及地方建立与食品安全监管职责相匹配的财政经费投入保障机制,中央财政投入应向食品安全监管比较薄弱的中西部地区和基层倾斜。严格监督管理经费,确保资金高效、合规使用。

1. 加大食品工业企业技术改造、检(监)测能力建设资金投入

鉴于我国食品生产加工企业呈现"小、散、低"为主的格局,部分小、微型食品生产加工企业资金有限、技术支持不足、人才相对短缺、工艺设备技术落后、缺乏检测设备,建议进一步加大食品工业企业技术改造、检(监)测能力建设资金投入,鼓励食品生产加工企业采用新技术、新工艺、新设备对现有生产设施、工艺装备进行技术改造,优化生产流程,建立食品生产企业良好生产规范、危害分析与关键控制点体系,改善食品企业生产环境。

2. 加大法律法规、标准建设的投入

建议继续加大对食品安全法律法规、标准制(修)订工作和宣传指导、系统跟踪和评价经费的财政支持力度,重点支持确定开展的法律法规、重点标准制(修)订工作,保障经费投入,同时严格监管经费使用,确保经费使用高效、合规。

3. 加大食品安全科技领域资金投入

建议进一步加大食品安全科技领域资金投入,提高食品安全领域科技水平,强化食品科技与生物、信息等前沿高科技的交叉和融合研究,重点加强食品安全关键技术,食品安全风险监测、风险评估,食品安全检验方法与设备等方面投入，增强食品安全科技自主创新能力和科技对食品安全工作的支撑能力；建立和完善适合我国现阶段食品安全水平的，尽可能与国际接轨的食品安全标准化技术体系。

4. 加大食品安全监管经费投入

食品安全监管是为社会提供公共服务和产品的政府职能，属于公共财政范畴，建议在足额保障日常食品安全监管经费的同时，加大对食品安全示范工程创建、食品安全信用体系建设、信息发布、检验监测、监督抽验、人才培养、安全宣传和改善执法装备检测设施设备等方面给予专项补助，全面提高食品安全保障水平。

（六）加强舆论宣传与监督

食品安全监管不仅需要发挥政府作用，也要充分发挥行业协会、科研院所、广大消费者、媒体舆论等社会力量的作用，建议加强舆论宣传与监督，加大食品安全与营养相关知识，保障食品安全需要多投入、获得安全食品需要支付更多等观点宣传教育，依靠社会力量监督，共同保障食品安全。

1. 加快食品安全信息化建设，建立常态化的抽检结果的公布机制

建议依托现有电子政务、业务系统，加快建设功能完善的食品安全信息平台，实现各地区、各部门信息互联互通、资源共享，加强信息汇总、分析整理，定期向社会发布食品安全信息。各级监管部门进一步提高抽检监测工作的透明度，建立常态化的抽检结果的公布机制，一旦检出不合格产品进行曝光，敦促企业自觉加强质量安全管理，尚德守法，夯实食品安全基础。

2. 充分发挥舆论监督作用

建议科学引导网络、电视、广播、报刊、手机信息等媒介，充分发挥其社会舆论信息传递及时、社会影响面广、发挥作用时间长、对企业信誉影响大等特点，对假冒伪劣产品、商标和恶意造假售假坑害消费者的不法企业及个人，进行坚决揭露和曝光，并提请呼吁相关部门依法严惩。对诚信无欺、守法经营的商家和企业给予保护、宣传，提高其知名度和信誉度。进一步做好食品安全信息的公开发布和管理工作，防止极少数新闻媒体通过对个别问题的"炒作"误导消费者。

3. 发挥行业协会、科研机构等第三方机构作用

建议采取积极措施，建立与行业协会、科研机构、第三方检测机构建立良好的合作关系，引导各类食品行业协会充分发挥其在行业内的监管、约束等作用，规范各食品行业市场秩序，营造较好的食品生产经营环境，充分保障行业内食品安全；充分发挥科研机构及其他专业组织、权威专家在食品安全方面的专业技术特长，以科学、客观、中立的立场负责任地向全社会解读食品安全热点问题，传授食品安全、营养与健康、食品安全法律、法规以及食品安全标准和知识，指导民众正确认识食品安全问题，科学选择食品和膳食搭配；依靠第三方检测机构提供专业的检测服务，保障消费者的食品安全。

4. 建立有奖举报机制

生产、加工、销售不安全食品的企业一般具有一定的隐蔽性，必须充分发挥食品生产经营企业一线员工和消费者的监督力量，督促食品生产经营者严格保障食品安全。政府食品安全部门、消费者组织应加大对消费者在食品安全共治中作用的宣传，增强消费者维权意识，培养消费者维权权益。建议设置完善的举报奖励保护制度，鼓励更多的消费者揭发、举报不安全食品违法的经营者、失职的监管者。

5. 建立消费者组织、中介组织、企业和政府间相互沟通机制

食品安全依赖于社会群体的积极参与，建议建立健全舆情监测机制、食品安全信息发布制度，推进覆盖省、市、县的食品安全信息网建设，逐步实现各地、各部门信息资源共享。建立政府、企业、科研机构、媒体、消费者等共同参与的风险交流平台，充分利用新媒体等工具频繁地开展风险交流活动，形成良性互动的社情舆论机制，通畅食品安全信息的渠道，提升食品安全工作公众参与度和透明度。

（七）加强营养与均衡膳食引导

1. 加强以营养健康为导向的宏观指导

建议应用营养科学指导我国食品工业发展，制定营养专项发展规划。充分发挥政府宏观调控作用，建立并完善与营养及健康相关的食品标准体系建设，强化标准管理，加大标准实施力度。推动营养食品监督检测体系和国家公众营养监测评价体系的建立，为营养食品的发展提供技术保障和科学指导。建立国民营养监测系统和信息中心，完善营养调查和评估制度，为制定政策和开发营养食品提供科学依据。

2. 全面普及膳食营养和健康知识

建议进一步加强对居民食物与营养的指导，提高全民营养意识，倡导健康生活方式，树立科学饮食理念。开展食物与营养知识进村（社区）入户活动，加强营养和健康教育。不定期发布适宜不同人群特点的膳食指南，借助微博、微信等就营养与食品安全知识与消费者之间互动，及时掌握舆情。发挥主要媒体对食物与营养知识进行公益宣传的主渠道作用，增强营养知识传播的科学性。

3. 加大营养健康领域科技创新

建议引导企业加大营养健康领域科技投入，加强对农产品、食品加工、食物消费和营养改善等环节的重大关键技术问题的研究。在农产品环节，加强食物新品种培育与新资源食品安全性评价技术研究，挖掘一批具有自主知识产权的动植物功能基因，选育优质高产、功能突出、适应性强的食物新品种；在食品加工环节，重点围绕高营养保持度、高值化、方便化的加工技术及资源综合利用开展研究，研发一批适合不同人群消费的方便营养食品；在食物消费环节，加强食物营养品质评价与保持技术研究，建立食物营养品质数据库，研究农产品采收、储藏、运输、加工过程中营养品质变化规律，分析影响营养品质变化的关键参数，研发一批农产品营养品质保持技术；在营养改善环节，加强食物营养对健康的作用研究与产品研发，分析农产品中特有营养功效成分的功能因子，研究食物功能因子与人体健康的效应剂量及量效关系，开发适合特定人群体质、具有特殊营养功能、满足特殊营养需要的功能食品。

4. 推广营养均衡的食堂管理模式

建议进一步加大中小学、大学、行政机关、企业等食堂营养均衡推广力度，根据不同的人群选择不同的营养配餐，让食堂成为推广营养均衡的膳食管理模式的良好载体，培养学生、老师、机关等公务员、企业员工的食品营养健康意识，在保障合理饮食、正常营养需求的基础避免营养过剩。

(八) 严厉打击食品安全犯罪行为

1. 深入开展食品安全治理整顿

建议进一步加大食用农产品和食品生产经营各环节的整治工作，重点排查、治理带有行业共性的隐患和"潜规则"问题，坚决查处食品非法添加等各类违法违规行为，防范系统性风险；进一步规范生产经营秩序，清理整顿不符合食品安全条件的生产经营单位。以日常消费的大宗食品和婴幼儿食品、保健食品等为重点，深入开展食品安全综合治理，强化全链条安全保障措施，切实解决人民群众反映强烈的突出问题。加大对食品集中交易市场、城乡接合部、中小学校园及周边等重点区域和场所的整治力度，组织经常性检查，及时发现、坚决取缔制售有毒有害食品的"黑工厂""黑作坊""黑窝点"，依法查处非法食品经营单位。

2. 严厉打击食品安全违法犯罪行为

建议进一步完善刑法等相关法律法规，据之实施最严格的监管处罚制度。加大食品安全违法行为的处罚力度，重拳出击，严刑峻法，给予不良商家以足够震慑。通过处罚，让危害食品安全的生产者、经营者在社会声誉、经济等方面付出巨大代价，使其不敢继续违法，甚至没有能力继续违法。对不顾人民健康、恶意往食品中添加违禁物质以牟取暴利的企业一查到底，坚决追究违法犯罪分子的刑事责任，并勒令违法企业退出食品市场，永远不能再从事食品生产经营活动。

专题 5　我国食品工业"十三五""走出去"战略研究

一、行业"走出去"基本概况

(一) 总体情况

2008 年以后，由于国内消费者对国产食品消费信心尚需恢复，国外食品趁机抢占国内消费市场，加之国内一些农产品价格不稳定，原辅物料、人工、环保的成本上升，生产成本不断升高，再加上人民币升值、被征收高额关税等因素，我国食品出口价格优势逐渐弱化。而对于主要出口国或地区的市场缺口情况分析，用境外投资设厂替代中国产品的同时，能够填补当地的部分市场空缺，减少出口国及周边地区的进口。因此，包括娃哈哈、伊利、光明等国内知名大中型企业陆续尝试"走出去"发展，在国外投资牧场等食品原料基地，兼并企业、新建工厂，进行技术合作等，以获得国外的优质资源、先进技术和品牌，以及为企业发展创造更大的发展空间。

(二) 主要形式、对外投资规模和投资目的地分布情况

总的来说，我国食品行业"走出去"的主要形式有：

1. 产品直接出口

改革开放以来，我国食品出口逐步发展，曾取得了不错的成绩。据海关统计，2014 年我国进出口食品总额 1 608.8 亿美元，同比增长

4.6%，比上年降低 3.5 个百分点。其中，出口 603.2 亿美元，增长 4.1%；进口 1 005.6 亿美元，增长 4.9%。美国、东盟和巴西为我国食品进出口三大贸易伙伴。其中，美国全年进出口总值 262.7 亿美元，占同期我国食品进出口总值的 17.1%；东盟进出口额 247.8 亿美元，占 16.1%；巴西进出口额 228.8 亿美元，占 14.9%。[①]

目前，我国罐头食品的年出口量约为 300 万吨，货值 55 亿美元，出口到世界 150 个国家和地区，中国已经成为世界最重要的罐头食品加工和出口国。乳品出口几乎可以忽略。受制于国内生鲜乳生产能力和我国乳品国际形象需要一定时间慢慢恢复的影响，当前及今后一段时期内，产品直接出口不会有大幅增长。柠檬酸产品和酵母制品等出口市场一直保持稳步增长。2014 年，柠檬酸产品出口量为 93.3 万吨，出口额 84 043 万美元。出口量同比上升 4.41%，出口额基本持平。2000 年，我国活性酵母产品出口量不足 6 000 吨、出口金额仅为 1 100 多万美元。而到 2014 年，酵母产品的出口量达到 11.8 万吨，出口金额 2 亿美元，成功稳定地进入全球 140 多个国家和地区，自主品牌的出口比例超过 60%。中国已成为全球柠檬酸产品和酵母制品等出口市场重要的竞争力量。柠檬酸出口量约占到我国总产量的 80%。我国柠檬酸产能结构性过剩，对国际市场依存度过高。我国对欧美柠檬酸出口数量快速增加和价格大幅度下降，2008 年起，欧美开始对中国柠檬酸征收反倾销税，使中国对欧盟柠檬酸出口也严重受挫。在遭遇欧美等发达国家的反倾销后，我国柠檬酸产品出口转向印度、墨西哥、巴西等新兴经济体。2014 年，饮料酒及发酵酒精制品累计出口额 8.46 亿美元，进口远远大于出口，中国酒业出口任重道远。

2. 参与跨国并购

作为快速获得资源的方式，跨国并购是我国食品行业"走出去"使用比较多的策略，比如光明收购新西兰信联乳业 51% 的股份，澳优收购荷兰海普诺凯乳业集团 51% 股权，光明食品集团收购以色列最大食品公司 Tnuva 股权等都是采用的这种方式。中粮集团 2011 年收购澳大利亚 Tully 糖业全部股份，2014 年收购来宝农业有限公司 51% 股权。罐头企

---

① 中国食品工业协会。

业新疆中基在法国收购当地食品企业。广东恒福糖业集团在柬埔寨租地建厂。双汇国际并购美国最大的猪肉加工企业史密斯菲尔德公司，成为全球最大的猪肉加工企业。

3. 在国外独自或与当地企业合资建厂

如圣元与法国索迪亚集团共同在法国布列塔尼半岛建设一座年产 10 万吨婴儿奶粉工厂；雅士利在新西兰兴建乳粉加工厂。伊利在新西兰建设的年产 4.7 万吨婴幼儿乳粉项目，以及伊利与美国最大牛奶公司 DFA(Dairy Farmers of America) 共同出资在美国堪萨斯州建设奶粉生产样板工厂。

云南制糖企业在老挝、缅甸北部开展罂粟替代种植。甘蔗已经成为目前罂粟替代种植工作中规模最大、成效最为显著的农作物，缅北和老挝甘蔗替代罂粟种植区域不断扩大。同时，在开展境外罂粟替代种植甘蔗的基础上，云南南华、力量、英茂等公司等制糖企业在缅甸等国租用土地投资建厂。广东恒福糖业集团在柬埔寨租地建厂。

丰原集团在匈牙利投资的 6 万吨/年柠檬酸生产线已于 2014 年 9 月开工建设。日照金禾生化集团股份有限公司计划投资 9 955 万欧元，在匈牙利建设年产 10 万吨柠檬酸及柠檬酸钠生产线。项目于 2014 年 6 月 25 日启动，计划于 2018 年 5 月底完工。

丰原集团在泰国投资建设一期 4 万吨/年柠檬酸生产工厂于 2011 年竣工投产，二期 4 万吨/年扩建工程于 2014 年完工投产。中粮生化 2013 年泰国生化正式投产生产销售 3 万吨柠檬酸项目，现已达到产能。

2012 年 12 月，安琪酵母股份公司赴埃及投资 7 500 万美元建立的年产 1.5 万吨干酵母项目建成投产，成为首家赴境外投资设厂的中国酵母公司，不仅实现了中国酵母产品销售的国际化，也迈向了产品制造的国际化，标志着中国酵母工业"走出去"战略取得实质性进展。目前，该项目运行状态良好，产品成本合理、质量稳定，正充分发挥埃及的地理优势和优惠关税优势，为中东、非洲等地区提供及时快捷的市场服务，完全实现了当初的投资设想。

青岛啤酒在泰国建设年产啤酒 8 万吨的基地，进军东南亚市场。陕西海升果业 2009 年在美国纽约设立营销公司。

獐子岛集团分别在美国波士顿、中国香港设立獐子岛渔业集团美国公司和獐子岛渔业集团香港有限公司，主要从事水产品和食品贸易、批发和零售。

我国罐头企业在海外投资建厂的主要有上海梅林食品有限公司在捷克建厂、新疆中亚食品有限公司在哈萨克斯坦建立公司。

晨光生物在印度特伦甘纳邦坎曼市建成全资子公司——晨光生物科技（印度）有限公司，注册资金1 000万美元，员工150人，年产1 500吨辣椒油树脂。

2012年至今，娃哈哈正在对澳洲建立养牛场和奶粉厂进行考察，计划在澳洲自建原料供应基地。

4. 合作生产

合作生产可以以最低的成本和风险，快速获得对方的资源或利用对方的技术优势，因此采用这种方式的企业较多。如早前的合生元、澳优等企业；近几年，新希望乳业与澳大利亚自由食品集团（Freedom Foods）旗下Pactum乳业集团的合作；光明乳业与澳洲PACTUM乳业集团（PDG）的合作。伊利与意大利最大乳品生产商斯嘉达公司（Sterilgarda Alimenti S. p. A.）的合作，孟州淼雨果蔬业有限公司和美国雨泉饮品有限责任公司的浓缩果汁进出口贸易合作等，都是采取的这种模式。

5. 共同成立研发中心、办事机构

进行技术合作、贸易洽谈、市场拓展等，快速提升技术能力和获得技术成果。如伊利与荷兰瓦赫宁根大学及研究中心在荷兰合作成立研发中心。中国酵母企业已在德国、埃及、阿尔及利亚、菲律宾等国家设立了海外办事处，并正加快设立的速度，扩大国别范围。丰原集团拥有丰富的海外投资经验，在法国、比利时等投资建设贸易公司，拥有自己的仓储中心。

二、"走出去"现状与存在问题

（一）急需既熟悉食品行业，又熟悉国外相关人文、政策法规等环境、善于本土化管理的跨国公司经营管理人才

企业自身在"走出去"过程中仍显得能力不足，表现在企业的全球化视野和国际化经营能力、无论是采取并购还是建厂的方式，企业跨国投资经营的经验不足，容易走弯路和出现判断失误，投资风险相对较大。当地国家法律法规限制较多。由于涉及粮食安全问题，主产国对于中国企业投资防范心理仍然较重，比如中粮在澳大利亚并购 Tully 糖厂时，需要接受澳大利亚外国投资审查委员会的特别审查。多数国家对国外资金购买土地保持高度警惕，制定法律予以限制。例如，巴西对外国投资者购买土地就设定了限制条件；还有对当地雇用人员的生活习惯、宗教等是否熟悉，以免在管理过程中引发尊重冲突。

（二）投资风险普遍较大

中东、非洲、南亚、南美等区域是全球食品行业的新兴市场，市场发展潜力大，且本土和外资企业投资较少，是中国食品企业赴境外投资比较适宜的目标国和市场选择。但上述国家普遍存在基础设施落后，政治局势不够稳定，政策缺乏连续性，腐败问题严重等一些固有问题，给境外投资带来较大风险。例如，安琪酵母股份公司赴埃及投资进程中，就遭遇埃及革命、总统下台、罢工骚乱等政局不稳的问题，给安琪公司埃及项目的施工建设、生产经营、员工安全等都带来较大困难和风险。

（三）项目建设周期比合理预期长

项目建设周期是国内两倍以上，较高的投资和较长的建设期会给项目带来较大的风险。以上主要的原因在于当地设备加工费用高、供货周期长，容易存在工艺装备之间的融合问题。因此，如何从国内常用的设备供货商订购合适的设备是项目需要重点解决的一大难题。企业在"走出去"过程中，包括项目、商务、外汇、融资等投资审批程序多，且需逐级申报，耗时较长。此外在东道国，也存在大批诸如项目许可、法规注册等系列审批许可工作，甚至有时还会遇到难以逾越的问题，影响到企业"走出去"的进程。

三、促进行业"走出去"的战略分析研究

(一)行业"走出去"的战略意义

1. "走出去"战略是适应经济全球化,拓展企业发展空间的必然选择

经济全球化是现代世界经济不可逆转的发展趋势,国内的资源和市场已经进入全球配置,企业发展空间受国内资源限制和国外产品的挤压,发展到一定程度将出现"瓶颈",只有"走出去"利用国外资源和国际市场为自己拓展生存空间,企业才能进一步快速发展。

2. "走出去"战略有利于合理配置资源并充分利用国际资源

随着我国经济的发展和居民生活水平的提高,对食品消费已经和还将获得很大的发展,我国国内食品行业资源供求矛盾将逐步显现,尤其是乳制品等一些特殊产品。目前,我国生鲜乳收购价高出国际奶价的1/3以上。高奶价已经成为制约我国乳制品行业发展的关键因素。企业"走出去",可以充分利用国外的廉价的优质资源,增强企业的国际竞争力,同时可以充分利用国际优质资源回补国内市场,对于我国经济的发展和居民生活水平的提高具有重要的战略意义。

3. "走出去"战略有利于获得先进技术,促进国内企业的国际竞争力,加速企业的发展

通过在工业发达、技术先进的国家和地区合资或合营企业,可以学习对方先进技术和管理经验,及时了解世界前沿动态和国际行情,优化国内企业的经营活动。

(二)行业"走出去"的机遇

"一带一路"倡议的推进,对于食品企业"走出去"是一个难得的历史机遇,企业和行业要抓住当前发展契机,加快在澳新、美洲、南亚、欧洲等地进行战略布局,进行深度技术合作,促进国内企业的国际竞争力,为下一步更多地参与国际市场竞争创造条件。

四、食品工业"走出去"的主要目标和主要任务

（一）食品工业"走出去"的主要目标

未来五年，我国食品工业将采取多方式实施"走出去"战略，以出口贸易为基础，保持传统产品稳步增长同时，促进高附加值新产品扩大出口数量和区域；在继续落实"一带一路"倡议，加大海外投资力度的同时，推进境外技术与服务中心逐步建立，市场拓展进一步深入；促进产业境外投资主体和原产地多元化，培育 5~10 家具备较强实力的跨国公司，整体提升我国食品工业的国际地位和影响力。

（二）行业"走出去"的主要任务

1. 加快我国食品工业"走出去"步伐

鼓励我国食品企业采取多种方式走出去，包括出口（自主品牌和代工生产）、设立境外办事处和技术中心；支持有实力的企业优先通过并购、合资方式进行海外投资；促进与国外同行、技术专家开展广泛合作等；加大投资目标国市场开发和有步骤加快前期可行性论证。

2. 增强我国食品企业"走出去"的产品与技术保障能力

建立以企业为主体、以市场为导向、产学研相结合的食品工业创新体系，大幅度提高我国食品企业生产技术水平和自主创新能力，促进我国食品工业在产品与技术方面逐步达到世界领先水平，增强我国食品企业"走出去"的竞争力。

3. 逐步建立我国食品工业全球化的安全保障体系

积极参与国际标准制（修）订，努力确立中国食品企业在国际食品标准的话语权。完善我国食品安全可溯源体系建设，逐步与国际食品安全体系接轨。通过财政、金融、外汇、税收等政策倾斜和行业引导，逐步建立我国食品工业全球化的安全保障体系，带动整个中国食品工业"走出去"的步伐。

行业研究报告

行业1 粮食加工业"十三五"发展战略研究

当前,中国的发展仍处于重要战略机遇期,但也面临着经济放缓、消化产能过剩任务繁重、内生动力不足等困难。我国正处于经济增速换挡期、转型阵痛期和改革攻坚期"三期"叠加的特殊阶段,经济运行的宏观调控难度进一步加大。与此同时,"十三五"时期是全面建成小康社会最后冲刺的关键五年,也是深化改革取得决定性成果的关键五年,各行各业都面临着机遇和挑战并存的考验,粮油加工业发展问题作为粮食安全战略的重要组成部分应引起高度重视。

一、"十三五"时期粮食加工业面临的新形势、新机遇、新挑战

(一)战略新形势:经济新常态与粮食安全战略

中央对今后我国经济形势判断:经济增速迎来换挡期,从高速增长期向中高速平稳增长期过渡。同时,习近平总书记此前强调保障国家粮食安全,任何时候这根弦都不能松,中国人的饭碗任何时候都要牢牢端在自己手上,我们的饭碗应该主要装中国粮。[①] 2013年中央农村工作会议明确要求"以我为主、立足国内、确保产能、适度进口、科技支撑"的国家粮食

---

① 习近平:《饭碗要端在自己手里》,载于《学习中国》2015年8月25日。

安全新战略，明确提出确保"谷物基本自给、口粮绝对安全"的国家粮食安全新目标。这表明，在经济发展新常态下的粮食安全战略又有新内容，这就是在努力保持经济稳定增长、加快转变农业发展方式中如何体现和保障国家粮食安全？如何处理粮食储备国家宏观调控和渐进式市场化改革之间的关系？这对"十三五"时期粮食加工业的发展既是机遇，也是挑战。

（二）发展新趋势：新型城镇化与粮食供应保障

我国正处在城镇化、工业化加速发展的时期，当前我国常住人口城镇化率为53.7%。根据《国家新型城镇化发展规划（2014—2020年）》，到2020年，常住人口城镇化率达到60%左右，户籍人口城镇化率达到45%左右，实现1亿左右农业转移人口和其他常住人口在城镇落户。城镇建设用地大量挤占农用耕地，每年减少耕地600多万亩，化肥农药的过量施用以及工业污染，使耕地质量逐年下降，农业用水紧缺的问题也越来越突出，耕地资源压力已经严重影响到粮食生产的发展。此外，随着农村人口向城镇的迁移，农村粮食消费逐步由自给型向商品型转变，农产品需求总量会增加，特别是人们生活水平提高以后，食用油、肉蛋奶消费大幅增长，直接导致玉米等饲料用粮的需求大幅增长。

（三）经济新任务：转变方式与调整产业结构

中央明确要求，要稳定粮食和主要农产品产量，加快转变农业发展方式，从主要追求产量增长和拼资源、拼消耗的粗放经营，向数量质量效益并重、注重提高竞争力、注重可持续的集约发展转变。[①] 针对当前粮食加工行业发展方式粗放、经营状况不佳、产品差异化程度低、区域和行业发展不均衡、自主创新能力不强等问题，为确保在"十三五"时期粮食加工业产值等重要指标平均增长速度不低于10%的水平，必须实施"由注重规模速度向以质量和效益为中心转变，由消耗传统生产要素向更多依靠科技进步、劳动者素质和管理创新转变"发展战略，不断调

---

① 2014年底《中央经济工作会议概要》。

整优化结构。

(四) 产业新方向：传统行业与现代产业升级

当前，中国经济结构已经或正在发生转折性变化。统计显示：2012年消费对经济增长贡献率占比首次超过投资；从2013年开始，我国第三产业增加值占GDP比重达46.1%，首次超过第二产业。中国经济增长逐步从投资、出口转向以消费、服务业为主，更多地依靠内需。可以预测，未来居民对粮油食品工业化制成品的需求还将持续增加。粮油加工业是一个传统产业，面临着向现代产业转型升级的压力。

(五) 资源新挑战：节粮减损与节能减排诉求

我国粮食浪费严重，除了在仓储和餐饮方面的浪费，在加工环节的浪费不容忽视。"十三五"时期将面临更为紧张的资源和环境问题，节约资源和节能减排成为可持续发展的新要求。我国能源资源总量虽然比较大，但煤炭、石油、天然气人均剩余可采储量分别只有世界平均水平的58.6%、7.69%和7.05%。随着我国经济的持续高速发展，能源将是制约我国经济、社会再发展的主要"瓶颈"。传统粮食加工业以高耗能、高污染的粗放发展方式为主，迫切需要节能减排、淘汰落后产能，提高资源利用效率。

(六) 消费新动向：消费升级与创新驱动发展

"十三五"时期是我国全面建成小康社会的最后五年，随着人民生活水平和生活质量的不断提高，对粮食的需求已从生存型向发展型转变、从对量的追求转向对质的追求，更加注重安全、优质、营养、方便，粮食消费进一步多样化。然而，我国粮食加工业主要还是以初加工为主，精深加工程度较低，制成品水平低，主食品工业化比例低，粮食食品还需要加快发展、勇于创新才能更好地满足居民消费需求。

此外，粮食加工业在实施走出去战略、培养与造就一大批高素质科技与管理人才、实施创新驱动等方面面临的压力和任务也很繁重。

二、粮油加工业发展现状及存在的主要问题

"十二五"时期,我国粮食加工业获得了快速发展,主要产品产量稳步增长,营养健康新产品增加较快,主食产业化进程明显提速,民营企业、国有企业和外资企业等多元主体竞争发展格局已经形成,形成了一批初具特色的粮食加工产业园区,大型国有粮企实力显著增强,五得利、福临门、北大荒、三全、思念、克明面业等知名品牌市场占有率有较大提升,粮食安全供给保障能力显著提高。但同时也存在一些问题。

(一) 粮食加工发展趋势总体向好

粮食加工业总体保持平稳增长态势,产业规模不断扩大,但全行业经济规模和效益增速均放缓,整体效益持续低下。

1. 粮食加工业的总体规模及增长速度

从粮食加工业的经济规模和效益来看,整体呈现平稳增长,工业总产值、产品销售收入、利税总额、销售利润都保持了增长(见图1)。

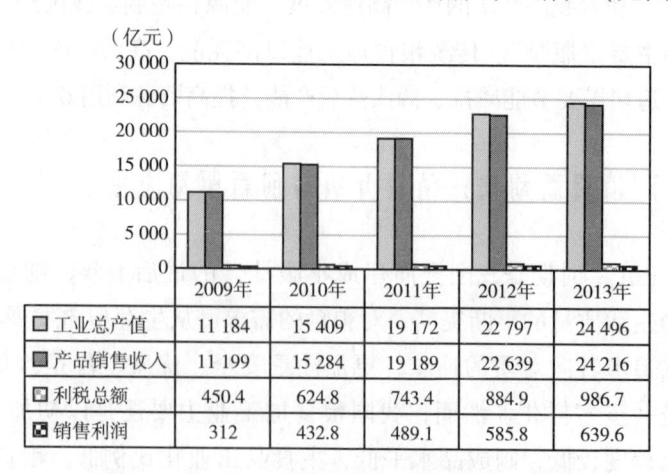

(亿元)	2009年	2010年	2011年	2012年	2013年
工业总产值	11 184	15 409	19 172	22 797	24 496
产品销售收入	11 199	15 284	19 189	22 639	24 216
利税总额	450.4	624.8	743.4	884.9	986.7
销售利润	312	432.8	489.1	585.8	639.6

图1 2008~2013年粮食加工业主要经济指标

资料来源:国家粮食局。

从粮食加工业的经济规模和效益的增速来看,2010年较2009年有较大幅度的增长,但2010年以后开始呈现下降趋势,增速明显放缓。2013

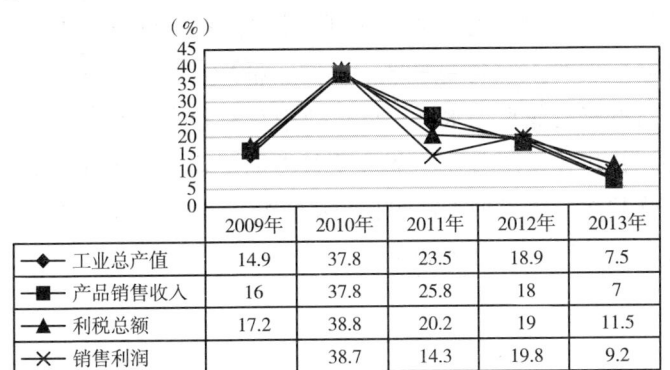

年,粮食加工业总产值的增速降至7.5%(见图2)。

	2009年	2010年	2011年	2012年	2013年
◆ 工业总产值	14.9	37.8	23.5	18.9	7.5
■ 产品销售收入	16	37.8	25.8	18	7
▲ 利税总额	17.2	38.8	20.2	19	11.5
✕ 销售利润		38.7	14.3	19.8	9.2

图2 2008~2013年粮油加工业经济规模和效益的增速

资料来源:国家粮食局。

2. 分行业工业产值结构

从粮食加工业的分行业工业产值结构来看,存在行业差异,产值占全行业比重从高到低排序为:饲料>稻谷>小麦>玉米>粮食食品。粮食食品、饲料加工业占全行业工业产值的比重稳步提高,但粮食食品加工业的占比还不到10%;食用植物油加工业的占比缓慢下降;玉米加工业的占比呈现快速下降趋势,稻谷、小麦、杂粮及薯、粮机设备制造加工业的占比基本比较稳定(见图3)。

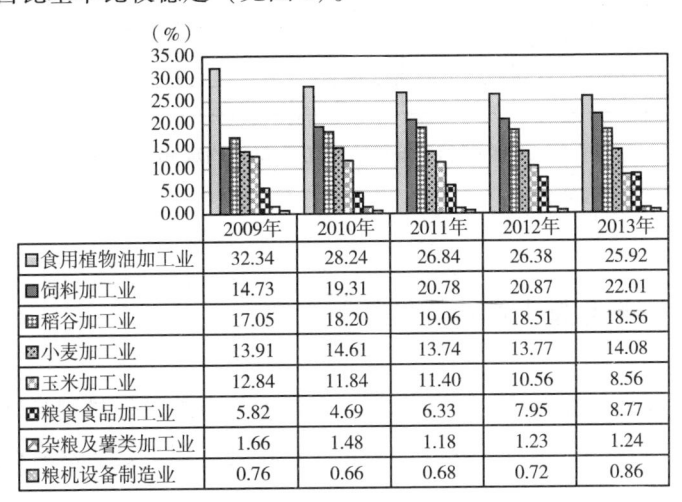

	2009年	2010年	2011年	2012年	2013年
□ 食用植物油加工业	32.34	28.24	26.84	26.38	25.92
■ 饲料加工业	14.73	19.31	20.78	20.87	22.01
⊞ 稻谷加工业	17.05	18.20	19.06	18.51	18.56
☒ 小麦加工业	13.91	14.61	13.74	13.77	14.08
▨ 玉米加工业	12.84	11.84	11.40	10.56	8.56
▩ 粮食食品加工业	5.82	4.69	6.33	7.95	8.77
▤ 杂粮及薯类加工业	1.66	1.48	1.18	1.23	1.24
▦ 粮机设备制造业	0.76	0.66	0.68	0.72	0.86

图3 2008~2013年粮食加工业分行业工业产值结构

资料来源:国家粮食局。

3. 行业利润率水平

近五年来，粮油加工业的行业利润长期处于2.6%左右，远低于产业持续健康发展的正常利润水平。其中，稻米、小麦、饲料加工业的利润水平一直低于行业平均水平。全行业中只有粮食食品加工业的利润率缓慢提高，粮机设备制造业、杂粮及薯类加工业、玉米加工业的利润率均呈现下降趋势。玉米加工业的利润从2011年开始急剧下滑，2013年已降至行业平均水平之下（见图4）。

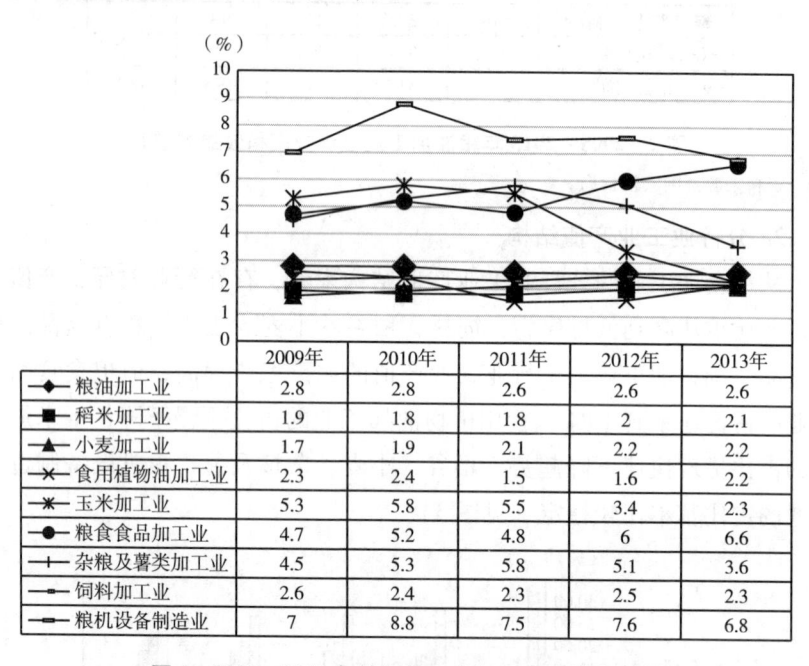

(%)	2009年	2010年	2011年	2012年	2013年
粮油加工业	2.8	2.8	2.6	2.6	2.6
稻米加工业	1.9	1.8	1.8	2	2.1
小麦加工业	1.7	1.9	2.1	2.2	2.2
食用植物油加工业	2.3	2.4	1.5	1.6	2.2
玉米加工业	5.3	5.8	5.5	3.4	2.3
粮食食品加工业	4.7	5.2	4.8	6	6.6
杂粮及薯类加工业	4.5	5.3	5.8	5.1	3.6
饲料加工业	2.6	2.4	2.3	2.5	2.3
粮机设备制造业	7	8.8	7.5	7.6	6.8

图4　2008~2013年粮油加工业年平均利润率变化

资料来源：国家粮食局。

（二）粮食加工产能结构急需调整

产能规模持续增长，粮食加工生产灵活，但总量性过剩与结构性过剩并存，行业性过剩与区域性过剩并存，先进产能不足与落后产能过剩并存。

1. 产能持续扩大，产能利用率不高，总量性过剩明显

近年来，随着我国粮油加工业产品市场需求不断扩大。盲目上马粮

食加工项目，造成低水平重复建设和产能过快扩张，以至于大大超出市场实际需求量，行业产能利用率不高。

图5为2008~2013年粮食加工业产能与产量对比，产能持续扩大超过产量增长速度，表1为2008~2013年我国粮食加工业产能利用率指标，不难看出我国粮食加工业产能利用水平结构性分化特征明显，行业总体产能利用率偏低，产能过剩明显。

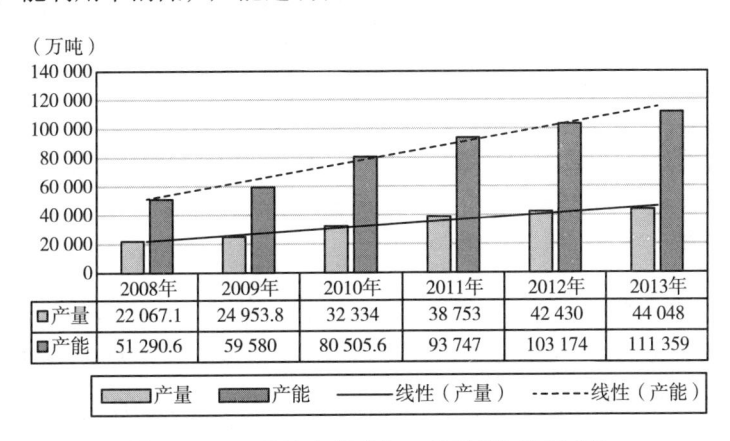

(万吨)	2008年	2009年	2010年	2011年	2012年	2013年
产量	22 067.1	24 953.8	32 334	38 753	42 430	44 048
产能	51 290.6	59 580	80 505.6	93 747	103 174	111 359

图5　2008~2013年粮食加工业产能与产量对比

资料来源：国家粮食局。

表1　　　　　　　2008~2013年粮食加工业产能利用率

产能利用率	2008年	2009年	2010年	2011年	2012年	2013年
小麦加工	67.6	67.1	70.3	64.7	64	61.1
稻谷加工	46.2	44.4	45.6	44.9	44.5	43.6
玉米加工	—	97.2	92.0	78.6	72.9	70.7
行业平均值	55.27	64.98	66.76	62.05	58.55	56.93

资料来源：国家统计局、国家粮食局。

2. 先进产能不足与落后产能过剩并存，结构性过剩突出

——落后产能比重大，利用率低。我国粮食加工业整体产能利用率不高，大型企业的产能利用率明显高于中小企业，企业经营规模越小，产能利用率越低，产能过剩越严重。以2013年为例，稻谷加工、小米加工、玉米加工大型企业产能利用率分别为61.5%、73.9%、80.5%，分别比中型企业高出8.2个、12.2个、19.9个百分点，比小型企业高出27.4个、32.5个、19.5个百分点（见表2）。

这些中小企业在我国粮食加工业中占比很高，大多数设备陈旧、工艺落后、成品率低、能耗高、污染严重、产品质量不稳定、经济效益差，从而使我国粮食加工业呈现落后产能过剩的特点。

表2　2013年稻谷、小麦、玉米加工业产能利用率比较　　单位：%

类别	不同规模企业产能利用率		
	大型企业	中型企业	小型企业
稻谷加工	61.5	53.3	34.1
小麦加工	73.9	61.7	41.4
玉米加工	80.5	60.6	61.0

注：大型企业指日产能大于400吨，中型企业日产能介于200~400吨，小型企业日产能小于200吨。下同。

资料来源：国家统计局、国家粮食局。

——先进产能不足，集约化水平不高。我国粮食加工业经过近些年的发展，呈现规模化、集约化发展。以稻谷加工业为例，与2010年相比，日处理能力200吨以下的企业数量占比降低，日处理能力200吨以上的企业数量占比呈增长趋势（见表3）。但是，目前粮食加工企业仍然比较分散，企业数量多，且大多为中小企业，市场集中度整体不高，先进产能不足。

表3　2008~2013年全国稻谷加工业企业数汇总

年份	<200吨/日		200~400吨/日		400~1 000吨/日		>1 000吨/日	
	绝对数	占比（%）	绝对数	占比（%）	绝对数	占比（%）	绝对数	占比（%）
2008	6 794	92.93	405	5.54	88	1.20	24	0.33
2009	6 964	90.59	570	7.42	115	1.50	38	0.49
2010	7 386	86.70	910	10.68	172	2.02	47	0.55
2011	7 956	84.69	1131	12.04	254	2.70	53	0.56
2012	8 173	83.50	1229	12.56	324	3.31	62	0.63
2013	8 218	81.95	1385	13.75	361	3.58	72	0.71

资料来源：国家粮食局。

以稻谷加工业为例，2008~2013年，日产400吨以上的企业占比虽然呈增长趋势，但总体比例不超过4%。2010年，我国粮食加工业优质产能合计仅为：稻谷6 894.4万吨、小麦4 912.3万吨、玉米2 852万吨，分别只占各自行业总产能的36.0%、40.4%、62.1%。把这些优质产能与同期全国稻谷、小麦、玉米实际加工量做比较,日处理稻谷 200 吨以上、小麦 400 吨以上、玉米 1 000 吨以上大企业的产能分别相当于当年稻谷、小麦、玉米实际加工量的 80%、60%、73%,这说明稻谷、小麦、玉米加工优质产能至少有 20%～40% 的缺口。

3. 行业性过剩与区域性过剩并存,表现出不均衡性特点

近五年,我国粮食加工业无论是在行业,还是在区域,都表现出不均衡特点,行业性过剩与区域性过剩保存。

从行业来看,以 2013 年为例,稻谷加工业、小麦加工业、玉米加工业平均产能利用率分别比 2012 年下降 0.9 个、2.9 个、0.5 个百分点,其中稻谷加工业产能过剩问题严重,2013 年产能利用率为 43.6%,近五年平均产能利用率 44.87%。

从区域来看,粮食主产区的稻谷、小麦加工产能利用率明显高于主销区和产销平衡区(见图 6)。其中小麦、稻谷加工行业平均产能利用率出现了小幅下降,分别由 2008 年的 67.6%、46.2% 降至 2013 年的 61.1%、43.6%;玉米加工业产能利用率下降明显,由 2009 年的 97.2% 快速下降至 2013 年的 70.2%;稻谷加工业产能过剩问题比较严重,2013 年产能利用率为 43.6%。

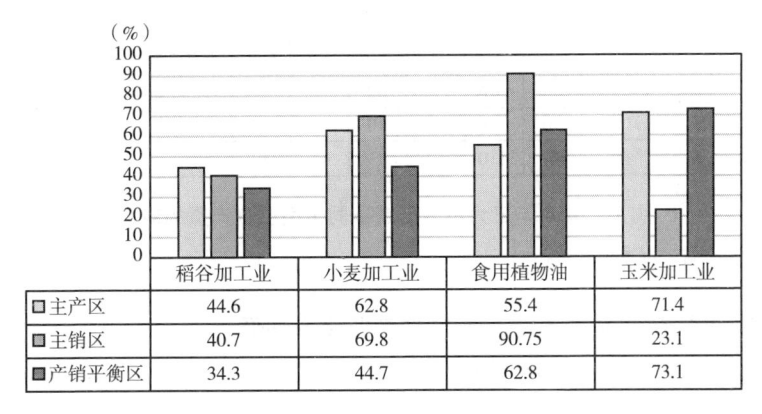

	稻谷加工业	小麦加工业	食用植物油	玉米加工业
主产区	44.6	62.8	55.4	71.4
主销区	40.7	69.8	90.75	23.1
产销平衡区	34.3	44.7	62.8	73.1

图 6 2013 年不同地区稻谷、小麦、玉米加工业平均产能利用率

资料来源:国家粮食局。

（三）主食产业化的发展空间巨大

米面制品工业化生产延长了产业链，市场覆盖范围广，经济效益好，但主食产业化发展不平衡，尚需加大符合中国膳食习惯的新产品研发。

1. 主食产业化发展迅猛，但发展水平很不平衡

各地积极探索主食产业化发展，财政配套支持力度大，取得了一定的成效。在新品种开发、质量安全提升、技术装备升级、全产业链建设等方面成效显著，主食产品产量大幅增加，各类米、面工业化制品开始走向多样化、便利化、优质化的发展轨道，但主食产业化区域发展很不平衡。挂面、方便面、速冻主食、米粉米线等主食的生产主要集中在粮食主产区（见图7）。

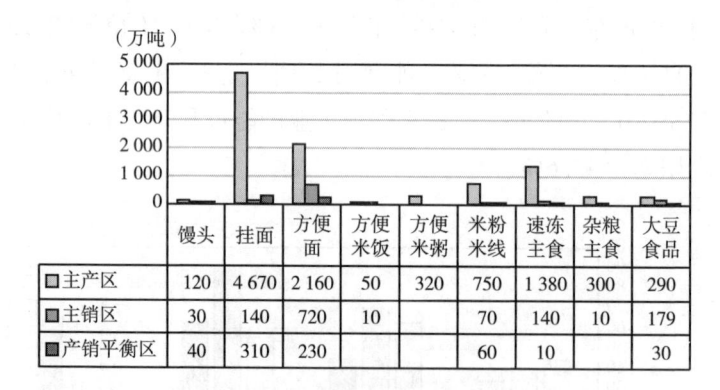

（万吨）	馒头	挂面	方便面	方便米饭	方便米粥	米粉米线	速冻主食	杂粮主食	大豆食品
主产区	120	4 670	2 160	50	320	750	1 380	300	290
主销区	30	140	720	10		70	140	10	179
产销平衡区	40	310	230			60	10		30

图7　2013年三大不同区域不同类型主食产量的对比

资料来源：国家粮食局。

2. 主食产品品种丰富，但主食产业化率偏低

随着居民收入水平的提高，生活方式的改变，生活节奏的加快，使得简便、营养、卫生、经济、即开即食的方便食品市场潜力巨大（见图8）。各类方便米饭、米粉、米糕、方便粥、挂面、鲜湿面、馒头等米面制品，以及各种速冻主食产品和预加工主食半成品，已经遍布城乡超市和"放心粮油"网点。但我国主食产业化率还不到20%，发达国家的主食产业化水平达到70%~90%。

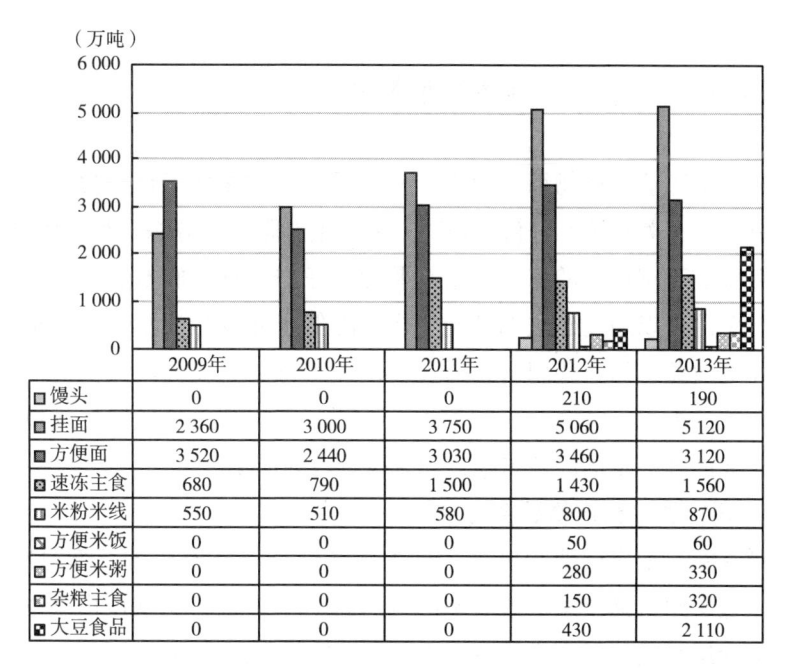

行业研究报告
行业1 粮食加工业"十三五"发展战略研究

（万吨）	2009年	2010年	2011年	2012年	2013年
馒头	0	0	0	210	190
挂面	2 360	3 000	3 750	5 060	5 120
方便面	3 520	2 440	3 030	3 460	3 120
速冻主食	680	790	1 500	1 430	1 560
米粉米线	550	510	580	800	870
方便米饭	0	0	0	50	60
方便米粥	0	0	0	280	330
杂粮主食	0	0	0	150	320
大豆食品	0	0	0	430	2 110

图8 近五年我国主食工业化产品的分类产量统计

资料来源：国家粮食局。

3. 主食产业科研投入持续增长，但仍然存在技术瓶颈

新工艺、装备科技创新成果不断涌现（见图9），但仍无法满足产业发展需求，科技贡献率不高。工艺技术的整体性、科学性、系统性差，与面粉、酵母等原辅料结合性不强。特别是米面食品抗老化、防霉变技术研究未取得实质突破，主食保鲜技术期短，流通半径有限。

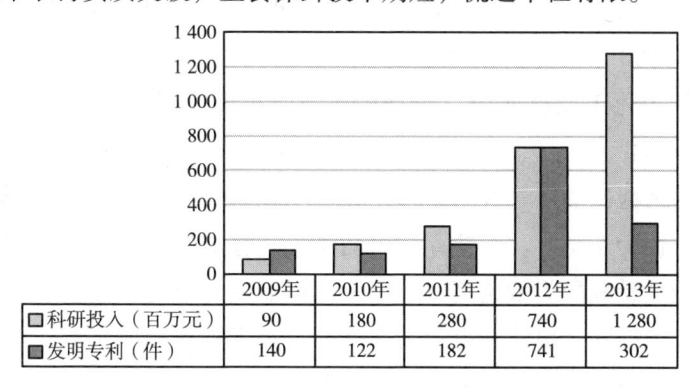

	2009年	2010年	2011年	2012年	2013年
科研投入（百万元）	90	180	280	740	1 280
发明专利（件）	140	122	182	741	302

图9 近五年我国主食产业化科研投入与发明专利统计

资料来源：国家粮食局。

（四）副产物综合利用需审慎抉择

粮食加工业副产物综合利用方式多元化，精深加工科技含量不断提高，副产品营养价值和经济价值高，但产量有限，资源综合利用率很低。

粮食加工副产物的综合利用需要综合考虑成本与收益。一些副产物的综合利用可以通过建立循环经济模式降低企业运行成本、提高资源增值转化的效益，而一些副产物通过精深加工可以生成高附加值产品，但需要较大的人力、资金、市场等投入，产品售价高，市场销量又极为有限，企业面临一定的经营风险，项目投资较为谨慎。

1. 稻谷加工副产物综合利用

稻谷除去稻壳后即为糙米，糙米由米糠层、胚及胚乳三部分组成，其中米糠层约占糙米总重的7.5%，胚占2.5%左右。米糠层由果皮、种皮及糊粉层组成，糙米中的油脂主要集中在胚和糊粉层中。

从我国稻谷加工的副产物利用情况来看（见图10、图11）：稻壳主要用于发电供热，米糠主要用于提炼米糠油，碎米主要用于制作米粉，副产物利用总量大小排名：稻壳＞米糠＞碎米。调查发现，将稻谷加工副产物用于生产米糠油、休闲食品、功能食品的经济效益较高，如湖北福娃的糙米卷、广西的糙米粉，利润率可达到50%以上。

总的来看，稻壳用于发电和直接填烧锅炉的比例仅25%左右（见图12）。米糠利用率只有20%左右（米糠制油比例不到10%），相比于日本的100%、泰国的40%、印度的30%米有很大差距。目前大部分作为初等化工原料使用，或直接被当作禽畜饲料（喂猪）使用，造成极大浪费。

制约米糠制油产量低的原因分析：一是新鲜米糠不易贮藏，易劣变，最佳保鲜仅为6小时。米糠存放时间越长，存放的温度越高，米糠的游离脂肪酸含量和酸值就越高，酸败米糠提取的油颜色深暗、酸价高并带有浓烈的米糠味，出油率也随之下降。二是米糠资源收集难，国内稻谷加工企业比较分散，各个企业的生产规模不大，米糠产量相对却比较小，再加上新鲜米糠稳定性差、不容易储存和运输等诸多原因，米糠难以集中生产。三是米糠油的精炼，加工为食用油需进行脱蜡、脱色以及减少谷维素损失，较其他油脂加工要复杂一些，如要生产色拉油难度更大，同时兼顾质量与成本难度大。

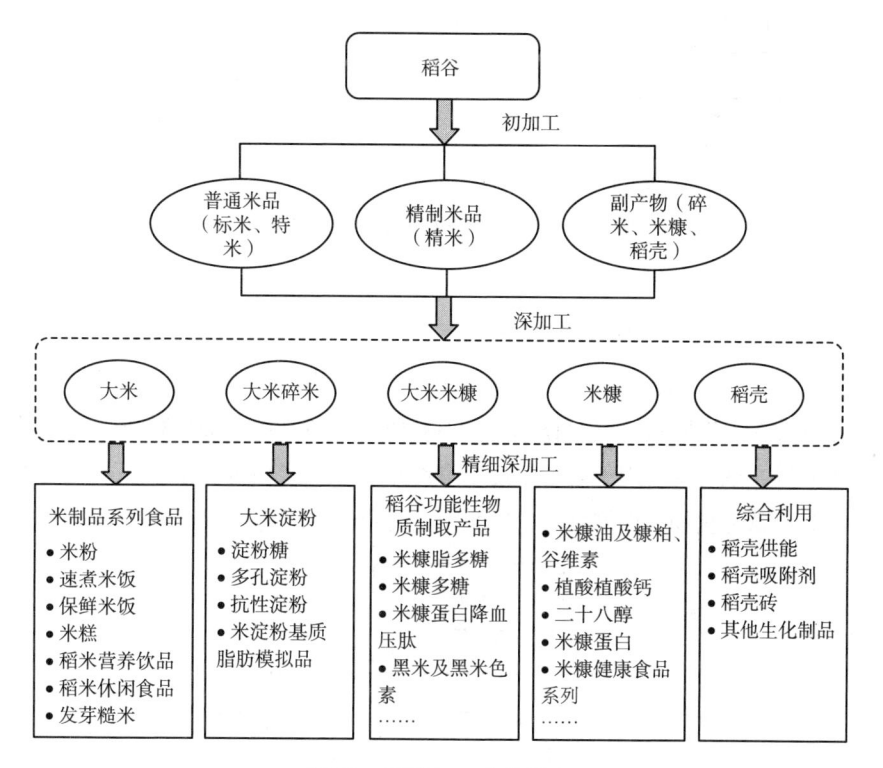

图 10 稻谷加工产物示意

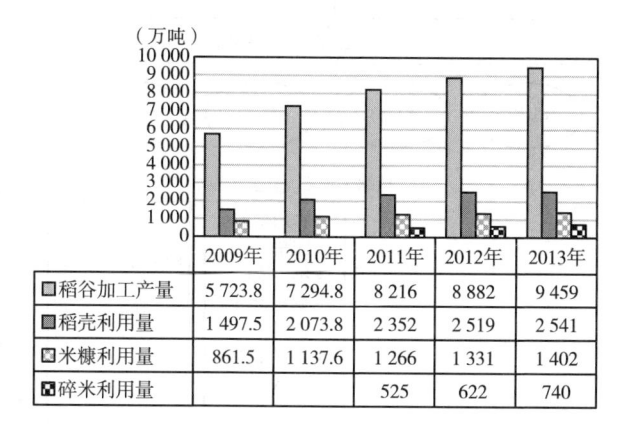

图 11 近五年稻谷加工副产物利用量统计

	2009年	2010年	2011年	2012年	2013年
稻谷加工产量	5 723.8	7 294.8	8 216	8 882	9 459
稻壳利用量	1 497.5	2 073.8	2 352	2 519	2 541
米糠利用量	861.5	1 137.6	1 266	1 331	1 402
碎米利用量			525	622	740

资料来源：国家粮食局。

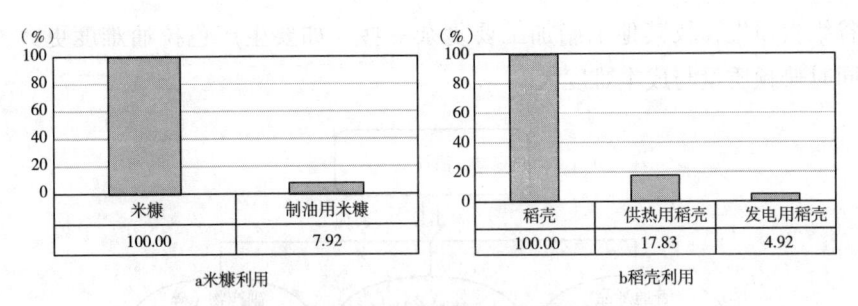

图 12 近五年米糠和稻壳利用量统计

资料来源：国家粮食局。

2. 小麦加工业副产物综合利用

小麦加工成面粉后可以用来做馒头、面条等直接食用，同时还可用于生产小麦淀粉、谷朊粉等（见图13）。小麦加工的副产物主要是麸皮、次粉及小麦胚等，麸皮主要用于制备麸皮膳食纤维、麸皮蛋白等，小麦胚主要用于生产高级营养食物和保健食品，谷朊粉主要用于生产食品添加剂和配料等。

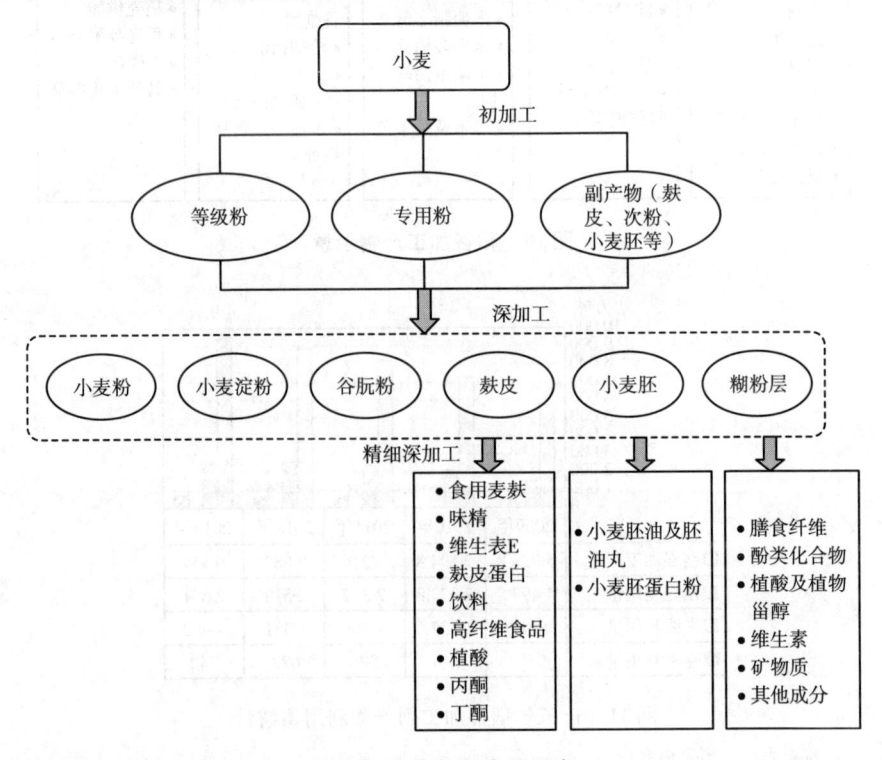

图 13 小麦加工产物示意

总体来看，小麦麸约占小麦制粉加工量的20%，其利用总量远大于谷朊粉和小麦胚，后两种副产物综合利用的比例非常低。如2013年小麦胚产量26万吨（见图14），按照麦胚占小麦籽粒比重2.5%计算，利用率仅0.8%左右。

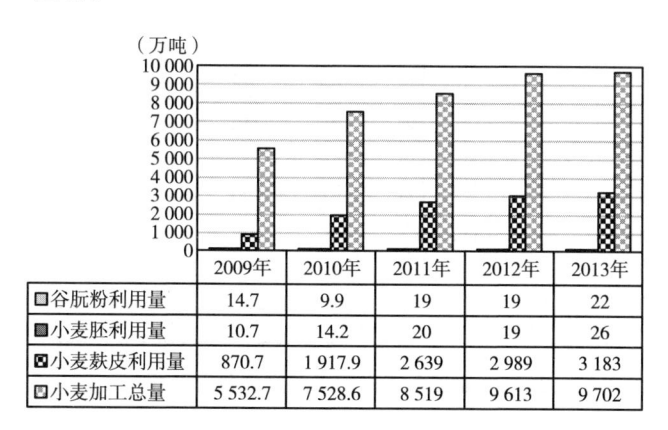

（万吨）	2009年	2010年	2011年	2012年	2013年
谷朊粉利用量	14.7	9.9	19	19	22
小麦胚利用量	10.7	14.2	20	19	26
小麦麸皮利用量	870.7	1 917.9	2 639	2 989	3 183
小麦加工总量	5 532.7	7 528.6	8 519	9 613	9 702

图14　2009~2013年小麦加工副产物利用量统计

资料来源：国家粮食局。

制约麦麸膳食纤维利用的原因分析：一是消费者对膳食纤维食品的接受度不高，居民消费需求尚达不到，市场销路不好；二是麦麸膳食纤维制备的关键技术瓶颈，目前应用于麦麸膳食纤维制备的常用方法有化学法、酶法、酶—化学法，但都存在一定的不足之处。

制约小麦胚芽综合利用的原因分析：一是小麦胚芽活性强，容易快速酸败变质；二是小麦胚芽原料资源分散，难以形成规模效应，面粉企业不同的制粉工艺导致小麦胚芽质量良莠不齐，加工技术不到位，造成生产出来的产品达不到产品功能的要求；三是小麦胚芽的深度利用技术缺乏，麦胚化妆品、保健品价格较高，只有少数家庭购买。

3. 玉米加工业副产物综合利用

世界玉米总产量中直接用作食粮的只占1/3，大部分用于其他方面。玉米籽粒是重要的工业原料，初加工产品和副产品可作为基础原料进一步加工利用，如玉米淀粉、玉米油、玉米制糖、玉米发酵加工等，在食品、化工、发酵、医药、纺织、造纸等工业生产中制造种类繁多的产品。

国外对玉米的综合利用途径较多，已经开发的深加工产品就达数十种之多，如玉米胚芽油、玉米醇溶蛋白、低聚糖、果葡糖浆、柠檬酸等。

当前，我国在玉米加工副产物的利用方面尚存在许多技术上的不足，能形成产业化的产品不多（见图15）。玉米加工的副产物综合利用主要是提取玉米浆、玉米纤维、玉米胚芽、玉米蛋白粉等。

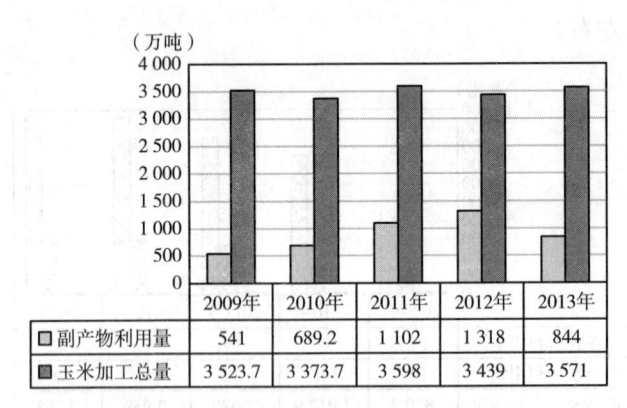

（万吨）	2009年	2010年	2011年	2012年	2013年
副产物利用量	541	689.2	1 102	1 318	844
玉米加工总量	3 523.7	3 373.7	3 598	3 439	3 571

图15　近五年玉米加工副产物利用量统计

资料来源：国家粮食局。

托市收储政策保证了粮食的充足储备，保护了农民的利益，提高了农民种粮积极性，但多年的托市政策已造成市场严重扭曲，改革是当务之急。

在保障粮食安全的制度安排中，粮食储备是国家粮食安全体系中极其重要的组成部分。粮食流通市场化改革后，为避免粮食市场大幅波动，保护农民种粮利益，国家于2004年开始实施最低收购价政策并由中储粮进行收购。2004年最低收购价首次对稻谷实施，早、中晚籼稻和粳稻最低收购价分别为每斤0.7元、0.72元和0.75元。2006年开始又对小麦实行了最低收购价，白麦、红麦与混合麦每斤分别为0.72元、0.69元和0.69元（见表4）。当国内粮价低于最低收购价时，就启动托市预案敞开收购，并在粮价较低时对玉米、大豆等实行临时储存收购。2005年我国首次于7月28日在4个早籼稻主产省启动收购预案，5个中晚籼稻主产省也于当年9月15日起陆续启动最低收购价执行预案。此后，随着市场粮价的不断上涨，最低收购价也不断调整，并多次启动。2014年生产的早籼稻、中晚籼稻和粳稻最低收购价格分别提高到每斤1.35元、1.38元和1.55元，比2004年分别增幅92.86%、91.67%和106.67%。

表 4　2004 年以来粮食分品种托市价格

品种	2004年	2005年	2006年	2007年	2008年 年初	2008年 新粮上市前	2009年	2010年	2011年	2012年	2013年	2014年
白小麦			0.72	0.72	0.75	0.77	0.87	0.90	0.95	1.02	1.12	1.18
红小麦			0.69	0.69	0.7	0.72	0.83	0.86	0.93	1.02	1.12	1.18
混合麦			0.69	0.69	0.7	0.72	0.83	0.86	0.93	1.02	1.12	1.18
早籼稻	0.7	0.7	0.7	0.7	0.75	0.77	0.9	0.93	1.02	1.20	1.32	1.35
中晚籼稻	0.72	0.72	0.72	0.72	0.76	0.79	0.92	0.97	1.07	1.25	1.35	1.38
粳稻	0.75	0.75	0.75	0.75	0.79	0.82	0.95	1.05	1.28	1.40	1.5	1.55

资料来源：国家发改委、国家粮食局。

从小麦开始，早籼稻、中晚籼稻、粳稻都启动了最低收购价预案，玉米和大豆则启动了临时存储收购。粮食托市收购提高了农民种粮积极性、保证了农民的利益。但是，我国已经实现粮食十连增，多年的国家托市收购政策，加上大量进口粮食进入市场，在中国的粮食产业链条上，处于中间环节的民间收储企业、粮食加工企业处于尴尬境地，上游有国家托市收购价格的竞争，下游有进口粮食的挤压。近些年，"稻强米弱""麦强面弱""豆强油弱"等价格异常现象成了常态，原粮价格强、成品价格弱的格局致使粮油加工企业利润微薄，玉米、大米加工业出现了普遍亏损局面，在东北出现了大面积的停产，开工率严重不足。

总体上，托市政策在一段时期对保障我国粮食安全发挥了重要作用，新时期、新阶段需要革新政策。我国实行最低价收购的主要粮食品种，其价格已呈现高于国际市场平均价格的趋势，大豆临储价更是远高于国际市场平均价。粮价逐年攀升，新粮大量进入国家战略储备，导致粮商和加工企业对优质原粮的争夺越来越激烈，加工企业需要参与政策性拍卖才能高价获得所需粮源。这种扭曲的价格机制进一步增加了企业生产成本。

（五）消费误区导致粮油加工过度

消费者对粮食产品存在消费误区，过度追求"精、白、美"，产品同质化现象较严重，导致粮食产品过度加工，造成一定的粮食损失。

1. 消费误区诱发粮油加工企业"过度加工"冲动

普通消费者认为，晶莹剔透、光鲜亮丽的大米才是好大米，精、细、白的面粉才是好面粉，加工越精细，品质越好，而这其实是一种消费误区。粮油产品多样化、品牌化水平低，同质化严重，消费者这种以感官判定大米、面粉质量的标准，促使大米企业纷纷把稻米加工成光滑漂亮的精米，面粉企业纷纷把小麦加工成雪白的精粉。以稻谷加工业为例，很多稻谷加工企业片面追求高精度、高光亮等外观品质，少数企业对大米抛光达四五次之多，忽视产品的营养品质。

2. 产品检测方法过于简单造成主观判断随意性强

决定大米质量等级的主要指标是加工精度。加工精度的检验方法有直接比较法和染色法，多数加工企业参照加工精度标准样品的文字描述规定来检测大米等级（大中型企业有按精白度或留胚比例等来定等级），直接比较法没有标准样品参照比对，更不用说染色法。没有标准样品比对的检测，对大米的加工精度的把握理解上就存在差异性，再加上大米出厂检验非常简单，对检验员的检测能力、检验室的配置要求不高，所以出厂产品多以客户订单要求为标准，加工精度普遍存在过高的现象。

3. "过度加工"是加工环节粮食损失的主要原因

我国粮食产品标准对于精度要求过高，导致很多粮食企业过于注重产品的精度而过度加工，加工环节的粮食损失较为严重。以小麦加工业为例，小麦清理流程复杂，一方面主要由于国内小麦含杂量大；另一方面，国内对白度、灰分、返色等指标要求高。清理工艺复杂，碎麦多，小麦损失加大。据国家粮食局统计，每年我国在粮食储藏、运输和加工环节损失粮食约700亿斤，大约相当于1亿亩耕地的产量，其中加工环节损失粮食约150亿斤，占21.4%。目前，我国的小麦出粉率约为75%，稻谷出米率约为65%。

（六）粮食加工地方保护阻碍发展

粮食加工产能向主产区转移趋势明显，产业集聚效应初见成效，但园区重复建设、地方保护问题严重，全产业链协同发展模式尚未形成。

1. 产业空间集聚却难以实现协同发展

"十二五"时期以来，粮食加工企业及产能分布日趋合理，形成了以主产区为重心的区域集聚。除粮食初级加工外，粮食精深加工及食品加工业也都向粮食主产区集中且占总产业比重保持相对稳定（见图16）。

协同发展存在的问题：一是粮油加工企业多为单打独斗，企业间联合发展较少，尤其是种植、收储、初加工、深加工、物流及销售等环节上的合作发展较少，单个企业形成全产业链发展模式的基础薄弱。二是粮油加工企业多为初级加工企业，对全产业链中的各个生产运营环节涉足不多，全行业生产率较低，对现有企业资源进行整合发展，全产业链运营难度较大。

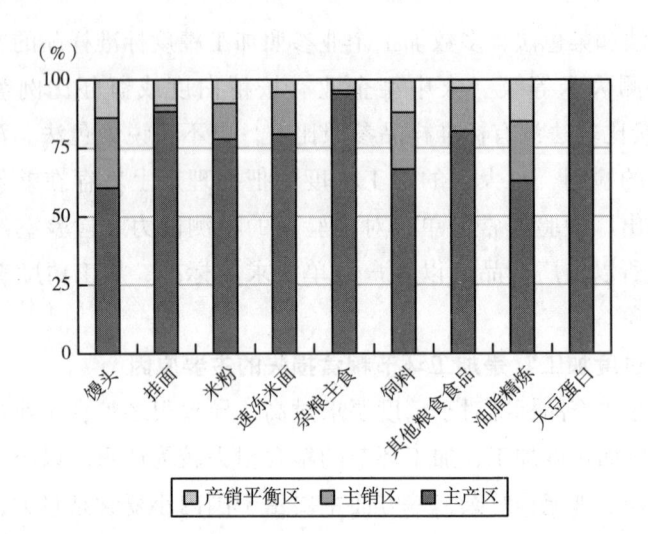

图 16　主要粮油加工产品区域分布比例

资料来源：国家粮食局。

2. 地方保护主义阻碍市场化兼并重组步伐

一是粮食加工企业园区数量多，但规划层级多为各地政府主导建立，缺乏长远规划、企业间协调性、区域发展协调性，国家级或省级规划园区较少。二是地方性园区政策不一，招商标准不一致，导致各园区区内企业资质参差不齐，加之园区保护性政策，企业间兼并重组的步伐进展缓慢，给落后产能淘汰产生阻碍。三是地方性园区发展过快，极易引起园区间的同质化效应，进一步加大了产能过剩局面，为发展先进产能带来负担。

【**实地调研**】2011 年，湖北省委财经办（省委农办）、省发改委、省财政厅、省农业厅、省林业局联合授牌武黄陵区、夷陵区、枝江市、宜都市、竹山县、丹江口市、襄阳区、老河口市、枣阳市、蕲春县、红安县、云梦县、汉川市、安陆市、洪湖市、监利县、钟祥市、曾都区、恩施市、咸安区、大冶市、华容区、仙桃市、潜江市、天门市 25 个县（市、区）的农产品加工园区为省级农产品加工园区，园区建设极大地推动了县域经济发展，促进了全省农业和农村经济结构战略性挑战，但部分园区建设缺乏特色，存在重复建设问题，入驻企业 5 000 多家，大型龙头企业少，集约化发展程度不高，在一定程度上形成了地方保护主义。

（七）粮油加工质量安全有待提高

粮食生产者经营规模小且分散、组织化程度低，建立和运行质量追溯体系成本高，粮食加工环节企业信息开放少，全过程追溯实施难度大。

1. 食品质量安全意识普遍提高，缺少实施追溯的基础保障

随着党中央、国务院对食品安全问题的高度重视，人们开始意识到食品安全的重要性。然而，对质量安全追溯体系不甚了解。即使某些企业出于经营的需要使用了简单的追溯标识，消费者也不懂如何运用追溯系统维护自己的知情权。据调查，我国大部分粮油加工企业在加工环节已实现信息记录，相关信息可查询，但其主要是便于质量控制和生产管理，企业内部信息与全过程的质量追溯体系没有很好的信息互通互联，加工原粮来源的多、杂、广也增加了企业向种植源头追溯的难度。

2. 质量追溯关键技术取得突破，实际信息采集利用率很低

由政府主导的可追踪系统，如国家工信部的"食品工业企业质量安全追溯平台"、国家质量监督检验检疫总局下属中国物品编码中心的"国家食品安全追溯平台"等，在建立与国际接轨的产品追溯和召回体系等方面，起到了很好的前期示范探索作用。目前，我国粮食加工行业多采用规范的EAN/UCC条码标签进行安全追溯。但存在以下问题：一是信息过载，政府储存了大量的企业的交易与生产信息，不知道怎么利用。二是数据失真，政府对一些信息的获取牵涉企业商业秘密，部分企业不愿提供真实的数据。三是消费者使用率低，超市"信息查询机"提供给消费者的产品信息，既不实时更新，也没有经过认证，消费者也不能理解其中的一些信息。此外，信息太过繁杂，超出了消费者的信息加工能力。

【实地调研】麦咨达农业信息咨询有限公司开发的"可追溯查询系统"（http://www.starfarm.com.cn/system.php?class_id=102101）。应麦德龙超市的要求，湖北省安陆市湖北禾丰粮油集团加工生产的大米中的两个品种（孝感香米和云雾米）使用了该追溯系统。该追溯系统分为六部分：（1）产品信息（品名、产品级别、生产日期、生产商、净含量等）；（2）生产流程信息（田间管理、收货日期等）；（3）源头信息

（基地地址、土壤类型、是否转基因作物、收获季节等）；（4）工厂信息（工厂名称、工厂地址）；（5）检测报告（由安陆市产品质量监督检验所出具，报告既包括送样日期、检验地点等检测信息，也包括色泽、水分、黄粒米、碎米总量等产品信息）；（6）物流信息（物流工具、物流路线等）。但该系统提供的信息简单，未全面考虑整个供应链上的信息。企业只知道贴条码，不知道其中包含哪些信息，更不会及时更新信息；消费者也不知道该条码的作用，更不知道如何运用该系统查询相关信息。

3. 质量追溯系统的运行成本高，为企业创造的经济价值低

虽然追溯系统的实施，能够帮助企业控制质量、保护品牌、提升声誉，然而大部分追溯系统没有发挥应有的作用。一是生产企业要输入和采集大量的信息，大大加剧了人力、物力成本，最后致使销售价格偏高，销量有限。二是供应链外部没有创造可追踪系统实施的环境，某些企业有意隐藏信息或制造虚假信息，数据的真实性无法保障，某些条码防伪功能差，实际起到的防伪性也有限，容易被非法企业盗用。三是质量追溯的源头是合作社或个体农户，没有相应的惩罚措施，违约成本低，难以实现质量追溯的根本目的。

【实地调研】构建可追溯系统的一个重要技术要素是中央数据库和信息传递系统。目前，部分企业通过政府项目资助的形式，与科研院所合作开发了数据库信息系统，收集了大量信息。湖北福娃集团有限公司通过和湖北省科技信息研究院合作，投资300多万元，在3 000亩有机稻基地建立了农业物联网系统，建立了大田生态环境实时监控系统、土壤墒情监控系统和视频监控系统，可每20分钟通过3G通讯将采集器数据传回数据中心，费用约为20元/次。通过大田生态环境实时监测站和土壤墒情监测站，对基地农作物进行温度、湿度等各方面数据检测、收集和整理，形成基本数据库，可针对性为水稻生产各个环节提供技术支持，指导农户科学生产，提高农作物的产量和效益，未来准备实现从田间到餐桌的全程追溯。但是，该系统尚未与供应链上的其他部分集成，加之全国联网的粮油信息共享和查询监管平台尚未建立，无法利用数据库和网络技术进行资源共享及违规追溯，消费者、企业、部门之间无法相互沟通，公众没有渠道进行监管。这也是我国粮油行业发展需要着力解决的短板。

三、粮食加工业发展的总体思路、目标和布局

(一) 指导思想

"十三五"时期,高粮价高成本将成为粮食产业的新常态,粮油加工业应遵循国家粮食安全新战略及其目标,充分发挥其粮食市场的"蓄水池"和粮食安全的"平衡器"功能,依靠创新驱动,调整产业结构,转变发展方式,实施"一主五化"发展战略("一主"即以稳步推进市场化、促改革发展为主线;"五化"即粮食加工现代化、资源利用效益化、"泛主食"产业化、粮食加工动态化、质量监管信息化),把粮食加工业真正建立在"创新驱动、集约高效、环境友好、惠及民生、内生增长"的基础之上,促进粮食加工业的提质增效升级,为社会提供"安全、营养、健康、适口和方便"的粮食供给保障,满足人民群众日益增长的生活消费需要。

——以稳步推进市场化、促改革发展为主线。逐步完善粮食收储政策,研究制订稻谷和小麦目标价格补贴政策的实施方案,在粮食收购、储备和流通等环节注入更多市场化元素,消除国有粮企和民营企业之间的歧视性政策。根据"适度进口"原则,利用好国内国外"两种资源""两个市场""两种规制",为粮食加工企业发展营造良好的市场环境。

——粮食加工现代化。大力发展一批现代化的先进产能,依靠科技创新使其达到国际水平,用市场、法律、标准等手段倒逼落后产能逐步退出,确保粮食加工业的发展与居民消费需求增长相一致。传统行业与现代信息技术相结合,按照"信息化、品牌化、规模化"的要求,运用粮食生产先进技术,改造提升大米、面粉生产等传统产业向价值链、产业链高端攀升,减少粮食加工环节的损失。

——资源利用效益化。通过市场机制和经济手段对粮油加工企业进行兼并重组,合理布局,培植并增强龙头企业全产业链竞争优势。依靠科技进步和企业自主创新,发展低碳、环保、循环经济,充分发挥产业集聚的协同发展效应,大胆走"专特精新"的发展道路,避免单纯追求

产值目标的现象，切实提高产品质量和副产物增值转化的经济效益。

——"泛主食"产业化。转变以往"主食方便化""厨房工程化"观念，由"主粮"拓展到"泛主食"（由小麦、稻谷、玉米等主粮加工的食品均为"主食"）产业化发展的新思路上来。土豆将成为我国"第四主粮"，积极推进土豆主食产业化的发展进程。通过信息化、自动化、机械化生产改造传统工艺，培育市场品牌，创新开发更符合现代居民消费需要的各类食品，以工业化生产、产业化经营、社会化供给为主要特征，形成具有中国膳食特色的新型主食产业发展方式，增强粮食食品供应保障能力。

——粮食加工动态化。建立和完善大型粮食加工企业的商业储备及其风险防控机制，加大对粮食主产区粮油加工业储备主体的扶持力度，加大对粮食加工企业自建粮食仓储设施的政策支持；逐步完善国家粮食临储的动态轮换加工机制，发挥粮食加工业对粮食市场价格波动的宏观调控作用。

——质量监管信息化。以农业现代化、信息化建设为契机，加快推进粮食加工业质量追溯和诚信体系建设，加强市场监管，提高粮食加工产品的品牌价值，保障质量安全。

（二）基本原则

市场导向，政府引导。充分发挥市场优化资源配置的决定性作用，营造公开、公平、自由的市场化竞争环境，推动粮食加工企业的兼并重组，推进粮食加工向产业链前后端的延伸。加强政府规划指导，加大对粮食加工业科技创新、技术改造和公共服务平台的投入力度，加大对粮食加工宏观调控的政策扶持力度，合理引导和控制粮食的非食用加工转化。

安全卫生，营养健康。以"安全、优质、营养、健康、适口"为宗旨，努力实现粮食的供给安全、质量安全和市场安全。以市场需求为生产导向，通过科技创新不断改善适合国人的膳食结构，满足人民群众对食物消费日益增长的新需求。强化质量安全管理，提高准入门槛，建立从田间到餐桌的粮食质量安全追溯体系；倡导适度加工，合理控制加工精度，提高出品率。

统筹兼顾，协调发展。妥善处理产能增加与质量提高、产业集中度提升与结构优化、原料供应与产能需求、副产物综合利用与循环经济、绿色环保与淘汰落后产能的关系。严格控制盲目投资和低水平重复建设，引导粮食加工业有序、健康和协调发展。不断提高企业自主创新能力，重点推进关键技术和装备自主化、产业化，提高粮食资源综合加工及转化利用水平，降低单位产品能耗、物耗，减少污染物排放。

（三）发展目标

到 2020 年，形成"安全营养、优质高效、布局合理、绿色生态、协调发展"的现代粮食加工体系，国有、民营和外资企业等多元化市场主体健康发展，产业化发展水平显著提升，企业机械化、信息化、智能化程度逐步提高，产品质量和食品安全水平不断提高，粮食加工供应和应急保障能力明显增强。谷物类加工达到世界先进水平，饲料加工实力逐步增强，土豆主食加工快速发展。

——粮食加工产业规模稳步增长。粮食加工业的工业总产值和销售收入保持年 10% 左右的增速，销售利润有所提升，产能结构明显优化，区域布局日渐合理，建成一批粮食加工产业园区，培育 1~2 家国际一流的粮油企业。

——加工环节节粮减损明显改善。大米和小麦粉等主要品种的出品率均提高约 3%，每年可节约粮食 500 万吨以上，产生经济价值超 100 亿元。

——副产物综合利用规模和效益双增长。米糠利用率达到 40%，年生产米糠油 100 万吨，创造经济价值 100 亿元以上；小麦胚芽利用率提高到 20%，年生产小麦胚芽油 5 万吨，创造经济价值 50 亿元以上；保持 10% 的年增速，年生产玉米胚芽油 100 万吨，创造经济价值 100 亿元以上。

——主食产业化比重大幅提升。主食产业化的比例明显提高，其中面制主食品产业化的比例提高到 40% 左右，米制主食品工业化的比例提高到 30% 左右；优化和改进传统主食生产工艺，加工装备自主化率达到

70%以上；建设一批国际国内知名的主食品牌。

——粮食加工动态调节成效显著。确保口粮供给不低于5 050亿斤，饲料用粮不低于4 550亿斤，严格控制玉米深加工占玉米消费总量的比例。健全粮食应急加工体系及高效供应网络，大中城市及重点地区的应急加工及供应体系日渐稳固，建成覆盖全国的粮食应急加工及供应体系。不断完善玉米深加工转化动态调节机制。

——粮食加工质量安全明显提升。粮食加工业标准体系日趋完善，大米、小麦粉总体合格率达99.5%以上，饲料产品合格率达95%以上。企业普遍建立诚信管理体系，国家级、省级、市县级粮食加工龙头企业100%接入全国企业信用管理平台，100%建立粮食质量追溯系统体系。

（四）产业布局

综合考虑资源、环境、交通和市场等因素，结合国家区域总体发展战略，充分发挥粮食主产区的资源优势，进一步推进粮食加工业向粮食主产区集中，继续推进粮食加工产业园区建设，形成特色鲜明、布局合理、功能完善、集聚发展的粮食加工业新格局。

1. 稻谷加工业

在东北3省、长江中下游6省（江苏、安徽、江西、湖北、湖南和四川）稻谷主产区，以及长三角、珠三角、京津冀等大米主销区，大力发展稻谷加工产业园区；通过技术改造和资本运作，重点扶持一批年处理稻谷20万吨龙头企业、若干年加工稻谷100万吨的企业集团。

2. 小麦加工业

黄淮海6省（山东、河南、河北、江苏、安徽、河北）和西北地区（新疆、甘肃、青海）发展强筋小麦粉加工基地，在长江中下游地区发展弱筋专用粉加工基地，在京津、东部沿海等主销区建设特色的专用粉和面制品加工基地；通过技术改造和资本运作，重点扶持一批处理稻谷150万吨以上企业集团、年处理能力30万吨以上的加工产业园区。

3. 玉米加工业

依托吉林、山东、河北三省的高油玉米、糯玉米、高直链玉米等优质专用玉米生产基地，发展食用玉米加工基地；在稳定南方饲料加工业的基础上,加大东北、华北地区玉米饲料加工的产能布局;稳定发展黑龙江、吉林、辽宁、内蒙古、河北、河南、山东和安徽等地区的玉米深加工业。

4. 主食品加工业

在北京、天津、山东、陕西和河北等地发展优质面制主食品加工业示范基地,在上海、广东、江西、湖北、湖南、云南和广西等地发展优质米制主食品加工业示范基地。大力支持河南省发展以米面制品、速冻食品为特色的粮油加工业集聚区。

5. 大豆食品加工业

在东北三省、内蒙古东部和黄淮海等大豆主产地,通过技术改造和资本运作发展粮油加工园区和产业集群,依靠高新技术开展大豆精深加工;鼓励沿海地区加强大豆副产物综合利用。

6. 薯类加工业

优先在东北、华北、西北和西南地区,发展一批年处理鲜马铃薯6万吨以上的加工基地;在中、西部地区,引导发展一批鲜甘薯加工基地;在广西、广东和海南等省区,适度发展鲜木薯加工基地。

7. 粮机设备制造业

在江苏、湖北、浙江和湖南重点发展稻谷加工成套设备;在广东、广西、上海、湖北、河南、江苏等地发展米粉(米线)、方便米饭和挂面、馒头加工成套设备;在江苏、河北、河南和陕西等地发展小麦粉加工、面制品、焙烤食品、速冻食品等成套设备。

四、粮食加工业发展的重点任务与政策建议

(一)产业基础夯实壮大工程

1. 发展指引

——推进产能结构调整与优化。以科技创新和技术升级为引领,根据市场需求优化产能结构。按照"发展一批先进产能,转移一批传统产能,淘汰一批落后产能"的基本思路,稳步推进粮食加工业的产能结构

调整，使其逐步与居民消费需要、国际先进水平相接近。

——培育具有国际竞争力粮商。大力扶持中粮、中储粮、中纺等全国"前50强"大型龙头企业，运用粮油生产先进技术改造提升大米、面粉生产等传统产业，使其提质增效升级向价值链、产业链高端攀升。到2020年，培育国际一流的粮油企业1~2家。

——提高粮油加工的经营效率。到2020年，粮食加工转化率达到80%以上；粮食加工龙头企业生产过程机械化水平达到90%；粮食加工业单位产值能耗比2010年降低20%以上，单位工业增加值用水量降低30%。

2. 政策建议

——加大对粮食加工企业技术改造的扶持力度。鼓励和支持加工企业加大投入，采用先进实用、高效低耗、节能环保和安全技术，开发新产品，降低成本，提高工效。对符合国家产业政策、行业标准，属于技术改造升级、产品结构调整、优化产业空间布局项目的合理信贷需求，可进一步加大信贷投放力度。促进新一代信息技术与粮食加工业的深度融合，使其机械化、信息化和智能化水平显著提升。

——制定粮食加工企业兼并重组的政策措施。参照工信部、财政部、国家发改委等部门《关于加快推进重点行业企业兼并重组的指导意见》精神，落实《国务院关于促进企业兼并重组的意见》，制定各地区在财政、税收、金融服务、债权债务、职工安置、土地等方面促进粮食加工企业兼并重组的政策措施。

——成立粮食加工业产业发展基金，以资本推动企业兼并重组。首先，转变各级政府对粮油加工企业实施财政补贴的做法，整合国家财政资金，建立由中央和地方政府、民间资本共同组成的产业发展基金。其次，对现有产能按照市场经济规律、产业发展规律进行选择性整合，推动企业间的兼并重组。

——寻求政策引导和资本市场支持，引导和激励企业自愿自主开展兼并重组。全面清理、修订、废止粮食加工业中各种不利于企业兼并重组的政策、规定和做法，尤其要坚决取消各地自行出台的限制外地企业对本地区企业实施兼并重组的规定。鼓励将企业兼并重组与改组、改制、技术改造、加强管理相结合。鼓励企业创新商业模式，延伸产业链，发展循环经济。

（二）节粮减损、副产物综合利用增效工程

1. 发展指引

（1）粮食加工节粮减损。加工环节的节粮减损应首先从技术、管理、市场等多个维度深入考察加工过程中造成粮食损失浪费的原因及影响因素，准确测算和评估我国粮食加工各环节损失浪费的具体情况，建立涵盖收储—加工—销售全过程的节粮减损指标控制体系，以"改进工艺、消费引导和标准控制"为手段，制定粮油加工环节节粮减损的国家标准和实施方案。

（2）副产物综合利用。粮食加工副产物综合利用需要企业综合考虑产品市场前景、公司发展战略、科研管理团队等多方面的因素，政府应坚持"政策引导、企业自主、市场配置、重点突破"的基本方针，走符合中国国情的"低碳、环保、循环经济"发展道路，鼓励企业结合自身实际积极探索市场化、特色化、多元化的副产物综合利用，延伸粮食加工业的产业链条，充分发挥产业集聚的协同效应，切实提高企业精深加工增值转化的综合效益，将稻谷、小麦等加工副产品综合利用水平提高至发达国家水平。

——稻谷加工副产物利用，大力发展集中式的米糠制油，鼓励推广稻壳和皮壳用作供热和发电。

——小麦加工副产物利用，主要是提高麸皮、胚芽等开发营养保健食品的利用水平。

——玉米加工副产物综合利用，积极发展玉米胚芽制油。

2. 政策建议

（1）粮油加工环节节粮减损政策建议。①发展目标与效益估算。到2020年，谷物加工的出品率有效提升，其中稻谷出米率和小麦出粉率均提高约3%，可产生经济价值超过100亿元，有效增加了口粮的供给。

②政策建议。一是减少加工收储环节的损失。大力推行粮食加工企业在收购、储备、加工环节全程机械化，加大对粮食仓储（包括烘干）设施改造和新建的政策扶持力度，减少收储环节的不必要损失。二是减

少加工转化环节的损失。完善粮食加工标准体系，引导和规范企业适度加工。建立粮食加工转化的国家标准，修订现有的粮食生产质量标准，按照不同品质和市场需求制定相应的加工工艺技术要求，改进企业生产工艺，监督企业节粮减损实施情况；建立健全我国粮食加工产品质量检测的方式和方法，确保各地粮食、质量技术监督部门高效执法，加强政府监管力度和处罚力度。

鼓励企业在生产、流通、加工、消费全程推广节粮减损新设施和新技术、新工艺、新材料、新设备，推进粮食加工节粮节能节水等重大关键技术的产业化和应用示范，明显提高成品粮出品率和副产物综合利用率。重点研发低破碎、节能型的碾米新技术装备，减少大米抛光工序道数，降低碎米率，提高整米率，促进节能降耗。加快小麦加工技术升级，提升加工水平，保障质量前提下提高小麦粉出产率。

支持粮食加工营养健康新产品开发和成果转化。鼓励企业研发低加工精度、营养素和能量平衡的大米、小麦粉，留胚营养米等产品。支持加工开发生产优质专用米、留胚米、免淘米、速煮糙米、专用粉、预拌粉等既营养健康又节约粮食的新产品。推动全谷物及杂粮食品等营养健康新产品开发及产业化。

加强消费引导，教育广大消费者充分认识过度加工粮油产品的营养流失、损失浪费。通过各类媒体等宣传，引导人们树立科学、正确的粮食产品消费观念，深度揭示粮油过度加工导致的营养流失、损失浪费对资源、对社会、对人体等的危害性。

（2）米糠制油发展目标及政策建议。①发展目标与效益估算。到2020年，米糠利用率达到40%，达到和接近周边国家的利用水平；年生产米糠油100万吨，食用油自给率提高3%，中远期提高至10%。

目前，我国食用植物油市场年需求量为2 300万吨，但国内供给不足1 000万吨，每年约有60%的食用油和4 000万吨的大豆需要从国外进口，食用油自给率仅在37.5%上下，并且还有连年下降的趋势。《国家粮食安全中长期规划纲要（2008—2020年）》中指出"到2020年我国食用植物油的自给率不低于40%"。长期以来，我国食用油市场对外依存度高达60%以上，已严重超出了国家战略安全警戒线。一是有效削减我国食用油进口量100万吨，副产物增值转化创造100亿元以上的经济价值。二是有效降低豆类种植土地的使用强度，减缓食用植物油原料的增产压力，减少其对粮食的挤出效应。

②政策建议。一是在政策上，鼓励、引导、支持长江流域和东北等主产区的大型稻谷加工厂（稻谷加工日处理能力400吨以上）、加工园区和产业集聚区进行米糠的开发利用，推广益海嘉里"一分散、两集中"（分散保鲜、集中浸出、集中精炼）的全新米糠油生产模式。二是对符合产业发展政策的企业给予补贴（年产量1万吨以上企业），每生产1公斤米糠油，补贴生产企业1元人民币。五年估计需要财政投入产业引导资金40亿元，充分发挥政策资金的杠杆作用。三是积极开发新工艺、新设备解决米糠的保鲜问题，继续积极采用米糠膨化保鲜技术装备（优先选择日处理能力150吨以上企业），降低米糠保鲜的成本，使小型稻米加工厂有动力、有实力配备米糠保鲜设备，为米糠制油提供稳定的原料。四是针对米糠精炼的难题，相关油脂技术人员加大研发力度，积极开发新的精炼工艺。五是加大宣传力度，投放一定的公益广告，使人们认识到米糠的宝贵价值。

（3）麦麸及胚芽保健食品发展目标及政策建议。①发展目标与效益估算。到2020年，小麦麸皮综合利用向膳食纤维等营养保健食品方向发展，争取达到国外先进水平；小麦胚芽利用率提高到20%，年生产小麦胚芽油5万吨，副产物增值转化可产生经济价值50亿元。

"十三五"时期，我国小麦年加工能力约1亿吨，可供开发利用的小麦胚芽达250万吨，20%用于小麦胚芽制油（按照出油率10%计算），年产量可达5万吨，副产物利用可产生经济价值50亿元。鼓励大型加工企业（小麦加工日处理能力400吨以上）向麦胚蒸制、烤制、烙制、饮品食品等方向发展。

②政策建议。一是鼓励企业自主创新，加大麦麸膳食纤维食品产业化的专项奖励资金力度。由中央和地方财政对年产值过50亿元的企业给予一次性200万元奖励，年产值过100亿元的企业给予一次性500万元奖励。二是改进小麦胚制油的生产技术和工艺，充分、合理、高效利用小麦胚资源，生产小麦胚芽油、小麦胚芽油软胶囊、小麦胚咀嚼片等，政府给予土地、税收优惠及目标市场定向推广政策，争取先在婴幼儿、老年人市场取得突破。

(4)玉米胚芽制油发展目标及政策建议。①发展目标与效益估算。到2020年,年生产玉米胚芽油100万吨,保持10%的年增速,副产物增值转化可产生经济价值100亿元。

"十二五"期末,我国玉米胚芽油产量占食用油供给总量的2%~3%,人均消费0.54千克,而2008年美国人均消费为3.89千克,玉米油在中国市场发展空间巨大。在生产玉米糁、玉米淀粉或玉米淀粉糖的过程中,约能回收8%~12%的玉米胚芽。"十三五"期间,我国年加工玉米淀粉3 500万吨,可回收350万吨玉米胚芽,能提炼100万吨玉米胚芽油。

②政策建议。一是鼓励大型玉米加工厂（日处理能力400吨以上）、加工园区和产业集聚区进行集约化、专业化生产。政策引导大型淀粉厂、乙醇厂按照循环经济理念建设大中型精炼厂,逐步淘汰小型毛油工厂。二是鼓励企业培育市场品牌,扩大销量。支持有实力的大型油企采购散装玉米胚芽油进一步加工制成精炼玉米胚芽油产品,小包装上市销售,发挥品牌优势。

（三）主食产业化强力推进工程

1. 发展指引

——龙头企业培育。培育壮大一批自主创新能力强、集约化程度高、处于行业领先地位的大型主食产业化龙头企业。

——产品品牌化建设。食品安全水平明显提升,培育一批市场占有率高的知名品牌,开发一批引领市场需求的新产品。

2. 政策建议

——加大企业自主创新扶持力度。用现代的机械化、信息化和自动化工艺技术取代传统工艺技术,推动企业产品、市场、管理创新。

——加大对先进技术、工业化生产装备的研发。对于主食品的基础和应用研究技术,政府应给予税收优惠,在研发期内对研发投入资金进行应纳税所得额抵扣。对于投入主食产业化领域的设备租赁、产业基金、风险投资等社会资金,政府应给予税收返还。

——继续倡导"适度加工",提高纯度、合理控制精度、提高出品率,最大限度保存粮油原料中的固有营养成分,坚决纠正粮油产品的过精、过细、过白和油色过淡等"过度加工"现象。

——鼓励龙头企业大力发展粮食订单农业，建立生产基地，带动优质、专用粮食生产结构调整，形成种植、收储、加工和市场营销一条龙的全产业链发展模式。

——加大对主食产业的宣传和推广，实施"主食厨房工程""早餐工程""万村千乡市场工程"等项目。

——创新产品销售推广模式。完善主食流通体系，大力发展连锁经营、直营店、配送中心、放心粮店和电子商务等。鼓励发展中式快餐连锁企业，采用半成品工业化生产模式，集中销售或配送，推广"中央厨房＋销售门店"模式（见图17）。

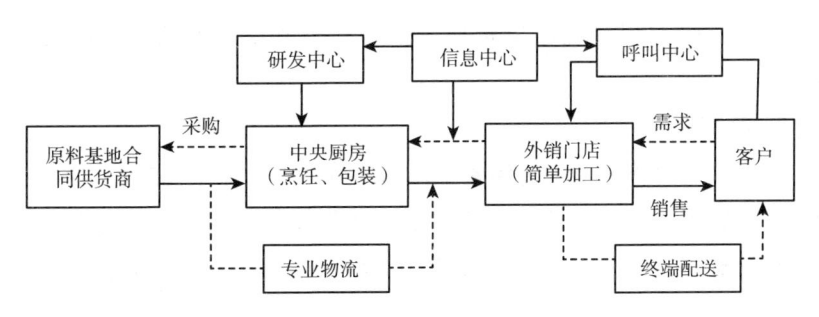

图17 主食产业化中央厨房模式示意

（四）粮食加工动态调控能力提升工程

1. 发展指引

——提升应急加工调控能力。不断完善粮食应急加工和供应体系，应对重大突发事件、重大疫情、严重自然灾害等特殊时期的粮油供应。依托大型粮食加工企业、各级粮食储备库和现代粮食加工物流园区，优化区域布局，加强对粮食应急加工指定企业的督导，加强粮食加工的供应和储运设施建设，加强粮食信息监测体系和粮食安全应急预警信息系统建设，增强快速应变能力。

——提升轮换加工调控能力。探索地方储备粮静态储备动态管理的新路径，即建立粮油加工企业的商业储备机制，将粮食储备由现行的依靠粮库托市向"仓储＋加工"转化，向粮油加工企业托市进行转换，保护农民利益、解决农民阶段性卖粮难问题；逐步推进粮食储备的市场化改革，增加粮油加工企业的经营活力，大幅降低国家托市的成本并带动产业链的上下游。

——建立粮食加工动态调节机制。选择一批有实力的大中型企业作为粮食加工动态调节的指定企业，适时出台阶段性动态扶持政策。在粮食市场供需关系和价格出现较大波动时，执行国家调控任务，降低生产成本，缓解市场波动。

——建立粮食储备吞吐和进出口调节机制。粮食储备与进出口经营事权分割、粮食储备轮换与市场脱节等对国内粮油加工业造成了巨大的负面影响，进一步优化中央储备粮的轮换机制和粮食市场化交易体系，建立统一有序的粮食进出口贸易调控中心，增强粮油加工市场化调节能力。

2. 政策建议

——加大对粮食加工业储备主体的扶持力度。除中储粮、中粮集团、中国中纺集团大型企业外，支持一批符合条件的民间粮食储备企业，淘汰一批设施陈旧、落后的储备企业，增加粮食储备环节的市场能力与活力。

——加大对自建粮食仓储设施的粮油加工企业的支持。为保证粮食收购工作稳定开展，保证粮食收购、稳定粮源并减少粮食收储环节的损耗，鼓励符合条件的粮油加工企业自建粮食仓储设施，并对仓储设施实施免征土地使用税、房产税。

——建立粮食加工企业的商业储备机制，具体操作如下：第一，粮食主管部门按照企业规模、资质等情况核准参与企业名单，每年可适当动态调整一次；第二，每年国家临储收购期，企业自筹资金，按照国家临储收购价格收购粮食，建立企业的商业储备库存；第三，国家按照企业商业储备库存建立进度给予适当补贴，经测算可按每吨220元标准进行补贴；第四，符合商业储备资质的企业，农业发展银行和其他商业银行可优先安排企业该部分资金，并在利率水平上给予一定优惠。

——建立国家粮食临储的动态轮换加工机制，具体操作如下：第一，粮食加工企业在潮粮期按照国家托市收购价格参与临时储备收购；第二，在干粮期，企业每年按照动态轮换原则自主加工粮食并进行轮换；第三，每年粮食加工参与收购临储数量和规模在临储启动时由政府制定，并对当年企业能否进行轮换给予明确指令性计划；第四，企业临储收储和动态轮换补贴标准，按照现行临储收购补贴标准执行；第五，参与收购临储的粮食给予免征增值税、营业税、房产税、土地使用税等税收优惠政策；第六，国家对粮食进行托市造成区域粮食价格倒挂的，经测算可按照200元/吨给予加工企业补贴。

（五）粮食质量保障追溯体系建设工程

以农业现代化、信息化建设为契机，加快推进粮食加工业质量追溯和诚信体系建设。遵循"全国统筹、政府主导、企业主角、分批建设"的基本思路，由国家制定粮食加工质量追溯的标准体系，指导企业建立和完善全程信息管理中心，实现"田间管理信息平台、生产企业管理平台、企业信用管理平台、政府监管平台、公众查询平台"的互联互通，最终建立国家权威机构追溯平台、第三方追溯平台等构成的多层次信息系统，通过追溯系统获得的质量权威认证，提高粮油加工产品的品牌价值，保障粮油产品的供给质量安全。

1. 发展指引

——分期分批扶持粮食加工龙头企业建设可追溯体系。2016~2017年，农业产业化国家重点龙头企业（粮食加工类）100%覆盖；2018~2020年，省级、市县级示范企业（粮食加工类）100%覆盖。远期实现粮食加工企业的全覆盖，并接入国家食品（产品）安全追溯平台、全国企业信用管理平台。

2. 政策建议

——扶持粮食加工企业扩大种植基地、订单农业规模。支持大型粮食加工企业建设自有种植基地，或与种粮大户、家庭农场、农民专业合作社等建立长期合作关系，通过"统一采购农资、统一田间管理、统一质量标准"实现标准化生产，建立便捷、高效的追溯系统。地方政府支持粮食加工龙头（日处理能力400吨以上）企业的土地流转，科技部、农业部加大对农业信息化（基地面积10万亩以上）建设的技术和资金支持力度。到2020年，龙头企业加工原料应实现80%以上基地化。

【实地调研】湖北监利县是全国大米产量第一县，2013年产量29亿吨。湖北监利福娃集团是财政部农产品深加工重点支持企业、中国优秀民营科技企业、中国大米加工十强企业、全国农产品加工示范企业，拥有9个绿色食品标志、3个有机食品标志，并多次被评为"国家免检产品""放心大米"，2015年销售额将突破100亿元。为领跑稻米加工业，福娃确立新理念，推行"公司+基地+农户+种子研发"的新模式，坚持订单生产高标准。通过780元/亩的高价获得流转土地面积6万亩，发展订单农业达120万亩，成立了28家农民专业合作社从事农业种植，实施"六个统一"标准化种植管理，有效保障了企业所需的原粮供应数量及品质。福娃大米畅销市场，零售价2.5元/斤（市场平均价约1.7元/斤），开工率超过70%，福娃食品销量猛增。今后，公司还将不断提高水稻全程机械化水平、扩大仓容，实现粮食生产全程"不落地"，减少粮食生产过程中的污染，降低粮食损耗。

——编制《粮食安全追溯体系引入手册》，使粮食安全追溯体系系统化、条理化、规范化。为了推广稻米及稻米制品强制性追溯体系，2003年日本政府颁发了《食品追溯系统引入手册》，帮助供应链上不同类型的企业建立食品追溯系统。

——建立粮食加工业追溯技术创新平台。鼓励大型粮食加工企业与高校及科研院所合作，建立科技创新平台，鼓励关键共性技术的研发，促进科技成果的推广应用，提供技术咨询、技术服务和技术培训等。

——建立粮食加工业追溯体系人才库。分别建立网络追溯技术、安全检测、追溯管理、追溯培训等方面的人才库，为企业或消费者提供技术支持，应对突发事件。

五、实施规划的保障措施

（一）政策引导

——根据国家财价税体制改革进程安排，适时推出粮食加工业的资源税、环保税、消费税改革，信贷、利率金融体制改革，让土地、能源、资源等要素成本内化为企业生产成本，形成有效的企业退出倒逼机制，依靠市场力量化解产能过剩矛盾。

——围绕价值链分工与合作形成粮油加工业产业集聚创新区，鼓励企业实施种植—加工—物流（仓储）—销售全产业链整合、推进上下游产品加工的联合与合作，增强企业盈利能力，实现资源优化配置和区域合理布局。

（二）财政扶持

——整合归口政府各部门的财政资金，将科技研发、标准制定、质量追溯系统建设等项目列入财政预算，加大对龙头企业（日处理能力400吨以上）米糠、玉米胚芽、麦麸等综合利用项目的专项扶持资金。

（三）金融支持

——在粮食加工国企推行资产资本化、资本证券化的国有资产改革路径，实现粮食加工国企股权多元化，改善国有企业治理结构，激活国有粮食加工企业经营活力。大力发展混合制经济，形成多元化市场主体竞争格局。

——完善各地资本市场、产权交易市场，建立适合大宗交易的第三方产权交易平台。建立并完善产业资本退出机制，设立粮食加工业产业发展基金，以资本运作方式盘活企业沉没资产，以资产、资源、品牌和市场为纽带，通过兼并、租赁、股份制等形式，鼓励实施跨地区、跨所有制的兼并重组，提高行业集中度和整体发展水平。

（四）税费优惠

——进一步贯彻落实有关支持农产品加工业发展的各项税收优惠政策，特别是对产业化龙头企业在所得税方面的减免政策。对符合国家高新技术目录并经国家有关部门批准引进的粮油加工技术与设备，免征进口关税和进口环节增值税。

（五）科技支撑

——加强研发创新，支持大型粮食加工企业建立研发机构，并与高校及科研院所联合成立研发工程中心、产业技术战略联盟等。加强以研发机构为主体的人才集聚效应，以人才引进带动技术创新、管理创新、体制创新。

——以企业为主体的科技应用转化。粮食加工企业自主开展的科技研发项目，尤其是中小型粮食企业，鼓励其与科研院所开展合作采用校企合作、技术入股、技术专利转让等方式，地方政府科技部门和行业协会充分发挥中介服务功能，促进粮食加工科技成果的转化。

（六）市场改革

——不断深化国有粮食加工企业的体制机制改革，厘清政府和市场边界，充分发挥市场在资源配置中的决定性作用，通过价格、供求、竞争等市场要素的相互作用来调节粮食加工业中的经济关系，创建公平的市场竞争环境。

——不断完善粮食加工业的相关行业标准，建立健全行业协会监管机制，明确并充分发挥行业协会"组织、协调、服务、监管"四大职能，通过行业自律规范行业与企业的生产经营行为和道德准则，促进市场公平竞争。

——继续实施名牌战略，创新企业营销管理，加快培育一批在国内、国际市场上具有明显竞争优势的自主品牌。对粮食加工的名牌产品、地理标志产品、驰名商标、自主创新产品优先列入政府采购目标。

——对违法生产的粮油加工企业给予坚决取缔，淘汰没有通过行政审批的非法产能。各地质量技术监督部门要定期组织开展全面专项检查，适时组织安排产品专项监督抽查和执法检查，严厉打击在产品中掺假、造假违法行为。

（七）国际竞争

——跟踪国际粮食加工产品的价格走势，对接国际农产品与食品市场。建立我国粮食进口风险评估和预警监控机制，制定有利于国内粮食加工业应对粮食适度进口的贸易政策。

——实施粮食加工企业"走出去"战略。全球化视野考虑中国粮食安全问题，在提供国内粮食生产能力的大背景下，鼓励企业利用国际资源，研究制定中国企业赴海外开展租地种粮、粮食加工等项目的国家扶持政策。

行业2 食用植物油加工业"十三五"发展战略研究

食用植物油加工是关系国计民生的基础性行业，是油料产业链的关键环节，是国家油料安全体系的重要组成部分。大力发展食用植物油加工业，对发展现代农业和现代油料流通产业，改善城乡居民生活、提高食品安全水平、带动农业结构调整、促进油料增产和农民增收、保障国家油脂安全具有重要作用。根据《国民经济和社会发展"十三五"规划纲要》《食品工业"十三五"发展纲要》《油料行业"十三五"发展规划》精神，特编制《食用植物油加工业"十三五"发展规划》。

一、发展现状

"十二五"时期，食用植物油加工业平稳较快发展，加工能力快速增长，主要产品产销量持续增加，产品质量明显提高，供给保障能力进一步增强。

（一）发展特点

1. 产量继续增长，增长速度减缓

"十二五"时期，我国传统油料产量继续增加。2014年，我国油菜籽、大豆、花生、棉籽、葵花籽、芝麻、油茶籽、亚麻籽等八大油料的总产量为5 806万吨，与2013年实际产量5 845.9万吨比较，基本持平。

八大油料预测产量分别为：油菜籽 1 460 万吨、大豆 1 180 万吨、花生果 1 680 万吨、棉籽 1 109 万吨、葵花籽 235 万吨、芝麻 63 万吨、油茶籽 190 万吨、亚麻籽 40 万吨。2014 年我国利用国产油料的榨油量（除大豆、花生、芝麻和葵花籽等 4 种油料部分直接食用外）为 1 164.7 万吨。

2014 年，我国进口各类油料合计为 7 751.8 万吨，其中，进口大豆为 7 139.9 万吨、油菜籽 508.1 万吨、芝麻 57 万吨；进口植物油总量为 787.3 万吨，其中进口大豆油 113.6 万吨、棕榈油 532.4 万吨、菜籽油 81 万吨、其他植物油 60.3 万吨。2014 年出口大豆、花生、葵花籽、芝麻等油料约 55 万吨，出口大豆油等各类食用油合计约 12 万吨。

2014 年，我国食用油市场的总供给量为 3 390 万吨，其中包括国产油料和进口油料合计生产的食用油 2 505.6 万吨以及直接进口的各类食用油合计为 884.6 万吨。2014 年，大豆油 1 232 万吨，菜籽油 637.7 万吨，花生油 252 万吨，棉籽油 133.9 万吨，玉米 192 万吨，米糠油 65 万吨。

2014 年，我国食用油的食用消费量为 2 860 万吨，工业及其他消费为 295 万吨，出口量为 12.4 万吨，合计年度需求总量为 3 167.4 万吨。年度节余量为 222.6 万吨。2014 年我国食用油的自给率为 36.8%（即 2014 年国产油料榨油量 1 164.7 万吨，与年度需求总量 3 167.4 万吨之比），与上年的 38.5% 相比又下降了 1.7 个百分点。

2014 年，我国食用油的需求总量为 3 167.4 万吨，按最新国家公布的截至 2014 年末，我国总人口以 13.6782 亿人计算，2014 年我国人均年食用油消费为 23.2 千克，较上年的 22.5 千克又提高了 0.7 千克。

在我国木本油料中，核桃、油茶、文冠果等三大木本油料是最有发展前景的木本油料树种，其中核桃产业的发展业绩更为骄人。2014 年末，全国实有核桃种植面积达 722.85 万多公顷，实有结果面积为 285.6 万多公顷，产量达 271.3 万吨，与 2011 年相比分别提高了 57.6%、71.3% 和 63.9%，成为木本油料中产量最高和发展潜力最看好的树种。

根据情况，符合中央提出的以"确保谷物基本自给、口粮绝对安全"和"以我为主、立足国内、确保产能、适度进口、科技支撑"的国家粮食安全新战略。

2. 产品结构明显改善，满足消费口味的产品量增加

"十二五"时期，油脂加工业提出了"适度加工"理念，并作为工信部、国家粮食局促进粮油加工健康发展的重大举措。由于消费者对产品营养、健康和安全的认识和要求日益增强，"适度加工"逐渐为消费者所认可和提倡。在"适度加工"理念的指引下，全国粮标委油料及油脂技术工作组启动了植物油适度加工技术规程的制定工作，相关高校和企业在脱胶、碱炼、脱色等工序中进行了改进，获得了内源营养素保留≥90%、0反式脂肪酸的优质油品，同时实现了节能减排。在产品结构方面，一级油和二级油产量占比降低，适应"适度加工"理念的三级油和四级油产量占比增加。

木本油料、米糠、玉米胚、微藻是不与主粮争地的油料，资源丰富，提高其有效利用是提高我国食用油自给率的重要途径。"十二五"时期，以茶籽为代表的木本油料的产量增加；玉米和稻米加工集约化带动了玉米胚芽和米糠加工的发展；以胡麻油为代表的适合区域消费的浓香油得到迅猛发展；微生物油脂DHA/ARA生产规模迅速扩大，形成了规模效应，我国已拥有年产毛油4 000吨的生产技术与装备，目前实际产量约1 500吨，可满足国内婴幼儿食品市场约40%的需求，且有部分产品出口。

3. 产品质量不断提高，标准体系逐步建立

"十二五"时期，为了满足消费者对健康产品的需求，油脂产品标准得到进一步完善，共制（修）订了食用植物油国家标准158项、行业标准35项，食用植物油加工标准体系基本形成，建立了从中央和地方各级油料检测机构及56个国家油料质量检验监测站。2014年，食用植物油产品总体合格率达到95%左右，比2009年提高了5个百分点。

此外，为了满足生产安全、节约化的需求，油脂工程建设标准得到重视。2015年《植物油库设计规范》已经发布，落实了《植物油厂设计规范》《浸出制油厂安全防火设计规范》《食用植物油成套设备验收规范》的制（修）订，对相关设计和建设市场做出了规范要求。

4. 装备技术得到极大进步，成套设备出口增加

随着对油脂加工业高新技术产业化、关键技术与重大装备研发投入的增加，油脂加工装备水平不断提高。"十二五"时期，油菜籽膨化压榨节能技术、油脂精炼节能技术、油脂浸出零排放技术等得到推广应用，玉米胚芽和米糠制油等玉米加工和碾米副产物综合利用逐步扩大；一批具有自主知识产权的大型榨油机、油料膨化机等装备投入使用，油料压榨、浸出、精炼成套设备达到国际先进水平；同时，油脂压榨和精炼成套设备出口量增加，逐步由小型设备的出口转变成大型成套设备以及深加工成套设备的出口，出口地区逐步实现了"落后国家→发展中国家→发达国家"的转变。

5. 产业布局已经形成，集聚效应初步显现

在过去五年中，根据产品原料的分布特点，大宗油料（如大豆、菜籽）和小品种油料的产业布局已经形成。东北大豆主产区加工企业数量和加工量降低，涌现出一批具有一定特色、优势突出的加工产业园区，沿海大豆加工集群得到进一步加强，沿长江大豆、菜籽加工集群已经形成，四川、重庆、湖北、安徽等建设了一大批1 000吨以上的菜籽生产线，长江流域及以南地区茶籽加工取得一定成效，西部以国产小品种油料加工为主的企业加工规模和装备水平得到提高。产业布局的形成使得我国油脂加工业的集聚效应初步体现，对一大批规模小、技术水平低、能耗高的企业进行了淘汰，加速油脂加工产业链发展。

6. "走出去"战略取得初步成绩

由于受到我国本土油料资源的限制，近五年国内很多企业探索"走出去"战略，如中粮、九三粮油、重粮集团等积极探索大豆产业"走出去"战略；中粮通过收购多个企业，已经成为国际第四大粮商，逐步实现了全产业链战略；龙威探索棕榈油走出去的战略，在印度尼西亚等布局棕榈油种植和初加工线。这些都表明我国油脂加工业正在逐步踏上国际舞台。

（二）存在的主要问题

1. 部分产能相对过剩

虽然过去五年油脂加工业产量不断增加，但是由于落后产能淘汰缓慢，一些中小规模的企业开工率不足，产能相对过剩的问题不容忽视。

2. 食品安全保障体系不够健全

产品质量安全标准和控制体系不够完善，主要体现在：加工企业检测监测技术与仪器设备研发薄弱，自主化能力低，核心设备依赖进口；

食品安全检测监测能力建设明显滞后，企业卫生检测能力不足，从原料到终端产品的产业链全程溯源体系尚未建立。

3. 产业布局合理性待加强，产业链待进一步完善

对比国外产业布局以及国内相关行业发展情况，我国油脂加工业布局有待加强。油脂储备企业除沿海和沿江个别库点有一定的加工能力外，大部分油料和油脂储备库没有加工能力，油料油脂轮换、进入市场需要运到加工厂加工成合格的油脂产品并包装后才能进入市场，造成大量运力浪费，增加了损耗，增加了油脂安全的风险，也增加了宏观调控和企业管理的难度。对于油脂加工企业而言，具有一定的储备能力，但是缺乏储备资格或没有储备任务，造成设备闲置。对于整个油脂加工业而言，应急供应体系尚没有建立：加工企业具有应急能力，但是配套设施不完善；储备企业掌握应急资源，但是没有应急能力，不能实现储备和加工、应急的有效结合。

同时，我国大部分食用植物油加工企业立足油脂加工，对油脂加工的上游如原料育种、种植、收购、储藏、运输、贸易涉及很少，涉及油脂加工的下游如饲料加工、养殖、肉食等较少。在油脂加工过程中，企业也基本以榨油为主，具有自主创新的油脂加工副产物较少，油脂深加工产品以及饼粕的综合利用产品比较少。整体而言，食用植物油加工业以初加工为主，产品单一，产品附加值低，食用植物油资源有效利用率较低，深加工和副产物综合利用能力不够。

4. 自主创新能力较弱

食用植物油加工企业自主研发能力差，与科研院所结合不够紧密。深加工核心技术的研发和产业化应用上落后于世界先进水平，重要装备主要依赖消化吸收国外水平，自主创新能力较低。研发和成果转化投入不足，以企业为主体的技术创新体系尚未建立。2009年，食用植物油加工企业科技投入23.6亿元，占销售收入比例为0.2%，与2005年相比变化不大，远低于发达国家2%~3%的一般水平。

5. 小品种油料加工装备水平低，家庭作坊产品质量堪忧

小品种油脂是我国油料的重要资源，但是对于小品种油料产业而言，大型企业看不上，小企业没有实力做，其发展态势呈现尴尬。如棉籽、葵花、胡麻等油料而言，加工企业加工规模小，装备水平低，企业开工率低；茶籽、核桃、牡丹籽等加工企业原料不能保证，尚未形成完善的成熟的加工成套设备技术，资源利用不够。

由于对过度加工、溶剂浸出、转基因产品等担心，家庭小作坊或者家庭作坊式的加工企业占整个油脂加工市场的一定份额，这些企业缺乏完善的制油、精炼设备以及检测手段，产品质量不能保证，油脂安全堪忧。同时，生产设备消耗高，出油率低，造成资源的极大浪费。如广东省有3 000多家土榨油作坊，设施简单，生产效率低，出油少，资源浪费严重；没有检测仪器和设备，产品安全没有保证；其他省份也有一大批家庭作坊的土榨油坊。

二、面临的形势

（一）有利因素

1. 良好的国际环境

伴随我国"一带一路"倡议的实施，中亚地区的油脂资源逐步进入我国市场。中亚地区具有丰富的葵花、棉籽等油料资源，土地肥沃，人口少。又如俄罗斯确定的远东开发战略中的一个重要计划即发展大豆种植。国际环境的利好将改变我国单一进口油料作物的局面。

2. 营养健康产品的需求增加

伴随国民经济持续较快发展、人口增长、城乡居民收入水平提高和城镇化进程加快，食用植物油在总量上继续增长，结构上也呈现出安全、营养、健康等新特点和多层次、多样化、优质化、品牌化倾向。农村消费也将从自给性消费逐步转向商品性消费。这给食用植物油加工业发展提供巨大的市场空间。

由于消费市场的充足，消费市场逐步由企业生产为主导转向消费者需求为导向，油脂加工企业决定产品的局面已得到改变。伴随着对适度精炼油脂产品的需求增加，消费者对满足区域消费者口味产品的需求逐步增加，如浓香菜籽油、浓香胡麻油、压榨大豆油等，使这几种油脂的生产设备需求增加。由于消费者经济水平的提高和健康产品的需求，一些富含特殊脂肪酸以及富含油脂伴随物的产品也在逐步增加，如核桃油、茶籽油、橄榄油、米糠油的市场呈扩大趋势。

3. 食品安全要求更加严格

随着城乡居民生活水平的提高，食品安全已成为关系群众健康和保护消费者权益的重要内容。国家出台了《中华人民共和国食品安全法》等一系列法律法规和政策措施，对食用植物油食品安全的要求更加严格，卫生、检测标准和监管手段越来越具体，亟待加快健全全产业链的食用植物油食品标准体系、检验监测体系、质量控制体系、企业诚信体系和检测能力建设，确保食用植物油食品质量安全可靠。

4. 科技支撑能力明显增强

在过去相当长一段时间内，油脂加工业的科技开发是由政府主导，科研院所和大专院校是主力军。"十二五"时期，相当一部分企业建立自己的科研平台，以产业拉动科技创新的局面逐步形成，企业逐渐成为油脂加工业科技支撑的主体，主要表现在：（1）部分企业建立了研发中心，如中粮北京营养健康研究院，益海嘉里的上海研发中心；（2）企业科研投入增加，以开发出适合市场的产品及相关新技术，积极推动行业的技术进步。

随着生物技术和信息技术等高新技术快速发展，油脂加工新技术、新产品和新装备将不断得到提升，积极推动传统油料加工技术升级和产品升级换代，满足食用植物油食品安全、营养、健康、快捷和节能减排的要求，为油料加工产业发展提供强有力的科技支撑。

（二）不利因素

1. 市场竞争加剧

目前，国内油料加工企业整体上依赖数量扩张为主的发展模式，缺乏核心竞争力，无序竞争现象突出。销量对企业的制约越来越明显，企业进入日益剧烈的价格竞争，形势严峻。如销售一箱包装豆油的利润仅有1元，油脂的价格和水的价格接近，小规模企业亏损严重，压榨和精炼纷纷停产，仅仅灌装销售。

2. 安全产品宣传的混乱使得市场风险增大

随着食品安全事件的频发以及媒体的过度报道，消费者对食品安全的关注已达到了空前的高度，部分油脂企业从自身利益出发进行的不实宣传对我国油脂加工业的发展造成了不良的影响。目前，转基因大豆油占我国油脂总消费量的46%，部分企业为宣传国产非转基因油料生产油脂产品的安全性，宣传压榨法制取油脂的安全性，使消费者对以进口转基因原料为主的大豆油的安全认识形成误区。浸出法是我国制取油脂的主要方式，目前浸出法制取所得的油脂占我国食用油消费量的70%。而部分压榨制油企业为了宣传压榨法或土法压榨制取油脂的安全性，夸大浸出法制油的危害，造成消费者认识上的误区。以上种种消费者对转基因油料加工的油脂或浸出法制取油脂的认识误区，使转基因油脂产品和浸出法生产的油脂产品风险增加。由于我国不可能采用国产非转基因油料满足国内消费需求，国际上也不可能有大量的非转基因油料参与贸易，进口大量的转基因大豆等油料是我国未来几十年满足油脂消费的主要渠道和措施。

3. 产业升级任务艰巨

我国油脂工业大规模生产线技术水平达到了或接近国际先进水平，但是内地相当一部分企业生产线装备老化，技术水平低，能源消耗高，资源利用率低，产品质量不稳定，企业开工率低，这是未来几年需要淘汰的重点。但是，由于地方管理部门的不愿意淘汰、企业占地需要、企业融资平台的需要等诸多因素，很多企业不愿意淘汰，还在断断续续开车，导致油脂加工业产业升级整体任务艰巨。

4. 节能减排任务艰巨

虽然适度加工理念正在推广，但是由于消费者对油脂颜色的过度要求，油脂加工仍然存在过度加工现象，深加工能耗较高，目前部分行业单位产值和单位产品的能耗、水耗和污染物排放指标仍然较高，与国际先进水平相比有一定差距，食用植物油加工企业节能减排和环保治理任务艰巨。

5. 原料对外依存度持续增加

我国的国产大豆扶持政策、长江流域发展油茶籽、利用退耕还林发展木本油料等战略见效甚微，国产大豆和菜籽依然出现了减产的情况。我国在油脂消费增加趋于平缓的情况下，油脂油料对外依存度持续增加。与此同时，食用植物油加工中产生的稻壳、米糠、胚等富含油脂的副产物未得到大幅度综合利用。

三、指导思想、基本原则和目标

（一）指导思想

以科学发展观为指导，坚持产业升级，完善油脂工业产业链，坚持稳固走出去战略，以技术为引领，加大淘汰落后产能的力度，适度加工，节能减排，实现油脂加工现代化和质量监管信息化。

（二）基本原则

1. 以市场为导向，辅助政府引导

充分发挥市场配置资源的基础性作用，形成优胜劣汰的良性发展机制，加大政府对食用植物油加工业支持力度，充分发挥骨干加工企业服务调控的作用，保障国家油料安全。

2. 以需求为导向，驱动科技创新

由消费者的需求决定加工企业产品的种类，辐射到根据加工需求，决定种植的原料的转变。由政府主导的创新体系逐步转变为企业主导全民创新的体系。提高企业自主创新能力，加强企业研发体系的建设和研发团队的建设。重点研究推广引领技术，推进装备自主化和关键技术产业化。淘汰高耗能、高耗水、污染大、效率低的落后工艺和设备。

3. 以安全为要求，重视营养健康

将"安全"作为基本要求，以"优质、营养、健康"作为发展方向。加强质量安全管理，提高食用植物油加工业准入门槛。大力倡导适度加工，合理控制加工精度，提高成品粮出品率。

4. 以节能为理念，实现绿色发展

树立高效、低碳、节能、节粮、环保理念，加大食用植物油加工副产物开发利用力度，发展低消耗、低排放、高效率加工模式，降低水、电、煤、溶剂等消耗和碳排量，减少污染物排放。

（三）发展目标

到2020年，建立布局合理、结构优化、特色明显、协调发展的现代油脂加工体系，产业发展和质量安全水平显著提升，加工保障供给安全的能力不断增强，使我国油脂加工业跻身世界先进水平。

——产业规模平稳增长。食用植物油加工业继续保持平稳增长，规模以上食用植物油加工企业总产值年均增长12%，经济增长的质量和效益明显提高。

——供给保障能力不断提高。建立应急供应标准体系，应急加工及供应能力明显提高，确保大中城市、重点和敏感地区的应急加工及供应需要。

——质量安全水平显著提升。制定各种油料清洁生产标准，到2020年制修订食用植物油加工业标准125项以上。提高加工企业通过食品安全关键控制点体系（HACCP）、质量管理体系（ISO9000）和食品安全管理体系食品链中各类组织的要求（ISO22000）认证的比例。加工企业普遍建立食用植物油食品质量安全可追溯体系和诚信体系。

——技术和装备水平不断提高。食用植物油加工业自主创新能力明显增强，关键技术和装备缩短与发达国家先进水平。食用植物油加工业技术进步贡献率到2020年提高35%以上；食用植物油加工关键设备自主化率到2020年提高40%以上。

——企业为主的创新体系逐步建立。到2020年，建立以企业为主的研发体系，10%以上的油脂企业建立研发中心。

——资源利用效率显著提高。到2020年，大力推广米糠制油，力争米糠综合利用率由2015年的30%左右提高到60%以上；稻壳发电和供热综合利用率由2015年的30%提高到40%以上；食用植物油加工业"三废"排放达到国家规定的指标范围，单位产值能耗比2015年降低5%以上，单位工业增加值用水量降低30%，单位产值二氧化碳排放比2015年降低10%。

四、重点任务

优化油脂加工产能布局，大力推进食用植物油加工品种多元化，着力发展以菜籽、花生、棉籽、油茶等国产油料为原料的食用油加工以及新资源油料油脂的研究开发，提高食用油自给水平。扩大专用油比重，提高油料综合利用程度，开发油料蛋白等产品。

（一）重组和建设一批大型"龙头"企业

在主产油料的区域重组和建设一批年产油脂 30 万～50 万吨的大型龙头企业。油脂加工大型龙头企业年生产量应占全国油脂年产总量的 40% 左右，企业严格实行 HACCP 规程，应对 WTO 的挑战。

（二）推广油脂加工新技术的应用

推广油料生坯膨化浸出、混合油全负压蒸发、矿物油尾气回收、高效节能的湿粕蒸脱工艺、湿粕低温脱溶工艺技术、高效混合油净化技术、混合油精炼工艺技术、酶脱胶技术、膜脱胶技术、新型脱色吸附、蒸汽脱臭、软塔与双重温度脱臭等加工新技术在油脂加工业的应用。

（三）加大特种油料资源和新资源油料的发展和研究

——推广米糠和玉米胚等集中制油，重点支持主产区年加工 5 万吨以上的稻谷加工企业，推广"分散保鲜，集中制油（浸出）"和"集中精炼"模式，到 2020 年使米糠油和玉米胚油的产量力争提高到 260 万吨。

——支持芝麻、葵花籽（油葵）、油茶籽、油橄榄、红花籽、亚麻籽、沙棘籽、紫苏籽、月见草籽等特种油料的发展，生产营养健康的功能性油脂。

——发展木本油料，扩大油源供应，研究开出适合于木本油料及其副产品综合利用的新工艺、新装备，为生产功能性油脂奠定基础。

——加强微生物油脂的研究，选育出更多的高产菌株，改进生产工艺，扩大其应用范围。

(四) 加大油料副产物的综合利用

推进新技术在油脂行业的应用，提高油料副产物的利用率，如利用微波膨化技术增强米糠原料稳定性、利用水酶法实现油料蛋白和油脂的同步提取等，同时进一步增强传统油脂油料副产物的推广应用，如大豆低聚糖、异黄酮、皂苷、大豆蛋白肽、膳食纤维等，实现油脂加工业的产业链规模化和合理化，改变产品结构不合理的现状。

(五) 加强油脂营养研究

改进和优化预处理、制取和精炼工艺条件以及设备，开发出富含微量营养素且不含有害成分的健康油脂。同时，根据人体代谢规律制备符合营养需求的新型结构脂，满足日益增长的营养需求。

(六) 大力开发油脂适度加工与稳态化技术，推广节能减排技术

采用技术革新，推广适度加工先进实用技术装备、综合利用和质量安全技术，应用清洁生产技术，解决在加工过程中存在着有害溶剂气体、工业废水、废油、废白土、废催化剂的排放等问题，实施节能减排与产业升级示范，实现资源合理利用，提高综合效益，提升产业发展能力。

(七) 健全安全保障体系，制定符合国情的产品标准

加强食用植物油安全检验监测能力的建设，建立健全油脂质量安全

的追溯系统，进一步完善食用植物油加工标准体系，加快新产品、粮机设备、检测方法等标准的制（修）订。

（八）进一步增强油脂加工装备自主化及升级改造

推进油脂加工关键装备制造的自主化建设，提高关键装备自主化水平，逐步降低大型关键装备依赖进口程度。同时，鼓励油脂加工装备骨干企业大力开拓国际市场，参与对外援助和国际合作项目，扩大优势装备产品的出口。

五、完善产业布局

综合考虑各地区资源禀赋、发展潜力和市场空间等因素，坚持与原料供应相匹配，因地制宜，产区为主，兼顾销区的原则，调整优化食用植物油加工业布局，形成布局合理、协调发展、优势互补、特色明显的食用植物油加工业新格局，促进油料加工业与油料生产协调发展。

（一）食用植物油加工业

优化食用植物油加工产能布局，引导生产要素集聚，促进上下游一体化发展，打造天津滨海新区临港、江苏张家港、广东新沙港、山东日照港、长江沿线等一批具有国际竞争力的现代食用植物油加工基地（园区）。大力推进食用植物油加工品种多元化，着力发展以菜籽、花生、棉籽、油茶等国产油料为原料的食用油加工，提高食用油自给水平。扩大专用油比重，提高油料综合利用程度，开发油料蛋白等产品。

1. 大豆油加工

沿海地区，严格控制大豆油加工产能扩张的速度和规模，加强对转基因生物标识的管理，严格控制进口大豆流入食品加工领域；鼓励大中型企业兼并重组中小型企业，引导小型企业企业关停并转，形成具有较强竞争力的大豆油加工产业集群。东北地区，加快淘汰落后产能，鼓励企业通过兼并重组和技术装备改造升级，适度鼓励开发非转基因压榨产品。鼓励大豆蛋白产品生产，加强大豆蛋白加工的副产物和废水的综合利用，鼓励发展大豆深加工，扶持副产物综合利用，延长产业链。

2. 油菜籽加工

湖北、四川、安徽、江苏等油菜籽主产区，发展双低油菜籽加工，建设一批年加工油菜籽能力10万吨以上项目；贵州、青海、陕西、甘肃等西部油菜籽集中产地，建设一批年加工5万吨以上项目。鼓励适合当地口味的菜籽油安全产品的生产线的建设，鼓励建设一线多能加工项目。推广菜籽膨化制油技术，提高菜籽蛋白利用价值。

3. 花生加工

山东、河南和河北等主产区，在淘汰落后产能的基础上，发展高含油花生加工，改建、新建一批年加工花生仁15万吨以上项目。湖北、广东、江苏和辽宁等集中产区，建设一批年加工花生仁8万吨以上项目。推动花生种植加工沿黄河流域拓展西至新疆、北至吉林。适度开发花生蛋白制品，形成我国特色的花生加工集群。

4. 棉籽加工

新疆、湖北、河北等棉籽主产区和山东、河南、安徽、湖南、江苏、陕西等棉籽集中产区，新建、改建一批年加工棉籽能力10万吨以上的项目。开发用于煎炸食品的专用棉籽油，开发棉籽油固体脂饲料用途，推广棉籽脱酚技术，提高棉籽蛋白利用价值。

5. 特种油料加工

根据《全国油茶产业发展专项规划》，湖南、江西、广西等主产区，建设年加工5万吨以上油茶籽项目，浙江、广东、福建、湖北、安徽等集中产区建设若干个年加工3万吨以上油茶籽项目，扶持企业配套建设原料基地。支持企业利用芝麻、葵花籽（油葵）、油茶籽、油橄榄、红花籽、亚麻籽、沙棘籽、紫苏籽、月见草籽等特种油料富含功能成分的特点，生产营养健康的功能性油脂。

6. 米糠、玉米胚芽等加工

大力推广米糠和玉米胚等集中制油，为国家增产食用植物油。重点支持主产区年加工5万吨以上的稻谷加工企业配套采用米糠膨化保鲜技术装备，推广"分散保鲜，集中制油（浸出）"和"集中精炼"模式，提高米糠利用率。力争使米糠油和玉米胚油的产量从2009年的180万吨提高到260万吨。

（二）食用植物油装备制造业

在湖北、江苏、河南，陕西等省市，提高关键装备的配套水平，发展食用油加工大型成套设备。

增强关键装备的自主化和信息化的融合，提高食用植物油加工成套装备大型化、稳定性强、机电一体化、智能化水平，提升食用植物油加工业整体装备水平和市场竞争力。

六、重点工程

以市场需求为导向，充分利用现有资源，支持符合条件的加工企业，实施下列工程，项目实施后将显著提升食用植物油加工业发展总体水平和食品安全水平。

（一）企业创新平台建设项目

企业应参加各种形式创新联盟，并积极建设油脂研发中心，特别是大中型企业，可采取独立建设、与研究院所合作等方式，建立研究实验室以及中间实验线，提高研究设施的能力；通过海外吸收、国内应聘等方式建立人才队伍，制定研究人员收入保证的措施；企业应该按照产值或利润的一定比例，投入研发资金，保证研发工作的开展；积极开展生产试验，提高技术成果的转化能力。

到2020年，改造升级和新建企业油脂研发中心或综合研发中心50个以上。

(二) 加工园区工程

依托大型产业化龙头企业，改扩建或新建一批以食用植物油规模化加工为核心，以发展循环经济为重点的食用植物油加工园区，形成区域优势明显、产业特色突出、功能布局优化、结构层次合理、品牌形象突出、服务平台完备的现代化食用植物油加工基地和产业集群。建设60个食用植物油加工园区（主要依托加工龙头企业重组或改扩建）。项目投资150亿元，争取国家补助投资30亿元（主要以贴息贷款方式）（见表1）。

表1　加工园区工程

项目名称	建设内容	项目布局	数量（个）	投资（亿元）
以国产原料为主的食用油加工园区	油料加工（年加工油料能力30万吨以上，一线多能）；粕及油脚综合利用；仓储、物流设施建设；产品研发及质检中心等。	黑、鲁、川、鄂、皖、湘、蒙、津等地	60	150
合计			60	150

(三) 技术改造和关键技术装备自主化工程

加大对食用植物油加工企业技术改造扶持力度，鼓励和支持加工企业加大投入，开发新产品，采用先进实用的高效、低耗、节能、环保、安全技术，降低成本，提高效益。实施500个技改专项，重点用于菜籽、葵花、棉籽、玉米胚芽、米糠、胡麻、特种油料等加工企业更新设备，改进工艺，提高食用植物油加工与综合利用的技术水平（见表2）。力争淘汰落后产能300万吨左右。同时，推进食用植物油加工关键技术和关键装备制造自主化建设（见表3），提高关键装备自主化水平，实施50个项目。项目总投资170亿元，争取国家补助投资25亿元。

表2 技术改造工程

项目名称	建设内容	项目区域	数量（项）	投资（亿元）
1. 油料加工技改项目	米糠膨化保鲜集并系统（优先选择200吨/日以上的稻谷加工企业，配备米糠膨化成套设备，对米糠进行膨化保鲜处理，为米糠制油提供稳定原料）	黑、吉、辽、皖、苏、湘、鄂、赣、川、桂、闽等地区	500	30
2. 以原产原料为主的食用植物油加工技改项目	油菜籽、棉籽、葵花籽、花生、大豆等油料加工技术改造项目；油料蛋白开发及副产物综合利用；食用油灌装及配套设施项目	黑、鲁、苏、鄂、湘、川、新、内蒙古、陕、粤、桂等地区	300	50
	油茶籽、亚麻籽、核桃、红花籽、沙棘籽、月见草籽等特种油料加工技术改造项目	新、陕、晋、内蒙古、皖、湘、赣、桂等地区	50	20
合计			850	100

表3 关键技术和装备产业化专栏

项目名称	建设内容	项目区域	数量（项）	投资（亿元）
1. 食用植物油加工关键技术产业化	食用植物油高效节能加工新技术、全谷物健康食品、清洁生产与全程质量控制技术、副产物的增值转化技术产业化。功能成分高效提取与生物酶法转化、改性与重组重大技术产业化和工业化实验等	黑、吉、辽、赣、苏、皖、湘、鄂、川、沪、津、粤等地	40	20
2. 食用植物油装备制造自主化基地	2 000吨以上成套制油设备和400吨以上油脂精炼设备	苏、鄂、浙、冀、豫、陕、浙、湘等	10	20
合计			50	40

（四）检验监测和标准体系工程

"十二五"时期，支持100个食用植物油加工骨干企业食品安全检测监测能力建设，争取国家补助完善食用植物油加工食品安全标准体系建设。项目建成后，明显提高食用植物油加工食品安全检测水平。项目总投资80亿元（见表4），争取国家补助资金16亿元。

表4　　　　　　　　检验监测能力建设和标准体系工程

项目名称	建设内容	数量（个）	投资（亿元）
1. 骨干加工企业食品安全检测体系建设和设备改造升级	配置近红外分析仪、气相色谱、液相色谱、原子吸收、原子荧光、酶标仪等必备仪器设备，用于原料和产品的快速检测、农药残留、重金属、真菌毒素、食品添加剂及其他污染物分析监测，建立全程溯源体系。升级检测设备，扩大食品安全检测范围，重点配置食品安全相关的检测设备和快速分析仪器，结合园区建设，建立区域性质量检测技术中心	1 000	79.5
2. 食用植物油加工食品安全标准体系建设	制（修）订油料加工新产品、粮机设备、检测方法等标准	1	0.5
合计		1 001	80

（五）食用植物油应急加工与供应工程

按照《国家粮油应急预案》要求，健全和完善大中城市、重点区域、敏感及偏远地区的食用植物油应急加工及供应体系，形成布局合理、运转高效协调的食用植物油应急加工及供应网络。改造200个食用植物油应急加工企业；改造400个应急供应网点，加大对全国大中城市及其他重点地区食用植物油加工、供应等应急设施的建设、改造和维护力度，建立和完善高效、灵活、快捷、可靠的油料加工应急体系。项目投资42亿元（见表5），争取中央补助投资14亿元。

表5　　　　　　　食用植物油应急加工与供应工程

项目名称	建设内容	数量（个）	投资（亿元）
1. 食用植物油应急加工企业技术改造项目	食用植物油应急加工设备更新；临时动力（柴油发电机组）的配备；低温成品库房、油库改造；配套附属设施（质检、计量、烘干、包装、配送等）建设	1 000	30
2. 粮油食用植物油应急供应网点建设	依托信誉较好的超市、商场、连锁店等零售网点及军粮供应站（点）、放心食用植物油店，配备必要的设施，搞好对接	4 000	12
合计		5 000	42

以上五类食用植物油加工重点投资项目，涉及7 501个项目，"十三五"时期项目投资总额442亿元，其中需要中央补助投资或贴息85亿元（见表6）。项目全部建成后，食用植物油加工业将显著提高加工产品质量安全水平和国家油料安全的保障能力。

表6　　　"十三五"食用植物油加工业升级工程投资项目汇总

序号	项目类别	数量（个）	项目投资（亿元）	中央补助投资或贴息（亿元）
1	加工园区工程	60	150	30
2	技术改造工程	1 390	130	15
3	关键技术装备产业化工程	50	40	10
4	检验监测和标准体系工程	1 001	80	16
5	食用植物油应急加工与供应工程	5 000	42	14
总计		7 501	442	85

七、保障措施

（一）加强食用植物油加工业政策指导

国家发展改革委会同工业和信息化部等有关部门适时调整《国家

产业结构调整指导目录》和《外商投资产业指导目录》中食用植物油加工业鼓励、限制、淘汰内容，建立促进食用植物油加工业稳定健康发展的长效机制。要加强食用植物油加工行业指导、协调和服务，深入研究食用植物油加工业合理布局和产业政策。各级油料行政管理部门要加强区域内全社会食用植物油加工企业的指导。研究出台推进食用植物油加工产业化发展有关政策意见，构建和营造有利于企业发展的外部环境。

（二）完善加工企业参与政策性油料购销活动的支持政策

国家发改委等部门进一步完善符合条件的加工企业承担油菜籽、大豆、玉米等托市收购加工任务支持政策措施，探索建立动态补贴机制。规范加工企业参与托市收购加工备案资格条件要求，合理选点布局，方便农民就近销售，提高加工企业使用国产原料的利用率。确定一批重点食用植物油加工企业或集团，对参与承担国家托市收购和临时储存、定向销售、动态储备、应急加工和供应等宏观调控任务，给予必要的资金补贴和政策支持。

（三）增加食用植物油加工业科技投入

科技部等部门要大力支持食用植物油加工业科技创新和高技术产业化。加快应用高新技术改造和提升传统食用植物油加工业的步伐，推进主食品工业现代化、食用植物油装备自主化等创新，加强全谷物营养健康食品、食用植物油食品质量标准及其检测监测体系的研究。支持大型食用植物油加工企业与高校及科研院所建立产业技术创新战略联盟，加大人才培养力度，加快科技成果转化和推广，加强食用植物油加工业技术创新体系建设，加快食用植物油加工业国家工程技术中心、工程实验室、企业技术中心建设。

（四）加大财税金融政策支持力度

各级财政部门进一步整合现有农业产业化、农业综合开发、产粮

(油)大县奖励、技术改造、中小企业扶持资金等政府财政相关资金,加大对食用植物油加工业的扶持力度。对列入发展规划的食用植物油加工业园区建设、技术改造、食品安全、应急加工体系建设、关键装备自主化、重大技术创新与产业化等重点项目,采取国家参股或财政补贴方式支持。积极协调有关部门健全和完善国家支持粮油食用植物油加工业发展的各项税收优惠政策,及时修订企业所得税优惠政策油料加工产品目录。人民银行、银监会、证监会等部门在信贷、资金使用、公市上市等方面对食用植物油加工企业加大支持力度。

(五)加强食用植物油加工业统计体系建设

国家粮食局会同有关部门要加强食用植物油加工统计工作。完善覆盖全行业的食用植物油加工业统计指标体系、工作体系和信息采集体系,建立全面、系统、准确的食用植物油加工业统计信息报告制度、产能监测预警机制、信息系统和发布平台。加强基层食用植物油加工业统计队伍建设,提高加工统计信息的质量和公信力。适时开展全社会食用植物油加工企业普查、重点加工企业季报统计监测,及时、准确、全面把握食用植物油加工业季度生产运行、投资情况和发展变化趋势。

(六)强化"走出去"战略

国家发改委、商务部等有关部门加快研究对食用植物油加工业实施"走出去"战略的支持政策。鼓励有实力的食用植物油加工企业和装备制造企业到境外投资,对国内供求偏紧的食用植物油品种实施"走出去"战略,建设大豆等生产加工基地、仓储物流设施。扩大食用植物油加工业国际合作,提升核心技术的研发能力,积极引进先进的管理经验和技术,逐步降低大型关键装备依赖进口程度。鼓励食用植物油加工装备骨干企业大力开拓国际市场,鼓励企业参与对外援助和国际合作项目,扩大优势粮机产品的出口。优先推荐具有一定实力的食用植物油加工业和食用植物油加工装备制造企业,给予政策性贷款支持。

（七）发挥行业协会等有关中介组织作用

充分发挥中国油料行业协会等有关中介组织在政府和企业间的桥梁纽带作用，加强食用植物油加工业信息沟通、诚信建设、专业培训、贸易促进、技术咨询、产业发展等方面的服务，宣传贯彻国家产业规划和政策，及时反映行业发展情况和问题。

附件　名词术语解释

油料（http://baike.baidu.com/view/873169.htm）是油脂制取工业的原料，油脂工业通常将含油率高于10%的植物性原料称为油料。

油料加工是将油料加工成食品油的过程。包括油脂制备、精炼、改质及食品油生产等。

油料深加工采用化学或物理、生物等方法，对原粮或初加工产品进行二次以上加工，产生化学性质、分子结构改变的过程。

规模以上的油料加工企业指日处理油料原料30吨及以上的油料加工企业，其相关数据指国家油料局对一定规模以上油料加工企业进行统计的数据。本规划的发展现状及目标中的规模以上油料加工企业总体的数量、总产值、销售收入、利税总额和从业人员的数据，指国家统计局统计的规模以上（全部国有企业和当年前品销售收入500万元及以上的非国有企业）加工企业的数据。

口粮指居住在城镇、农村范围内的常住人口直接食用的粮油数量。

工业用粮指工业、手工业用作原料或辅助材料所消费的粮油数量，包括酒精、饮料酒、医药、溶剂所消费的油料、食品酿造业所消费的粮油数量，及大豆榨油减量（指油脂加工企业实际生产的豆油数量）。

米糠分散保鲜和集中制油我国是世界上最大的稻谷生产国，年产米糠1400万吨以上，由于原料分散和极易酸败变质，绝大部分米糠低效用作饲料。米糠含油15%~20%，富含维生素E及B族，是较好的功能性油脂。日处理原料200吨以上大米加工企业723个，米糠产量占总量的49.3%。若投入2亿元，在200吨/天以上大米加工企业全部配备膨化机对米糠进行保鲜处理，然后进行集中制油，可为国家增产油脂意义重大，米糠油产量可增加80万吨以上，相当于增加500万吨国产大豆产油量。

生产集中度在一个行业中，若干最大企业的产出占该行业总产出的百分比。本规划中用前10名企业产品销售收入占全行业销售收入的比重来衡量。

设计生产能力指企业设计日处理原料能力，其中，油脂加工企业为日处理油料能力，按每天开工三班8小时计算，年生产能力按日处理原料能力×250天计算。

食用植物油加工产业园区指以油料规模化精深加工为核心，遵循循环经济的理念，将油料加工的主产品、副产物通过精深加工提高附加值，延长产业链，集加工与收购、仓储、物流、运输、销售、贸易、信息处理等设施为一体，实现作业机械化、自动化，形成集约化、系统化、高效率、低成本的油料现代化加工产业园区（基地）。实现集聚产业、产品、企业、政策、资金、技术、人才和信息等八大资源；有效降低企业生产经营、环境保护和管理三大成本；大大提升资源利用率、企业经济效益和市场竞争力。各地建设了一批各具特色、规模大、技术水平大幅提升的食用植物油加工产业园区，如山东十大食用植物油加工园区、吉林玉米加工产业园区、黑龙江稻谷加工产业园区、湖北油料食品加工产业园区、安徽的食用油加工产业园区等。

产业集群指特定区域中，具有竞争与合作关系，且在地理上集中，有交互关联性的企业、专业化供应商、服务供应商、金融机构、相关产业的厂商及其他相关机构等组成的群体。

食品安全指食品无毒、无害，符合应当有的营养要求，对人体健康不造成任何急性、亚急性或者慢性危害。

行业3　肉类产业"十三五"发展战略研究

一、"十二五"时期发展成就和存在问题

(一) 发展成就

"十二五"时期以来，我国肉类生产持续增长，2015年，肉类总产量突破8 600万吨，提前超额完成了"十二五"规划目标。随着肉类产量的增加，人均肉类占有水平稳步提高，市场供应充裕，肉价趋稳。规模企业稳步发展，产品质量有所提升。

——肉类产量持续增长。2015年，全国肉类总产量8 625万吨（见表1），比2010年的7 926万吨增加699万吨，增幅8.8%；人均肉类占有量62.7公斤，比2010年的59.1公斤增加3.6公斤，增幅6.1%。

表1　　2011~2015年全国肉类总产量及人均占有量

年份	肉类总产量（万吨）	增减（%）	人均占有量（公斤）	增减（%）
2011	7 957	0.4	59	-0.2
2012	8 384	5.3	61.9	4.9
2013	8 536	1.8	62.7	1.3
2014	8 707	2.0	63.5	1.3
2015	8 625	-1.0	62.7	-1.3

资料来源：国家统计局。

——市场价格趋于稳定。由于2011年猪肉、牛羊肉等大宗品种减产、市场供求趋紧,当年肉价涨幅创历史新高。据国家价格监测中心发布的数据显示,2011年12月,全国鲜猪肉、鲜牛肉、鲜羊肉、白条鸡的集贸市场平均成交价格分别比上年同期上升了23.71%、16.01%、23.63%和9.99%(见表2)。2012年12月,除鲜猪肉价格同比下降了5.3%外,鲜牛肉、鲜羊肉、白条鸡同比分别上升了28.93%、16.94%和4%,比2010年分别上升了49.56%、44.57%和14.44%。2013年,猪肉价格继续下降,牛羊肉价格继续保持两位数增幅,白条鸡价格受H7N9影响,略有下降。2014年猪价跌幅加大,牛羊肉价格略有上升,白条鸡价格有所上涨。

表2　主要肉类产品集贸市场12月平均成交价格及升降幅度

主要肉类产品	2011年	2012年	2013年	2014年	2015年
鲜猪肉(元/公斤)	26.73	25.32	25.22	23.06	26.75
同比升降(%)	23.7	-5.3	-0.4	-8.6	16.0
鲜牛肉(元/公斤)	41.23	53.17	63.01	63.91	63.48
同比升降(%)	16.01	28.93	18.5	1.4	-0.7
鲜羊肉(元/公斤)	49.47	57.86	65.12	65.16	58.53
同比升降(%)	23.63	16.94	12.5	0.06	-11.3
白条鸡(元/公斤)	16.98	17.66	17.54	18.90	18.90
同比升降(%)	9.99	4	-0.7	7.7	0

注:2014年价格数据为12月3日由农业部采集,2015年价格数据为12月16日由农业部采集。

——规模企业稳步发展。"十二五"时期,肉类产业规模显著扩大,集中度进一步提高,主营收入、企业利润和上缴税金稳步增加(见表3)。2015年,全国规模以上屠宰及肉类加工企业3 940家,比2011年增加663家;工业资产6 488亿元,比2011年增长77%;主营业务收入13 291亿元,比2011年增长46.0%;企业利润658.4亿元,比2011年增长33.8%;上缴税金及附加276.21亿元,比2011年增长44.4%。

表3　　　2011~2015年全国规模以上屠宰及肉类加工企业概况

指　标	2011年	2012年	2013年	2014年	2015年
企业总数（个）	3 277	3 415	3 693	3 786	3 940
工业资产（亿元）	3 673	4 355	5 357	6 245	6 488
主营收入（亿元）	9 104	10 319	12 013	12 874	13 291
企业利润（亿元）	492	559	673.76	643.63	658.38
上缴税金及附加（亿元）	191.22	224.90	260.80	259.49	276.21

资料来源：国家统计局。

——产品质量安全有所提升。随着国家食品药品监督管理总局的成立和食品安全监管体制改革的深入，以及一系列食品安全标准的出台，肉类食品安全监管得到加强，企业生产经营行为得到了进一步规范，生产条件和经营环境更加符合食品安全和卫生要求。2010年、2011年和2012年肉制品国家监督抽查合格率分别为94.7%、96.4%、97.5%。截至2014年，国家食品药品监督管理总局共进行了三次食品安全监督抽查，其中肉与肉制品上半年抽检合格率为95.62%，下半年两次抽检合格率分别为96.84%和97.32%，肉与肉制品抽检合格率稳中有升（见表4）。

表4　　　2014年肉与肉制品食品安全国家监督抽查情况概览

项　目	第一次抽检 （2014.8.24公布）	第二次抽检 （2014.12.5公布）	第三次抽检 （2015.2.16公布）
抽检产品批次	1 255	2 466	5 667
不合格产品批次	55	78	160
不合格率（%）	4.38	3.16	2.68
产品合格率（%）	95.62	96.84	97.32
抽检企业（家）	518	1 181	2 635
不合格企业（家）	52	69	153
合格企业（家）	463	1103	2475
企业合格率（%）	90	94.16	94.2
备注	未标示企业3家	未标示企业9家	未标示企业7家

资料来源：国家食品药品监督总局食品安全监督抽检公告。

——区域布局渐趋合理。肉类生产区域布局不断优化，生产要素向优势区域聚集，市场供求和养殖业效益拉动使肉类生产布局得到明显改善。2013年，山东、河南、辽宁、四川、江苏5省集中了全国肉类工业企业将近57%的工业资产，比2012年增加了约1个百分点。分行业看，屠宰企业主要集中在河南、山东、四川、辽宁、北京、内蒙古、吉林、黑龙江、江苏、安徽，这10省（直辖市、自治区）合计占73.3%；禽类屠宰企业主要集中在山东、河南、辽宁、福建、吉林等5省，其工业资产合计占79.4%；肉制品及副产品加工企业主要分布在河南、山东、四川、江苏、安徽、辽宁、湖南、内蒙古、黑龙江等9省（自治区），其工业资产合计占70.5%。

（二）存在问题

"十二五"时期以来，我国肉类产品供求矛盾比较突出，主要表现为进出口贸易逆差逐年扩大，质量安全问题突出，产品结构不能适应消费需求结构的变化，规模企业经济效益下降。

——进出口贸易逆差逐年扩大。"十二五"时期以来，我国肉类产业发展受到人口、资源、环境等因素的严重制约，不能完全满足国内市场对肉类食品日益增长的需求。据国家海关总署统计，2010~2013年，我国肉类进口持续增加，贸易逆差逐年扩大；2014年肉类出口增加，进口下降，贸易逆差连年扩大的趋势有所遏制，但2015年贸易逆差大幅扩大（见表5）。而且，肉类走私贸易增长的问题日趋严重，据业内调查，规模已高达200万吨左右。

表5　　　　2010~2015年肉类进出口贸易逆差概览　　　　单位：万吨

年份	肉类出口	肉类进口	进出口贸易逆差	逆差增减（%）
2010	88.4	154.9	66.5	—
2011	89.4	190.5	101.1	52.0
2012	88.4	207.9	119.5	18.3
2013	89.8	256.3	166.5	39.3
2014	93.5	244.2	150.7	-9.5
2015	45.8	268.4	222.6	47.7

资料来源：国家海关总署。

——产品结构不适应消费需求。猪肉比重偏大,牛羊禽肉比重下降,牛羊肉需求量不断增加;热鲜肉居高不下、冷鲜肉和小包装分割肉发展缓慢;安全、健康、营养的肉制品供应不足,与城乡居民的消费需求不相适应;2014年肉制品产量只占肉类总产量的16.6%,与发达国家肉制品占肉类总产量比重50%的水平相比差距很大;直接进入人们一日三餐的方便食品比重很低;肉类产品冷链流通比例约15%,冷链物流各环节缺乏系统化、规范化、连贯性的运作;西式肉制品多,中式肉制品少;肉类产品形态单一,同质化的问题比较突出,产品创新能力不足(见表6、表7)。

表6　　　　　2011~2015年全国肉类产品结构分析　　　　单位:万吨

肉类产品结构	2011年	2012年	2013年	2014年	2015年
肉类总产量	7 958	8 384	8 536	8 807	8 625
其中:猪肉	5 053	5 335	5 493	5 671	5 487
牛肉	648	662	673	689	700
羊肉	393	401	408	428	441
禽肉	1 709	1 823	1 798	1 751	1 826
杂畜肉	155	163	164	168	160
其中:猪肉占比(%)	63.5	63.6	64.3	65.1	63.6

注:"十二五"规划目标是猪肉占比63%以下。
资料来源:国家统计局。

表7　　　　　2011~2014年全国肉类产品结构分析　　　　单位:万吨

肉类产品结构	2011年	2012年	2013年	2014年
肉类总产量	7 957	8 384	8 536	8 707
其中:生鲜肉	6 740	7 059	7 162	7 262
占比(%)	84.7	84.2	83.9	83.4
肉制品	1 217	1 325	1 374	1 445
占比(%)	15.3	15.8	16.1	16.6

资料来源:中国肉类协会。

——肉类食品安全形势依然严峻。"十二五"时期,"瘦肉精""禽流感""速成鸡"、假牛羊肉、走私肉等事件,对我国肉类工业的稳定发展造成严重困扰和重大损失。肉类食品产业链长、风险因素多、安全监管难，我国80%左右的肉类企业为小型企业，技术装备水平较低，缺乏必要的产品检测能力，仍存在诸多影响肉类质量安全的隐患。

——规模企业经济效益下降。2011年以来，针对我国肉类产业结构长期以来存在的产业集中度较低、分散落后的小型屠宰加工企业过多、同质化低水平恶性竞争严重、先进的屠宰加工能力闲置等问题，商务部等9部委联合开展了生猪定点屠宰企业审核换证工作，关闭了5000多家达不到国家规定标准的生猪屠宰企业，淘汰了一部分落后产能。2013年以来，在政府职能转换的过程中，部分地区私宰现象有所抬头，规模以上屠宰加工企业产能利用率下降，利润减少。2014年，全国规模以上屠宰及肉类加工业实现利润同比下降4.5%。其中，牲畜屠宰实现利润256.8亿元，同比下降7.68%。2015年4月末，全国规模以上牲畜屠宰行业亏损企业198家，同比增长8.2%；亏损企业亏损额5.54亿元，同比增加了10.96%。

——产业发展方式较为粗放。肉类产业以数量扩张为主的粗放型发展方式仍然未得到改变，发展依赖于资本、劳动力、土地等生产要素。副产物综合利用效率低下，造成资源浪费和环境污染。2014年，农业部农产品加工局调查显示当前副产物综合利用率禽类为59.4%，而畜类仅为29.9%。产业链条缺乏有效延伸，产品附加值较低，企业在价值链分配中所占比例较小。随着环境承载压力的加大，以及生产要素成本的不断上升，产业可持续发展面临严峻挑战，亟待转变发展方式。

二、"十三五"时期面临的发展环境

（一）发展机遇

"十三五"时期，我国肉类产业发展面临有利的市场机遇，主要表现为消费需求不断增加，质量安全普遍关注，产业政策方向明确，法治保障有望加强。

——消费需求不断增加。随着人口的增长、可支配收入的提高和城镇化建设的推进，我国城乡居民对肉类食品的需求将持续上升，为肉类产业发展提供巨大的空间。业内许多国际专家认为，在可预见的未来，亚洲特别是中国的肉食消费增速将达到两位数；发达国家和部分发展中国家的肉类生产商、加工商在中国面临着很大的市场机遇和潜力，可向中国提供安全的高质量的肉类产品，扩大出口。

——质量安全普遍关注。尽管人类饮食习惯不同、各国居民生产生活方式转变的情况不同，但是对于肉类食品的质量安全，全世界人民都是普遍关心和高度重视的。自"十二五"时期以来，在一系列肉类食品安全事件的不断冲击下，我国城乡居民对肉食安全问题的认识有了显著提高，为肉类食品产业向中高端升级提供了广泛的社会基础。

——产业政策达成共识。国内外各界一致认为，中国作为世界最大的肉类消费国，如果肉食供给不足，可能引发全球肉类结构失衡和价格波动，进而冲击全球肉业安全。因此，加强中国肉类产业基础建设，对于保障全球肉业安全具有重要意义。鉴于肉类产业发展对于保障食物安全、消除饥饿、改善营养的重要性，各国已达成政策共识，应整合全球肉业发展的优秀成果，积极开展国际交流合作，尽快加强和完善中国的肉类食品产业链建设，提升供给保障力，加快肉食产业转型升级。

——法治保障有望加强。2015年10月，新的《中华人民共和国食品安全法》开始实施，将为"十三五"时期的肉类食品生产经营的转型升级提供更加有力的法治保障。按照"依法治国、依法执政、依法行政""法治国家、法治政府、法治社会"的目标，肉类食品产业将逐步形成完备的法律规范体系、高效的法治实施体系、严密的法治监督体系、有力的法治保障体系，从而使产业的发展环境得到显著改善。

——产业融合加快。随着"十二五"时期电子商务的飞速发展，电商优势日益显现，大批食品企业纷纷布局食品电商，对企业业务进行流程再造，也将肉类产业这一传统产业推进新兴产业的快车道。当前，多家行业龙头企业依托自身发展资源已经纷纷涉足电商，部分企业甚至实现战略上的转型，与新兴产业的进一步融合将是肉类产业未来发展的重要趋势。

——科技创新保障更加有力。分子生物学、蛋白组学、基因技术和现代营养学等基础学科理论不断丰富和发展，催生出一批新兴、交叉和综合学科，为肉类产业科技发展提供了新的理论和方法。随着我国迈向科技创新强国步伐的加快和经济实力的不断增强，推动肉类科技发展的财政保障力度将进一步加强；科技体制改革的不断深化，将进一步优化肉类科技创新发展的政策环境；科技基础设施的不断完善，将进一步强化肉类科技创新硬件条件；而人才强国战略的不断推进，也将进一步推动复合型、专业化肉品科技人才队伍建设。

——"一带一路"带来发展新机遇。作为中国新的国际战略框架，"一带一路"给肉类产业带来新的发展机遇。"一带一路"沿线以新兴经济体和发展中国家为主体，拥有丰富的自然与人力资源。凭借在资金、技术、管理和人才等方面的优势与沿线国家进行要素互补，有利于肉类企业原料来源的多元化以及过剩产能的转移，给肉类产业带来新的出口市场和投资市场。

（二）面临挑战

"十三五"时期，我国肉类产业发展面临着严峻的挑战和竞争的压力，主要是：生产成本不断上升，保障供应资源不足，肉类进口竞争加剧，结构调整阻力增大。

——生产成本不断上升。为了实现肉类的可持续生产，需要保护环境、节约资源、善待动物、保障安全。各国业内专家一致认为，在可预见的未来，肉类食品的生产成本将逐步上升。这一方面会影响畜禽养殖企业、肉类加工企业经济效益的提高和再生产能力的扩大；另一方面会推高畜禽原料和肉类食品价格，减弱畜禽养殖企业和肉类加工企业的市场竞争力。

——市场风险进一步加大。随着我国经济进入新常态，经济的发展速度由高速向中高速换挡，肉类消费增速放缓。受畜产品生产特点、市场供求、食品安全事件等因素的影响，肉类产品价格呈波动态势，影响肉类产业稳定发展。由于国内外价格差异，肉类走私已呈常态化和普遍化，对国内肉类产业的发展造成干扰和冲击。居民消费更加个性化、多样化，对品质要求不断提高，未来肉类企业面临更大的市场挑战和风险。

——资源承载和环境保护压力增大。"十三五"时期，我国粮食安全特别是饲料资源将继续对畜牧业发展产生重大影响，蛋白饲料原料供应不足仍将是制约畜牧业发展的关键因素之一。同时，还存在牧区载畜量猛增造成的草原生态环境破坏需要恢复和大中型畜禽养殖场周边环境污染有待治理等问题。受资源、环境等多种因素制约，我国保障肉食供应能力不足。据农业部预测，2020年我国肉食需求总量将达到1亿吨，但肉类总产量只能达到9 000万吨左右，大约有1 000万吨的供求缺口要靠进口来弥补。《畜禽规模养殖污染防治条例》的实施，对畜牧业污染防治提出了更高要求。一些地区特别是东部沿海发达省市出于环境保护的考虑，压缩了畜禽养殖业的发展空间，影响到肉类工业可持续发展的基础。

——肉类进口竞争加剧。目前，我国肉类自给率达95%以上，进口量不到总需求量的5%。"十三五"时期，发达国家和部分发展中国家的肉类生产商、加工商将扩大对中国的肉类出口，提供更多安全的高质量的肉类产品。特别是自由贸易的发展，将消除各种关税和非关税壁垒，使肉类进口更加便利并具有价格竞争优势，从而对我国肉类产业形成强烈的冲击。以中澳自贸区为例，2013年我国从澳大利亚进口牛肉15.5万吨，占牛肉进口量的52.7%。根据中澳自贸协定澳洲牛肉12%~25%的关税将在9年内取消，未来澳洲牛肉的进口量还将进一步增加。

——结构调整难度增大。目前，我国肉类加工的产业集中度和技术装备水平较低，80%以上的企业还处于小规模、作坊式，手工或半机械加工的落后状态，与人民群众日益提高的肉食消费需求不相适应。"十二五"初期，我国加快肉类产业结构调整，淘汰了一部分落后产能；"十二五"末期，由于政府职能转变过渡期的影响，"小、散、乱"的产业格局有所恢复，造成大中型企业产能利用率下降、经营亏损，实力下降，影响了在产业结构调整中主导作用的发挥。预计"十三五"时期，肉类产业结构调整的难度将有所增大。无论是扩大冷鲜肉、小包装分割肉和肉制品的生产比重，改变白条肉、热鲜肉为主的供给结构，还是落实节能减排措施，提高畜禽皮、毛、骨、血等资源综合利用水平，都将比"十二五"时期更困难。

三、"十三五"时期发展思路、原则和主要目标

(一) 发展思路

以促进畜禽生产、增加农民收入、保障食品安全和改善居民肉食消费为目标，充分发挥肉类加工企业在农村一二三产业融合发展中的引领作用，大力推进畜禽养殖、屠宰加工和肉品流通的紧密衔接，统筹利用国内国外"两个资源、两个市场"，加强和完善肉类食品产业链建设，加快推进肉类产业结构调整、科技进步和转型升级，提升供给保障力、市场竞争力和可持续发展能力。

(二) 基本原则

1. 坚持"四化"协同、融合发展，强化产业基础

肉类工业要依托农牧业，反哺农牧业，按照"工业化、信息化、农业现代化、绿色化"协同推进的理念和模式改造传统农牧业，加快分散饲养方式向适度集约饲养方式的转变，发挥在农村一二三产业融合发展中的引领作用，促进农牧业增产、农牧民增收和产业转型升级，不断加强肉类加工原料基地建设。

2. 坚持质量第一、安全发展，确保居民健康

肉类工业要严格遵守《中华人民共和国食品安全法》等法律、法规和食品安全标准的要求从事生产经营活动，建立科学、严格的质量安全监督管理制度，实行预防为主、风险管理、全程控制、诚信自律，对肉类食品质量安全负责，不断提高产品质量安全管理水平，保证消费者吃得安全、吃得营养、吃得健康。

3. 坚持科技进步、创新发展，提高经济效益

肉类工业要根据肉食消费需求的变化，加快由分散的手工作坊式加工向适度集中的工厂化机械加工方式转变，加快现代技术装备和科技成果的推广应用，加快信息化和工业化的深度融合，积极采用先进适用技

术改造肉类加工业，推进自主创新，实行优质优价，培育优势品牌，提高市场竞争力和整体经济效益。

4. 坚持资源节约、绿色发展，发展循环经济

肉类工业要按照发展循环经济的要求，开发、推广资源综合利用技术和清洁生产技术，努力促进资源的有效配置和合理利用，促进畜禽资源的深度加工和转化增值，推进节能减排，保护生态环境，实现节约发展、清洁发展，使肉类工业发展与人口资源环境相协调，加快构建资源节约型、环境友好型的肉类食品生产方式。

（三）主要目标

——肉类产量稳步增长。到2020年，肉类总产量达到9 000万吨。

——产品结构更趋合理。在稳步发展猪肉生产的同时，加快发展禽肉和牛羊肉生产。到2020年，猪肉、禽肉、牛肉、羊肉、杂畜肉的产量分别达到5 490万吨、1 890万吨、810万吨、630万吨和180万吨，占比分别为61∶21∶9∶7∶2。

积极发展冷鲜肉加工和肉制品生产。到2020年，县级以上城市热鲜肉销售比例降到40%以下，冷鲜肉占比提高到40%，冻肉占比维持在20%左右。肉制品产量达到1 700万吨，比2015年增长13%，占肉类总产量的比重达到18%以上。加快扩大低温肉制品的生产，提高营养健康肉制品的比重；发展肉类产品的精深加工，开发低温肉制品、调理肉制品和速冻方便肉制品；进一步扩大腌腊制品、酱卤制品、熏烧烤制品、干制品等中式肉制品生产，使中西式肉制品结构从现在的50∶50调整为55∶45。

——质量安全得到保障。到2020年，大中型肉类工业企业全面建立ISO9000、ISO22000等食品质量安全管理体系，全面推进企业诚信管理体系建设；肉类冷链流通率提高到40%以上，冷藏运输率提高到55%左右，流通环节产品腐损率降至7%以下；肉类食品质量抽检合格率达到98%以上。产品质量安全进一步得到保障。

——产业结构明显优化。到2020年，全国手工和半机械化生猪屠宰等落后产能淘汰60%以上，其中大中城市和发达地区力争淘汰90%。屠宰加工企业进一步向畜禽主产区转移。规模以上肉类工业企业数量达到5 000家，占行业内企业总数的比例达到50%，工业总产值达到1.9万亿元，年均增长7%，市场集中度占全行业的80%左右。销售收入100亿元以上的大企业集团达到10家以上。

——技术进步步伐加快。到2020年，大中型企业生产装备应用信息技术的比重达到60%以上；科技研发经费占工业产值的比例达到0.8%；关键设备自主化率达到60%；传统肉制品工业化与标准化理论基础研究实现突破；加大对动物福利的研究，实现宰前运输与管理技术的配套；应用信息技术、生物技术等更新改造肉类加工业技术装备，重点企业关键技术达到国际先进水平。

——节能减排全面推广。到2020年，所有肉类工业企业建成与加工规模相适应的污水处理配套设施，实行污水循环利用。提高资源利用率，畜禽资源综合利用率达到50%以上。全面推广清洁生产技术，"三废"排放达到国家标准。通过技术改造，单位产值能耗比2015年降低15%，单位工业增加值用水量降低10%；全行业副产物综合利用率畜类达到40%，禽类达到70% 主要污染物化学需氧量和氨氮减排量分别为25%、15%。

四、"十三五"时期重点任务和产业布局

总的来看，"十二五"时期规划确定的主要任务和重点工程大部分没有完成。除了肉类产量目标提前超额完成外，在提高质量效益、实施品牌战略、加强自主创新、加快转型升级方面没有显著进展。"十三五"时期需要继续努力，通过深化改革，争取新的突破。

（一）"十三五"时期重点任务

1. 建立养殖场和屠宰加工企业之间的利益联结机制，保障肉类加工原料的稳定供应和质量提升

根据国内外畜禽养殖资源条件和我国肉类工业发展的要求，借助

"一带一路"加快推进的有利时机,以肉类工业结构调整引导农牧业生产,利用国内国际"两个资源",建立标准化、规模化的畜禽养殖场,发展绿色、安全的肉用畜禽养殖基地,并依据资源承载力和环境消纳能力确定发展规模,将畜禽原料的质量、安全和单位产出水平作为衡量的主要指标,使粗放式增长快速转化为以质量效益和竞争力为主的集约化增长。

实施"畜禽标准化规模养殖工程"。以"工厂化生产、标准化管理、规模化经营"的产业模式改造传统畜禽养殖业。以大中型肉类工业企业为依托,按照"公司+畜禽养殖专业化组织+农户"的模式和"利益共享、风险共担"的市场化原则,与农户建立合理的利益分配机制和稳固的购销关系,保障优质、安全肉用畜禽的稳定供给。

按照《全国牛羊肉生产发展规划(2013—2020年)》确定的目标和原则,大力发展牛羊肉养殖,提高牛羊肉在肉类中的占比,保障牛羊肉供给。

2. 加快畜禽屠宰标准化改造与升级,推进肉类分割精细化,实行分等分级、优质优价

对符合屠宰设置规划的企业,推动其对屠宰加工、肉品品质检验、冷藏运输、无害化处理和污水处理等进行标准化改造,并建立肉品质量安全管理体系,完成ISO9000认证;对具备较好基础的屠宰厂(场),引导其通过ISO22000和HACCP等认证,建立质量可追溯体系,为肉品质量安全提供技术和管理保障。加快淘汰手工作坊和半机械化的小型屠宰厂(场)。

组织实施"冷鲜肉加工"专项。重点支持:

——现代化屠宰、分割生产线的应用。应用先进技术更新改造屠宰、分割技术装备,使重点企业关键技术达到国际先进水平。特别是自动化屠宰、分割设备的广泛应用,实现自动劈半、移动式剔骨,及分段、去皮去膘的自动化等,提高人均劳效。

——自动化控制技术的应用。对冷鲜肉产品实现自动贴标、自动分拣、自动封箱打包,实现数据在线自动采集、在线按订单备货,提高生产及发货效率。

——冷鲜分割肉产品标准化体系。建立适应现代化自动分割模式的、适应中国消费需求的冷鲜分割肉标准化体系。推进肉类分割精细化，实行分等分级、优质优价。

——冷鲜肉质量信息追溯系统。广泛应用信息技术，实现产品名称、重量、流向等信息的自动扫描和收集、全程质量追溯。

——冷鲜肉微生物控制体系。按照国际先进水平设置，建立冷鲜肉各环节微生物控制规范及新型卫生清洁系统，提高产品质量，提高卫生清洗效率、降低能耗。

3. 加快自主创新能力建设，推动产业升级与食品安全保障

依据促进肉类产业转型升级、保障肉品质量安全的重大科技需求，瞄准国际肉品科技发展趋势，坚持"以企业为主体、以市场为导向、产学研"相结合，加强基础研究，强化自主创新，突破技术瓶颈，为肉类产业向营养、安全、方便、高效提供有力的科技支撑。

组织实施肉类工业科技发展重点项目：

——肉类基础理论研究。开展微生物预测模型、促进产品成熟的关键控制因子及作用模式、肉品组分变化规律、产品品质的综合调控及内在机制、肉品发酵特性及发酵剂、肉品加工过程中危害物的产生机制与质量安全过程干预控制理论等基层性研究；重点研究传统肉制品工业化与标准化相关基础理论，包括风味形成机理和规律、品质形成规律。

——宰前运输管理和屠宰加工技术与装备研究。加强对动物福利的研究，推动适应我国国情的宰前运输和管理技术，减少动物应激的发生，降低 PSE 肉发生率。通过掌握关键核心技术，增强原始创新力，研发具有自主知识产权的屠宰加工和检测技术。

——肉类加工关键技术研究。重点攻克肉类加工中的快速腌制技术、冷冻与解冻技术、非热杀菌技术、快速降温技术、辅料与添加剂应用技术、标准化技术等。

——肉类质量安全控制与溯源技术研究。重点研究 ELISA 试剂盒、胶体金试纸条、免疫和仿生免疫传感器等快速检测技术，形成系列快速检测技术和规程，集成生物传感、无线网络、GPS、在线检测技术；研发基于多源信息融合的肉类流通监测与溯源技术等；研发基于提离肉类品质的 PACCP 技术、微生物预测货架期预报技术、肉品质量评价技术体系等。

——电商冷链宅配技术体系。针对我国生鲜电商发展的核心制约因素——冷链物流体系，研究与开发信息化冷链物流配送和监控体系，开发轻型生鲜肉保鲜冷链运输装置，提高冷链物流配送效率，减少肉品运输过程损耗和库存损耗，促进生鲜肉电子商务平台发展。

4. 实施品牌化战略，加快发展中式传统肉制品的现代化生产

通过组织实施"中国传统肉制品加工技术改造与升级"专项，加强对我国优良传统肉类食品资源的挖掘，培育一批在国内外市场上具有较强竞争优势的民族特色品牌，推动传统肉类食品的工业化生产和品牌化经营，提升我国传统肉类食品的市场竞争力。

——改进加工工艺。通过标准化规范工艺，明确参数，控制质量，提高加工工艺和配方的科学性，适应工业化生产的要求。

——使用机械设备。采用现代化机械生产方式，取代小作坊手工生产方式，增加产量，降低成本，减轻劳动强度，保证产品质量。

——改进产品包装。采用现代化的食品包装方式，延长产品货架期，扩大产品销售半径，提高肉制品质量安全保障水平。使用营养标签，保障消费者的知情权。

——产品自主创新。结合现代生活肉食消费需求的变化，研制具有传统风味特点的适合工业化生产和居民消费的肉食品，加快调整产品结构，更好地满足各类消费者的不同要求。

5. 加快推进肉类食品冷链物流的技改与升级

根据肉类工业发展的需要，利用信息化技术和供应链管理技术，建立肉类工业企业的现代冷链物流配送体系。推动肉类食品电子商务发展，提高物流效率，降低物流成本，增强企业竞争力。

通过组织实施"肉类食品冷藏库升级改造"专项，重点支持：

——新型制冷剂技术的应用。通过对新型制冷剂应用技术的推广与使用，全面提高现有肉类食品冷库的运行效能，排除安全隐患，达到安全管理的规范要求。

——新型保温材料的应用。通过新型、现代化保温材料的推广与使用，增加企业储存效能，降低成本，减少环境危害，保证存储质量。

——自动化控制技术的应用。通过自动化控制技术的应用，全面提升冷库安全运行水平，实现标准化管理。

——冷库设计的现代化。通过冷库设计水平的现代化升级，从原来的多层库设计，逐渐向现代化的单层库转变，从而提升冷库存储货物的安全、卫生与方便，实现自动化操作，科学化管理。

通过实施"肉类食品冷藏库升级改造"专项，改造一批存在安全隐患、"带病"运行的冷藏企业，提升一批安全管理基础较好的冷藏企业，从而达到全面提升我国冷库科学运行能力和安全管理水平的目标，为服务农牧业和肉类加工提供技术支撑。

6. 规范肉类食品工业园区建设，加快培育产业集群

以肉类加工为主导，促进饲料、养殖、屠宰、加工、包装、冷链物流以及机械装备、食品添加剂、调味品等相关领域绿色产业集群的发展。着力实现园区内主导产业与相关产业的共生和资源循环利用，创新管理，降低消耗，减少污染，提高资源利用率。推广应用畜禽资源综合利用与清洁生产技术，提高经济效益、社会效益和生态效益。

（二）产业布局

从"十二五"时期肉类工业布局规划的执行情况看，区域布局调整的进度比较缓慢。特别是在2013年国务院机构改革和职能转换以来，各地出现不少未经政府主管部门批准、不符合发展规划的小微屠宰和肉类加工企业，使肉类行业大中型企业先进屠宰加工生产线的产能利用率进一步降低，影响了区域布局调整目标的实现。因此，"十三五"时期肉类工业的发展要继续坚持既定的区域布局调整规划，努力实现以下目标。

1. 畜禽屠宰和肉类分割加工

根据农业部对生猪、肉牛、肉羊及禽类养殖的区域布局规划，积极推动畜禽主产区发展与养殖紧密衔接的屠宰及肉类分割加工业。在稳步发展猪肉产品生产的同时，重点发展牛羊肉和禽肉生产，提高其在肉类总量中的比重。结合各地具体情况和条件，扩大冷鲜肉和小包装分割肉生产，稳定冻肉生产、降低热鲜肉的产销比重，形成以市场需求为导向、布局合理、特色鲜明的畜禽屠宰和肉类分割加工新格局。

进一步调整生产结构和区域布局，在沿海、东北、中部、西南四大地区的生猪主产县以及地方猪的主产地，发展与生猪屠宰紧密衔接的分割加工及副产品加工；在中原、东北、西北、西南四大地区的肉牛主产县，发展与肉牛屠宰紧密衔接的分割加工及副产品加工；在中原、中东部、西北、西南四大地区的肉羊主产县，发展与肉羊屠宰紧密衔接的分割加工及副产品加工；在华北、长江中下游、华南、西南、东北、西北等地区的优势区域，① 发展与地方鸡屠宰紧密衔接的分割加工及副产品加工；在长江中下游、东南沿海、西南、黄淮海、东北松花江等地区的优势区域，发展与地方鸭、地方鹅屠宰紧密衔接的分割加工及副产品加工。

在满足国内肉食需求的基础上，着重发展沿海地区、东北地区的生猪分割加工，适度发展对东南亚和俄罗斯等周边国家和地区的出口；着重发展新疆的肉牛和肉羊分割加工，适度发展对中亚和中东地区的牛羊肉出口；着重发展农牧交错带、西北和西南地区的肉羊分割加工，适度发展对中东、西亚、东南亚和南亚各国的羊肉出口；着重发展华北地区、长江中下游地区和华南地区的禽类分割加工，适度发展对东亚及港澳地区的禽肉出口。

2. 肉制品加工

结合我国具有地方特色的畜禽生产布局，相应调整产业投资方向，大力推动传统中式肉制品的工业化生产，努力把西式产品注重营养、方便和中式产品注重色、香、味、形的饮食文化特点结合起来，培育和发展一批在国内外市场上具有竞争优势的民族特色品牌，提升我国传统肉制品的市场竞争力。

结合大中城市和东部沿海发达地区屠宰企业的外移，利用原有屠宰厂的基础设施进行技术改造，转型为适合当地消费特点的肉制品及副产品加工企业；结合畜禽屠宰与肉类分割加工区域布局结构的调整，在畜禽主要产区新建肉制品及副产品加工企业，创建优势品牌的产业集群，扩大销售市场。

3. 冷库及冷链物流配送体系

冷库及冷链物流配送体系建设对于肉类产业的布局具有重要影响。要按照肉类产销的需要，以市场为导向，构建现代化冷库和冷链物流配

---

① 优势区域主要指具有资源优势、区位优势、产业优势的区域。

送网络。一是要对现有的冷库设施和冷链物流系统进行技术改造升级，加快淘汰落后设备。二是要结合屠宰及肉类加工企业的区域布局，积极采用先进技术，新建一批技术新、效率高、规模大、跨区域的冷链物流配送中心。分品类看：

——猪肉冷链物流体系建设，重点发展中部、华南到沿海地区，以及东北到京津地区的冷链物流；同时，要加快大中城市猪肉冷链配送的发展，推广品牌冷鲜肉消费。

——牛羊肉冷链物流体系建设，重点发展中部到京津、环渤海和长三角地区，西北到中亚、中东，以及西南到华南的冷链物流。

——禽肉冷链物流体系建设，重点发展华北地区、长江中下游地区和华南地区的产地冷链设施，增强对东亚及港澳地区禽肉出口的冷链系统支持。

五、政策措施

（一）制定《畜禽屠宰法》，加快淘汰落后产能

在全面完成屠宰管理职能转变、制定"畜禽屠宰管理条例"的基础上，尽快启动制定畜禽屠宰法的工作。通过依法加强屠宰行业管理，加快淘汰落后产能，改变我国小微屠宰企业过多、现代化屠宰企业产能利用率过低的现状。

小微企业过多，与目前行业管理规则、标准不清有关。建议在立法过程中明确淘汰落后产能的规则和标准，为依托规模以上企业促进产业现代化提供依据。从我国国情出发，大中小型企业并存、以中小企业为主的格局将长期存在。在提高产业集中度的同时，要以确保肉类食品安全为核心，依法对中小企业实施标准化、规范化管理。

（二）加强监管，严厉打击病害肉、劣质肉、走私肉上市

当前，规模以上企业畜禽屠宰量及病害肉无害化处理量下降，意味

着市场上病害肉、劣质肉、走私肉的增加。只有严厉打击病害肉、劣质肉、走私肉上市，才能增加安全、健康、优质肉类的供应，保障人民健康安全。为了满足国内市场对肉类日益增长的需求，一方面，要提升肉类贸易开放度，通过扩大贸易推进世界产业结构调整，实现全球资源再平衡；另一方面，要切实加强进口贸易管理，严厉打击肉类走私，防止低价未经检疫检验肉品对我国畜禽养殖和肉类加工业的冲击。建议加大监管力度，严惩非法经营者，同时要完善病死畜禽无害化处理制度，以无害化处理为依据发放病死畜禽保险。

为打击病害肉、劣质肉、走私肉上市，要大力加强肉食消费领域的科普宣传。配合《中华人民共和国食品安全法》的贯彻，向广大消费者普及肉类食品安全知识，提高消费者对病害肉、劣质肉、走私肉等不合格肉品的认知能力，动员全社会共同参与肉类食品安全治理。

（三）加大对肉类加工业提档升级的政策扶持

针对肉类产业目前资产负债率上升，成本费用加大，税负有所加重的现状，为了发展规模化、标准化、现代化的肉类加工业，支持规模以上企业降本增效、提高劳动生产率，向中高端升级，建议加大中央和地方财政支持力度，充分利用现有财政政策及资金渠道，对肉类加工产业和产业集群公共服务平台建设、企业技术改造等重点项目给予支持，明确涉农资金用于肉类加工业提档升级的比例。中国农业发展银行及商业银行对符合国家产业政策和贷款条件的肉类加工项目和企业技术改造提供信贷支持，对实力强、资信好、效益佳的企业优先安排贷款，增加授信额度；支持符合条件的肉类加工企业通过在银行间债券市场发行短期融资券、中期票据、中小企业集合票据等方式拓宽融资渠道，募集生产经营资金。扩大进项税额核定扣除办法试点行业范围，扩大肉类加工所得税优惠范围。

（四）加强肉类加工产业科技创新能力

突出国家科技创新驱动发展的战略目标和任务导向，加强肉类加工产业战略研究与系统布局，形成政府引导和大型肉类企业参与的科技投入机制。充分发挥肉类企业在技术创新决策、研发投入、科研组织和成果转化中的主体作用，建立以企业为主体、以市场为导向、产学研紧密结合的协同创新机制。着力推进肉类加工产业科技创新型人才培养和创新团队建设工作，瞄准肉类科技发展动向和产业导向，加强领军人才培养和国际一流创新团队建设，加强中青年高级专家、学科带头人及优秀创新团队建设。

（五）充分发挥行业组织作用

充分发挥行业组织联系政府和企业的桥梁纽带作用，鼓励行业组织积极参与国家、地方有关政策法规、食品安全标准的制（修）订工作。加强行业自律，推动行业诚信建设，宣传、普及食品安全知识。加强对肉类加工业发展重大问题的调查研究，组织企业及时反映行业情况、问题和诉求。强化对肉类加工业相关信息的统计和发布，构建完善的信息网络平台和发布渠道，更好地为企业服务。建议在"十三五"时期，发挥行业组织的综合优势，推进肉类加工业通过"引进来、走出去"参与国际合作、互利共赢，加快产业提档升级。

行业4 乳制品工业"十三五"发展要点

一、指导思想与基本方针

——促进国内奶牛养殖业与乳制品加工业协调发展，提高人均乳制品消费水平，维护行业的健康稳定。大力发展清洁生产和循环经济技术，建设资源节约型和环境友好型的现代乳制品工业。

——鼓励企业通过兼并、重组，整合加工资源，提升竞争能力。

——优化产业布局，调整产品结构。继续发挥重点产区以及大中城市的资源优势，提高资源利用效率，合理配置原料和加工产能；鼓励发展具有地方特色的乳制品，鼓励羊乳、水牛乳、牦牛乳等特种乳制品的开发利用。加快调整产品结构，适应市场消费特点，鼓励发展高附加值的配方乳粉、干酪等产品；积极发展乳蛋白、乳糖等乳品深加工产品。

——提高企业国际化水平，提高全球资源配置和市场竞争的能力，通过吸收利用和自主创新，提升技术水平和管理能力，保障产品质量安全。积极推进技术装备的自主化进程。

——规范投融资行为和市场秩序，建立公平的竞争环境。

二、主要任务和重点工作

——大力发展规模饲养，提升奶牛养殖水平，提高奶牛单产，降低生产成本，降低奶价。

——优化产业布局，加工项目规模与产品种类应与区域奶源供应相适应，与市场需求相符合，与配送能力相匹配。大中城市周边根据市场需求主要发展巴氏杀菌乳、发酵乳等低温产品，适当发展干酪、奶油、配方乳；远离消费市场的奶源优势地区，重点发展乳粉、干酪、奶油、灭菌乳等，根据市场需要和配送能力适当发展巴氏杀菌乳、发酵乳等产品。鼓励羊乳、水牛乳、牦牛乳等特种乳产区的发展。

——开发关键技术，提升行业技术装备水平、创新能力。

三、发展目标

"十三五"时期，全国乳制品产量争取达到年递增5%左右，到2020年，总产量达到3 550万吨。其中，干乳制品产量达到350万吨；液体乳制品产量达到3 200万吨。2020年，我国人均乳制品消费量达到亚洲平均水平。

四、主要措施及建议

——鼓励乳制品加工企业通过返还利润、参股入股等多种形式，与奶牛养殖者结成稳定的产销关系和紧密的利益联结机制。加快建立生鲜乳质量第三方检测制度与体系。

——鼓励自建、参股建设规模化奶牛场、奶牛养殖小区，逐步扩大企业自控奶源的比例。鼓励乳制品加工企业自行建设或者收购生鲜乳收购站。

——鼓励企业采用先进节能、节水技术，大力开发和推广应用节水新技术、新工艺、新设备，改造、淘汰能耗高的技术与装备，提高资源综合利用效率。

——提升企业关键岗位职工技能，加强企业诚信体系建设。

——引导乳品消费，开拓乳业市场。多种形式广泛宣传和大力普及奶类营养知识，培养乳品消费习惯，引导城乡居民扩大消费，积极开拓中小城市和农村消费市场。鼓励发展网店销售。

——鼓励中国乳品企业到资源优势国家建设基地，重点发展乳粉类产品，乳清类产品，干酪类产品；鼓励中国乳品企业与国外机构或企业进行技术合作。

——完善乳品冷链物流配送体系及相关法规标准，保障全程冷链及有效实施，保证产品质量安全，促进低温乳制品的快速发展。

——完善标准法规体系建设，对乳制品标准法规体系进行全面梳理，使行业标准法规体系进一步完备，符合行业发展要求。

——统一国产乳品与进口产品的监管方法和措施要求，包括生产企业的生产许可，生产监管要求，产品检验要求等，保证企业公平竞争。

行业 5　水产品加工业"十三五"发展战略研究

"十二五"时期，国内外经济形势错综复杂，进入新常态的中国宏观经济形势不确定性显著增加。面对复杂多变的经济形势，我国水产品加工业出现波动发展态势。水产加工品从追求数量向追求质量转变；从满足食物需求向营养、健康转变；从大众化产品向特色化、品牌化、个性化产品转变。水产加工业从初级加工向精深加工转变；从国际分工向产业升级转变；从第二产业向促进第一产业带动第三产业全产业链拓展转变。

一、我国水产品加工业"十二五"时期发展成就及存在的主要问题

"十二五"时期，我国渔业积极落实"以安为先，以养为主，养殖、捕捞、加工并举"的发展方针，水产品加工业主要发展成就体现在以下方面。

（一）水产品加工能力稳步提升

"十二五"时期，我国水产品丰年有余，供给充足，水产品总产量已经连续26年位居世界首位。通过延长水产品加工产业链，提高水产品附加值，水产品加工业正逐步成为效益渔业的主导产业。水产加工产品仍然以冷冻产品为主，冷冻加工品加工量增幅明显大于初级冷冻品。加

工产品形式由块冻向小包装、条冻、单冻发展，由初加工向精深加工发展。新产品的开发也取得较大进展，各具特色的水产加工产品丰富多彩，除满足国内市场需求，海外市场也取得很大进展。

（二）水产加工产品及区域布局更加合理

淡水鱼类加工取得重大进展，淡水鱼加工专用成套设备广泛利用；加工副产物、高值化利用研发不断突破；东南沿海及长江中下游以利用国产原料为主加工后供应国内市场或出口国际市场；北方沿海来进料加工下滑，但仍占据国际主导地位。内陆省份的水产品加工比例呈现上升势头。远洋捕捞产品运回国内进行加工并供应国内市场逐年增加。

水产品加工业主要问题有：水产品加工生产成本增加，人民币升值、用工紧张造成相应价格的持续上涨，导致水产品加工业生产成本快速增加，整体竞争优势下降。加工区域发展不均衡，我国水产加工企业大多集中在沿海地区，山东、浙江、福建、广东、辽宁、江苏、海南等省份加工品总量占全国比重达到90%以上，内陆地区水产品加工业相对薄弱，水产品加工量占全国比重不足10%。加工规模和整体水平还比较低，中小企业和家庭作坊较多。我国水产品加工企业的装备50%还处于20世纪80年代的世界平均水平，40%左右处于20世纪90年代水平，只有不到10%装备达到世界先进水平。与发达国家比较，发达国家水产品深加工（二次以上加工）占80%，我国只有30%左右；发达国家水产品加工产值与渔业产值之比约为3∶1，我国仅为0.35∶1。在国际市场上，我国水产品几乎只能作为原料和半成品出口，不仅售价低，而且由于缺乏市场竞争力，与渔业大国的地位不相称。水产品加工服务体系建设滞后，渔民专业合作经济组织和行业协会发展滞后，公益性社会化服务平台尚未形成。

二、"十三五"时期我国水产品加工业发展背景与环境

据粮农组织的报告称，未来水产品消费热门地点将集中在亚洲地区。

生活质量提高、包装和冷藏技术的改进、消费者对健康意识的提升，都是增强水产品消费的重要推动力。无疑，发展中国家是水产品消费增长最快的区域，随着进口水产品的不断增加，新兴经济体的消费者将享受更加多样的水产品。

随着中国经济进入新常态，水产品加工业发展内外环境正在发生深刻的变化，并不断显现出新特点。面对新形势，水产品加工业在经济社会发展全局中的战略作用不断凸显，在促进持续健康发展建设具有中国特色现代渔业和海洋强国中将发挥重要的战略支撑作用。

"十二五"时期，水产品生产保持稳定发展态势，市场交易活跃、供给充足，水产品进出口贸易保持平稳。水产品加工业在高起点上实现了新发展。但必须看到，我国经济正面临下行压力加大，经济增长速度放缓等严峻考验，2014～2015年，整个水产品加工业遇到了前所未有的挑战，不确定因素在增加，如国际市场贸易保护主义抬头，出口形势严峻，国内人口红利逐渐消失，劳动力成本上升，海洋渔业资源衰退，资源环境约束增强，建设生态文明社会目标对产业发展方式提出更高的要求；食品安全形势更加严峻，逐步细化的市场需求对水产品质量提出进一步要求等，面对挑战，我国水产品加工业和其他行业一样正面临着巨大的产业结构调整和转型升级的压力。

在分析当前我国水产品加工业发展面临的国内外复杂形势的同时，我们也要充分认识到，"十三五"时期是我国全面建设小康社会的关键时期，在工业化、城镇化深入发展中同步推进现代化，水产品加工业发展是"十三五"时期的一项重大任务。可以预见，"十三五"时期乃至今后很长一段时期，水产品加工业将面临转型和升级的机遇与挑战。

在国家"一带一路"倡议构想实施的背景下，在绿色经济、低碳经济、蓝色农业、海上粮仓等发展理念带领下，预期水产品加工业产业转型升级将加速推进。加工企业越来越多地与国外公司相关联，超市连锁店和大型零售商控制下国际分销渠道的市场需求格局成为限定加工产品的重要因素。国内水产品需求稳增的同时，国内企业充分成长，越来越多的国内采购商、消费者选择购买本国产品，越来越多的水产企业加大了对国内市场的开发与投入。随着水产加工品的需求加大以及市场准入的导向，更多的加工产品、高附加值产品、休闲产品、方便加工品等，在市场中呈现并广泛流通。随着人们对营养保健的进一步认知，海洋生物提取保健品、海洋药品市场空间潜力巨大。

随着中澳、中韩等自由贸易协定实质性谈判的结束，以及中冰、中瑞自由贸易协定的相继实施，我国将与超过20个国家和地区建立自贸关系，我国水产品加工业将加大在全球的布局。随着物联网和信息化的迅猛发展势必会对水产品区域布局优化，进出口的发展起到推波助澜的作用。互联网模式将渗透水产品加工业，"互联网＋水产"带动产业升级，电商将给水产加工企业带来多维未来。

三、"十三五"时期发展思路

深入贯彻落实科学发展观，认真落实党中央、国务院的决策部署，充分发挥市场配置资源的决定性作用和更好发挥政府作用，主动适应经济新常态的要求，考虑和综合运用国际、国内两个市场、两种资源，坚持以加快转变经济发展方式为主线，着力推进结构调整和产业升级，依靠科技进步和自主创新，秉承质量优先原则，以构建布局优化、技术领先、资源节约、环境友好、产品安全、满足市场需求的现代化水产品加工产业体系为核心，努力提高水产品加工业综合效益和竞争力，实现水产品加工业的可持续发展，为国民经济和社会发展做出更大贡献。

四、"十三五"时期的基本原则

（一）统筹兼顾，促进一二三产业协调发展

按照专业化、规模化养殖，集约化、规范化管理，智能化、信息化储藏物流的理念升级改造传统水产养殖业及流通业，大力培育集捕捞、养殖、加工、储藏、运输及产品营销为一体的水产品加工产业集群，鼓励建设自有原料生产基地或发展订单式渔业的运作模式，实现水产品加工业与养殖业和流通之间的优化布局、协调发展，促进一二三产业的有

机融合。

（二）坚持质量提升，保障产品有效供给

把提高水产品质量安全水平和保障水产品有效供给有机结合，建立统一、规范的水产品加工产品质量安全标准体系、检测检验体系及对应的风险监测体系，提升企业自身质量安全管理能力，加快淘汰落后产能，完善市场准入管理，落实企业主体责任，建立健全企业质量管理体系，保障水产品加工产品质量安全，满足城乡居民日益提高的健康消费需求。

（三）坚持科技创新，推进产业升级

保护和发展具有民族特色的传统工艺的前提下，向现代化、规模化、集约化、信息化的方向发展，大力推进科技创新和体制机制创新，着力增强创新驱动发展新动力。优化资金、科技、人才、管理等要素的资源配置，积极引进和开发高新技术、装备和工艺的同时，提高技术、装备自主化水平，推动科技创新和技术人才培养，加快科技成果推广应用和产业化的步伐。

（四）坚持生态文明建设优先，推动可持续发展

按照国家生态文明建设要求，坚持可持续发展和循环经济的理念，以资源环境承载力为基础、以自然规律为准则，大力发展环境友好型加工业，坚持高标准、严要求，采用先进工艺和技术，切实推行清洁生产技术和装备，提高水产品加工率及资源综合利用水平，促进节能减排，降低资源消耗及污染物排放，确保海洋资源开发利用与资源环境承载力相适应，达到可持续发展目标。

（五）坚持因地制宜，发挥区域比较优势

综合考虑产业基础、资源、经济、市场和技术优势，依托优势水产

品专业化生产区域，发展优势、特色水产品加工业和特色品牌，逐步形成适合不同区域水产品生产和加工产业带，实现加工与原料基地结合，上下游产品衔接，工农结合，合理布局，良性循环。重点扶持一批大中型水产品加工龙头企业，通过企业兼并重组，加快由传统组织结构向现代组织结构的转变，提高产业集中度和专业化分工协作水平。延伸产业链，实行产加销一体的产业化经营，壮大龙头企业，培育参与国际竞争的新型主体。

（六）坚持市场需求导向，强化政府引导作用

遵循市场经济规律，发挥市场在资源配置中的决定性作用，利用市场信息和市场办法引导、指导生产加工，不断适应和满足市场需求。将水产加工业作为食品保障的重要部分纳入公共财政投入的重点领域，改善基础设施和装备条件，健全基本公共服务体系，政府重点做好规划引导和服务、总结推广先进经验、加大政策扶持和创造良好市场环境，充分调动各类生产经营主体积极性。

五、"十三五"时期发展的主要目标

到2020年，水产品加工业集约化、规模化、自动化、质量安全水平进一步提高，区域布局与产业结构进一步优化，形成自主创新能力强、保障安全和营养健康、具有国际竞争优势的现代水产品加工产业。

（一）总产量稳定增长

在满足市场需求、转变方式、优化升级的基础上，保持产业平稳增长。到2020年，水产品总产量达到7 000万吨以上，水产品加工总产值达到5 000亿元以上，年均增长8%以上。

（二）产业结构进一步优化

在稳定现有水产养殖面积的基础上，大力发展远洋渔业、船上水产品加工产业及精深加工业。加工及制成品向多样化、营养化、方便化、安全化、优质化方向发展，到2020年，水产品加工率由目前的35%提高到45%以上。

（三）质量安全水平明显提高

建立健全我国水产加工业标准体系，完善水产品质量安全管理制度体系，推动落实企业诚信管理体系及产品质量安全可追溯体系。到2020年，水产品质量合格率保持在98%以上。

（四）产业集群效应显著

培育形成一批辐射带动力强、发展前景好、具有竞争力优势的大型水产加工企业，提高生产集中度。培育一批水产食品知名品牌。努力扩大品牌产品的知名度和市场占有率。鼓励和支持水产加工企业向产业园区集聚。到2020年，全国建成具有一定规模和较强区域影响力的现代产业园区，培育形成销售收入超20亿元、具有明显区域带动作用的水产品加工大型企业30家、超10亿元的100家。

（五）资源利用和节能减排成效显著

加强海洋资源科学开发和生态环境保护，生态保护水平不断提高。到2020年，所有水产品加工企业建成与加工规模相适应的污水处理配套设施，加强水资源的循环利用。全面推广资源综合利用技术和清洁生产技术，"三废"排放达到国家标准。全行业副产品综合利用率提高到80%以上，主要污染物排放达标90%以上。

(六) 自主创新能力明显增强

掌握、开发一批具有独立自主知识产权的食品加工核心技术和先进装备。到 2020 年，关键设备生产自主化率提高到 50% 以上。一些主要水产品加工业的技术装备和产品质量达到发达国家的同期水平，部分特色产品保持世界先进水平。

六、"十三五"时期的重点任务

实施水产品加工产业结构调整和转型升级，促进水产品加工业集聚发展。完善水产品质量标准体系、监测指标体系，建立水产品安全风险预警系统，保障水产品质量安全。重点发展水产品精深加工和综合利用，努力提高精深加工水产品的比例，提高加工品的附加值。开发适合大众消费的产品，满足国内民众生活方式改变需求。挖掘海洋生物资源，加快海洋生物资源食品化、规模化加工，形成一批海洋功能食品产业化生产技术体系。重点突破水产品贮运流通工程关键技术瓶颈，加快推动水产品冷链物流体系建设，强化水产品市场信息服务，积极培育水产品电子商务市场。开展水产品加工装备的研制，提高加工装备精准化和现代化水平。加快技术进步和自主创新能力提升，重点支持企业和科研院所、高校针对制约加工业发展的技术难题开展联合技术攻关，研发具有核心竞争力的新技术和新产品。充分利用"两种资源、两个市场"和现代信息技术，加大企业品牌宣传及市场开拓力度，引领并促进国内外水产加工品消费。引导水产加工企业重视节能环保，提高水生生物资源和生产性资料的利用率，走可持续发展道路，发展低能耗、低排放、低污染的生态优先、环境友好型水产品加工业。

(一) 促进产业结构优化升级

鼓励企业建设"公司+基地"或"龙头企业+合作社+农户"的经

营模式和引入订单式农业运作模式，鼓励水产品加工企业通过定向投入、定向服务、定向收购等方式，发展产业化经营，与专业合作社、渔民建立稳定的合同关系和利益联结机制，形成真正的利益共同体。

加强对水产品深加工行业的宏观调控和科学规划，引导水产品加工业向规模化和集约化方向发展，保障一二三产业协调发展。按照"安全、优质、营养、方便"的要求，推进传统水产品工业化生产。以科技创新为驱动力，开发大宗水产品及产物资源加工新工艺、新产品，熟化一批重要产物资源利用技术。重点研究水产品加工副产品及高附加值产品开发技术、海洋渔获物船上保鲜与加工技术，海洋生物新资源食品开发技术，努力提高精深加工水产品的比例，开发具有国际竞争力的深加工产品和适合大众消费的产品，满足国内民众生活方式改变需求，改变国民的饮食结构和发展食用优质蛋白工程。

（二）强化水产加工品质量安全

健全水产加工标准化体系建设，及时制（修）订符合产业现状的水产加工制品的国家标准、行业标准及团体标准，建立与国际接轨的水产品原辅材料质量安全标准、水产品加工制造技术规范、水产品卫生质量安全标准及水产品物流标准。提升监管部门的检验检测能力，严格食品检验机构资质认定，完善水产品加工制品质量安全检验、检测手段，抓好质量认证工作。推动快速检测设备的研发和应用，建立完善的产地准出和市场准入的快速检测程序。全面实施水产品可追溯体系和示范，建立完善的水产品安全风险预警系统与质量安全风险评估体系。健全食品安全监督机制、投诉管理制度、不合格产品追溯制度、食品退市召回与应急处理制度。建立健全食品工业企业诚信管理体系，完善诚信激励和失信惩戒措施。落实企业食品安全主体责任，完善企业内部质量控制、监测系统。持续推进企业质量管理提升和食品安全措施改进。

（三）促进产业集聚发展，优化完善水产冷链物流体系

依托资源禀赋和区位优势，积极推进水产品加工园区建设，促进水

产品加工业集群式发展。以"资源优势、产业特色、差异发展"为原则，积极规划和发展龙头企业主导、产业链完善、辐射带动作用强的水产品加工产业园区。推广产业集群示范，统一进行品牌、市场规划、合理布局能源配置、污染处理等系列功能，集中解决用地、贷款、融资等问题，有效加强信息、技术共享和公共服务平台的建设。依托经济实力好、发展潜力大、带动能力强的骨干企业，形成专业分工协作和相互带动的局面，配套检验检测、人才培训、加速形成功能完善、布局合理、资源节约、特色突出的现代水产品加工业产业集群。

完善船上渔获物的保鲜、加工过程的质量管控，加大对渔船卫生设施改造及冷藏物流设备改善的支持力度，实施渔船具备自带制冷机组装备与保鲜技术系统，在有条件的地区试点建设海上综合加工船，实现船上生产、加工、运输与地面冷链物流的有效连接，努力提高海上第一线渔获物冷冻保鲜水平。加快冷链物流技术应用，逐步改善渠道上游、渠道下游的延伸冷链。在贮藏技术装备方面，采用自动化冷库技术，其贮藏保鲜期比普通冷藏延长1~2倍。通过信息技术建立电子虚拟的海洋食品冷链物流供应链管理系统，对各种货物进行追踪、对冷藏车的使用进行动态监控，同时将各地需求信息和连锁经营网络联结起来，确保物流信息快速可靠的传递，实现全过程冷链物流的完全对接，降低原料物流环节损耗。支持水产加工物流园区建设，强化水产品市场信息服务，培育新型多元的水产交易平台，引导开展水产品电子商务，推动单一的传统营销方式向多元化现代营销方式转变。以冷链系统和信息系统为支撑，构建现代化水产物流体系。

（四）加快现代化水产加工装备的研发

坚持自主开发与引进吸收相结合，提高集成创新和引进消化吸收再创新的能力，摆脱低级的模仿和复制。针对我国水产品加工工艺过程的特点和需求，大力开发自动化、半自动化的水产品原料处理机械设备及海洋水产品加工副产物处理设备，有步骤地突破水产加工装备智能、数字化改造力度设计与高水平、高精度和智能控制的专用和成套与过程检测、节能减排、质量控制、监测与检测、安全卫生共性技术与标准等关键装备与配套制造，提升国产设备的模块化、精准化、稳定性、成套性以及工艺材质和自动化水平，部分核心技术达到国际先进水平，加快装备自主化与信息化进程，提高工艺水平和生产效率，推动产业由劳动密集型向技术密集型的转变，为实现水产品加工产业规模化发展打下基础。

（五）推进节能减排的现代水产加工业

加大水产品加工行业节能降耗、减排治污工作的推进力度，鼓励水产品加工企业建立与加工规模相适应的污水处理和综合利用基础设施。提高资源利用率，加快开发水产品加工副产物综合利用技术，加快绿色环保、资源循环利用等先进实用技术和装备的研发和推广。加快水产品清洁生产技术、冷冻及冷藏设备节能降耗技术的开发和推广，确保污染物排放和节能降耗达到国家相关标准要求。建立健全产业退出机制，明确淘汰要求，量化淘汰指标和规模，分年度逐级分解落实到各地和具体企业。依法淘汰一批技术装备落后、资源能源消耗高、环保不达标的落后产能，促进行业可持续发展。

（六）推进科技创新，提升企业的市场竞争力

优先开发大宗水产品的精深加工工艺、技术和装备。建立基础理论研究、重大共性关键技术研发、产业化开发相融合的格局。完善自主创新机制，建立技术创新体系，探索多种形式的产学研用联合创新机制，打破部门界限，吸收各方面的优势力量，组建一些协同创新组合，开展重大科技问题研究。引导和支持科技创新要素向企业集聚，注重发挥企业的创新作用。加快推进先进适用的科技成果转化应用，形成一批具有自主知识产权的产品。营造有利环境，依托食品领域的国家重大项目、重大工程和重点科研基地，积极引进海外高素质创新创业人才，加强科研人才培养及研发队伍建设，造就一批具有国际水平的食品科技创新团队，全面提升我国水产加工业的自主创新能力。

培育和扶持一批规模较大、自主创新能力较强、拥有核心技术、盈利能力强、诚信度较高的水产品加工企业；形成以大型骨干企业为龙头、

中型企业为支撑、小（微）型企业为基础的共同发展新格局。引导和推动优势企业实施强强联合、跨地区兼并重组，提高产业集中度。支持水产品加工龙头企业引进国外资金、技术和管理经验，利用优势品牌整合产业链，进一步做好企业品牌的宣传推介，扩大品牌美誉度和知名度，着力打造一批有影响力、有文化内涵的水产品品牌，提升品牌价值，提升我国水产品加工企业的综合竞争力。

（七）调整对外合作与贸易战略，推动外贸结构调整

充分考虑经济一体化对水产资源及产品的全球性配置影响，结合国家"一带一路"倡议，积极开展与相关国家之间的渔业协议，以资本、技术、市场等为纽带的涉外投资，开展养殖、加工及流通等领域深度合作，发展海外养殖基地、加工基地和远洋渔业保障基地。努力推动进出口市场结构从传统市场为主向多元化市场全面发展转变，提高新兴市场、品牌产品在外贸中的占比；着力优化外贸商品结构，增加品牌产品出口，提升出口附加值和技术含量；提高行业龙头企业国际化经营水平。积极参与国际贸易谈判和国际贸易公约的制定，争取国际资源利用与贸易公平的主动性，稳定和巩固我国水产品加工与贸易稳定协调发展，推进对外贸易转型升级。

七、"十三五"时期的布局

坚持因地制宜、发挥比较优势。重点发挥黄渤海、东南沿海、长江流域三个水产品出口加工优势产业带在保障水产品安全有效供给、促进渔民增收中的战略核心作用和示范带动作用。鼓励黄渤海地区在巩固来料加工及对虾、贝类、海藻加工优势基础上，积极向海洋功能食品领域延伸；鼓励东南沿海地区在巩固鳗鲡、对虾、蟹类、贝类、大黄鱼、罗非鱼、海藻加工优势基础上，大力发展远洋水产品和近海捕捞水产品精深加工；鼓励长江流域在巩固大宗淡水鱼、河蟹、小龙虾、加工优势基础上，大力发展精深加工和副产品高值化利用。引导和扶持内陆省份开

展淡水产品加工。支持中西部地区结合地方实际，积极承接优势地区产业转移，规模与质量并重提升。

八、"十三五"时期促进水产品加工业健康发展的政策措施

（一）加强政策引导，落实税费政策，改善产业发展的宏观环境

强化对水产品加工业的顶层设计与战略研究，把水产品加工业作为战略性支柱产业和新的经济增长点列入议事议程，明确水产品精深加工及加工副产物综合利用作为产业主攻方向。鼓励水产品加工企业与渔船、养殖场采取订单合作模式，进行按需生产，达到防止原料价格波动过大以及更好促进一二三产联动发展的目的。尽快完善相关法规、明确界定水产食品定义、范围与类别，针对不同企业的经营形式、经营范围，做好不同食品加工企业的分类管理，明确管理主体，合并管理职能，将水产品初级加工企业纳入农业基本经营体系的范畴予以相应的政策、金融、科技支持，提高水产品加工比例。强制实施水产加工品的可追溯性、确保水产加工品的质量安全，确保水产加工业符合资源保护的要求和节能减排工作的相关指标。

探索利用财政资金撬动引导金融资本、社会资本、工商资本支持水产品加工业发展的新途径，推动水产品加工业与资本市场对接，加强上市融资服务和指导培训，通过兼并、收购、重组等商业模式，引导水产加工行业骨干和优势水产企业做大做强。引导推动水产品加工企业信用担保体系建设，设立扶持水产品加工业发展的专项资金，加强对优势水产加工项目的支持，促进产业优化升级。完善、落实水产品加工税收优惠政策。进一步落实《农产品加工所得税优惠目录》，争取落实有关水产品初加工税收优惠等政策；加强与税务部门的协调，争取统一水产品加工进销项增值税率；企业引进技术和进口加工设备，符合国家有关税收政策规定的，免征关税和进口环节增值税；降低加工企业进口资源型产品的关税，减免来进料加工的下脚料出售时营业税和所得税。企业

研究开发新产品、新技术、新工艺所发生的各项费用，在缴纳企业所得税前扣除。建议将水产品加工机械、自动化技改纳入农机购置补贴范畴。对于加工企业的工艺装备升级给予补贴，对采用低能耗、低水耗、低排放、低污染的加工机械装备给予一定的财政补贴或信贷支持。引导现代农业生产发展资金、农业结构调整资金、农业综合开发资金、中小企业扶持资金等向水产品加工业倾斜。

（二）积极推动装备水平提高

贯彻落实《中国制造2025》，加快生产装备智能化改造，提高水产品加工机械化、自动化程度，提高精准制造和敏捷检测能力，缓解劳动力转移、劳动力成本提升等压力。建议水产机械设备向机电一体化方向发展，利用微电子技术对生产过程进行检测和监督。

（三）促进互联网与产业的融合

继续抓好产业信息化提升和两化融合，推动云计算、物联网、大数据等新型信息技术在水产品加工业中的应用，培育新技术、新产品、新业态的发展，提高水产品加工标准化程度，更好服务水产品物流运输与分销。

（四）扶持加工业环保设施投入，提高市场准入标准

严格生态环境评价，提高资源集约节约利用和综合开发水平，建立符合生态文明，环保达标为基础的市场准入制度。加快淘汰落后、高能耗、高污染的加工企业，同时对水产品加工企业废水处理等节能减排措施给予补贴，大力推进水产品加工业向绿色、循环、低碳发展的趋势。

（五）对接资本市场培育龙头企业，提升国际影响力

对国内资源做到合理保护与利用，从而保障原料的可持续供给，加

快发展远洋渔业及大洋性渔业，加强渔业双边合作，充分利用国际资源。在国际分工中，促使加工向产业中下游转移，一方面，与发展中国家合作，利用其劳动力资源，进行加工转移；另一方面，积极探索进入发达国家的零售超市等流通领域的途径。增加对加工骨干企业的技改投入，重点支持企业的基地建设、科研开发、技术服务、质量标准、信息网络体系建设及出口支持和协调服务。以品牌建设为转型升级的重要抓手，支持企业跨行业、跨地区、跨国界的经营策略，鼓励其在激烈的国际、国内市场竞争中占据主动，构建自主创新的产品和品牌，提高应对各类贸易壁垒的能力，提升国际影响力。

（六）加强宣传推广，引导健康消费

加强舆论导向管理和消费知识宣传，充分发挥新闻媒体和网络平台优势，采取多种形式，开展通俗易懂、喜闻乐见的政策及科普宣传，加强食品安全、食品营养知识和健康消费模式的宣传、普及，加强中小学生食品营养科普教育，引导消费者树立科学的消费观，增强对国产水产品的消费信心，促进科学消费、健康消费。开展对从业及相关人员食品安全与营养知识的科普宣传，提高整体专业素质和水平；鼓励企业、社会组织和其他机构开展多种形式的科普宣传。

（七）充分发挥行业协会作用，提高组织化程度

在政府转变职能改革过程中，积极探索行业协会共建共管机制，依靠法律保障、行政推动和财政支持等手段促进行业协会发展。充分发挥行业协会的桥梁纽带作用，积极参与有关产业战略规划、政策法规、标准的制（修）订。密切跟踪、掌握和分析行业新动向、新问题，提出解决问题的意见和建议，准确把握水产品加工业与市场供求变化的动态，反映企业诉求，推动行业发展。加强行业组织在产业发展、行业自律、技术进步、贸易促进、行业准入、舆论宣传和公共服务等方面的能力建设。

行业6 制糖工业"十三五"发展战略研究

一、"十三五"时期我国制糖工业发展背景与环境

(一) 国际经济形势与食糖市场未来走势

1. 全球经济发展趋势

随着世界经济格局的深度调整,世界经济发展将出现新趋势:一是全球经济仍将延续稳定的低速增长态势,据IMF预测至2018年全球经济增速将达到4.5%,低于2007年5.4%。二是国际贸易和国际投资低速扩张,国际金融市场仍将大幅震荡。根据IMF的统计,2012~2014年全球贸易仅维持微弱正增长,2015~2016年更是呈现负增长。在外需市场规模扩张疲弱的形势下,国际市场竞争将更加激烈。全球流动性空前泛滥将隐藏着引发国际金融市场大幅震荡,甚至可能引发新兴市场爆发金融危机的风险。三是技术变革快速推进,世界产业结构调整步伐加快,美国在新领域和新产业可能率先实现技术突破。四是多哈回合谈判早期取得积极进展对中国将带来好处。2013年12月3~7日在印度尼西亚巴厘岛举行的WTO第九届部长级会议通过了《巴厘部长宣言》,就多哈回合谈判早期收获达成了"巴厘一揽子协议",内容涵盖贸易便利化、农业、发展三个方面议题,涉及10项具体的谈判协议。农业方面的议题主要有关税配额管理、粮食安全和出口竞争等。多哈回合早期收获协议如果能够实施,将进一步促进贸易便利化,那么发展中国家年出口有望增长14%、发达国家年出口增长10%。于中国而言,出口额每年将有望增

加 2 800 亿美元。

2. 全球食糖市场预测

（1）生产与消费。随着各主产国产糖量下降，全球食糖产量小幅下降，据 OECD 数据报告，2015 年全球食糖产量为 1.8 亿吨，较 2014 年减少 160 万吨。而全球食糖消费量稳步上升。2002～2011 年，全球食糖消费量年均增长率在 2.3% 左右，2012 年以后消费量增速虽有所放缓，但仍维持增长态势，2014/2015 年全球食糖消费量达到 1.795 亿吨，较 2013/2014 年制糖期增长 1.9%。但总体来看，全球食糖产销过剩量大幅收窄。2014/2015 年制糖期产销过剩已较上制糖期收窄 34%，2015/2016 年制糖期全球食糖产销出现缺口。

（2）贸易与库存。在全球经济放缓的大背景下，国际贸易低速扩张，全球食糖进出口贸易量小幅上升。2014/2015 年，制糖期全球主要食糖生产国仍将通过增加出口来消化库存。预计全球食糖出口量将达到 6 428 万吨。全球食糖期末库存和期末库存消费比仍在高位区间。自 2010/2011 年制糖期开始，全球食糖库存呈明显增长态势，国际原糖价格随即进入下行通道，2014/2015 年制糖期库存量升至 7 782 万吨，为 10 年最高点，期末库存消费比达到 43.4% 的较高水平。

（3）经济与市场。2015 年，全球经济形势依然具有诸多不确定性，发达国家制造业复苏进程缓慢，新兴经济体增长形势不容乐观，不排除相继出台新一轮刺激政策的可能。2015/2016 年制糖期巴西乙醇用蔗量将超过产糖用蔗量，说明在食糖供过于求的大背景下，食糖的能源属性有所增强，但鉴于国际原油价格未来 2～3 年内难以重返历史高位，乙醇用蔗量不会增长过快，难以成为推动国际原糖价格上涨的主要动力源。同时，作为美元计价的国际食糖价格波动将继续受到美元影响。

（二）国内经济发展趋势与食糖市场未来走势

1. 国内经济发展趋势

未来 5～10 年，是我国经济发展的重要时期，经济发展将出现以下新趋势与特征。

一是经济增长方式全面转型，进入中高速增长阶段。一方面，随着劳动年龄人口增速明显放缓，储蓄率和投资率趋于下降，要素在部门间重配和技术追赶所带来的生产率提高空间显著缩小。另一方面，人力资本积累、制度创新带来要素投入质量和要素使用效率提高，研发能力增强带来产业优化升级，城镇化进程推进带来内需增长以及地区间梯度发展带来新增长极等因素，将使我国经济仍维持较快的增长速度。但由于增长基数日益加大，增长难度加大，总体综合判断，我国经济增长将从8%~9%的高速增长转变成为6%~7%的中高速增长。

二是全面进入工业化后期阶段，经济结构调整转型加快。未来5~10年，正是我国由工业化中期向后期的转变的重要时期。产业结构转型升级的主要任务是由第二产业重化工业为主向现代服务业为主社会转变，同时注重提升第二产业的质量水平。重点趋势是：以新能源为主导的高技术产业将得到快速发展，为我国产业结构转型升级提供重要支撑，从"中国制造"转向"中国创造"。以科技、物流业、金融、信息服务与专业服务为主导的现代服务业发展将大大加快，为我国产业结构转型升级提供重要依据。我国内需结构进一步优化，"消费主导型经济"初现端倪，消费结构升上新的台阶，形成消费、投资协调发展的新格局。新型城镇化将加快推进。

三是对外经济新格局形成，"商品输出"转向"资本输出"阶段。随着我国经济发展阶段转变和全球产业链格局变化，我国将从商品输出阶段转入资本输出阶段，工商企业"走出去"进入直接投资和购并投资的第三阶段发展时期，海外投资将逐步增加。同时，随着进口规模的不断扩大，贸易顺差将逐步收窄，国际收支将实现基本平衡。

四是社会主义市场经济新体制完善关键阶段。随着市场化改革的深度推进和发展，市场配置资源和要素的决定性作用将进一步增强，财政金融体制、投资体制、资源价格形成体制、政府管理体制、涉外体制、社会管理等领域的改革将进一步深化。不同特色的区域综合配套改革将取得明显成效，并为进一步推广打下基础。

2. 国内食糖市场预测

（1）国内食糖产量难以突破历史新高。我国糖料生产基础条件不足，主要种植区域集中在旱破和丘陵地区，立地条件差，土地资源紧缺，水利灌溉基础薄弱，实现机械化难度大，糖料缺乏优良品种，单位面积产出不高,加之劳动力成本不断上升,我国食糖产量增长空间有限。2015/2016年制糖期,我国糖料种面积为2152万亩,同比下降9.2%。

随着国家城镇化、工业化的发展和农作物种植结构调整,以及糖料种植比较优势不稳定的状况,预期2019/2020年制糖期全国糖料种植面积将稳中趋降。但是,随着各方面对糖料种植投入增加,土地和水利等生产条件改善,生产技术水平提高,预计到2019/2020年制糖期糖料单产将会有所提高,但食糖总产量将难以突破2007/2008年制糖期的1484万吨历史最高水平。

(2) 预计食糖消费保持增长。我国食糖消费结构相对稳定,民用消费与工业消费比例接近4∶6,食糖消费增长主要靠下游食品工业消费拉动。2020年我国将实现全面建成小康社会目标,生活消费水平提高,人口增长都将会促进食糖消费。但同时考虑到老龄化人口增加对食糖消费有抑制作用,预期到2019/2020年制糖期食糖消费将缓慢增长,初步预计,届时食糖消费或将达到1800万吨左右。

二、"十二五"时期以来制糖工业发展现状与主要问题

(一)"十二五"时期以来我国糖业发展现状

1. 糖料种植面积基本稳定,食糖产量保持平稳

"十二五"时期以来,我国糖料种植面积基本稳定。"十二五"末期,全国糖料种植面积2369万亩,较"十一五"时期减少44万亩,减幅1.8%。其中,甘蔗种植面积2186万亩,较"十一五"时期下降0.7%;甜菜种植面积183万亩,较"十一五"时期下降了13.3%。

"十二五"时期以来,全国食糖产量保持平稳态势,五年食糖总产量5891.41万吨,较"十一五"时期增加9.53万吨,增长0.16%;平均年产量为1178.28万吨,较"十一五"时期增加1.9万吨,增长0.16%。

2. 食糖消费总量稳中有增

2014/2015年制糖期我国食糖消费量1510万吨,比"十一五"末年

制糖期增加131万吨。2014/2015年制糖期,年人均食糖消费量为11.04公斤。"十二五"时期,食糖年均消费量1 413万吨,比"十一五"时期年均消费量增加126万吨,增长9.8%。

3. 食糖进口大幅增加

"十二五"时期以来,我国食糖出口持续萎缩,而食糖进口大幅增加。"十二五"时期,我国累计进口食糖1 883万吨,累计出口食糖27万吨,净进口1 856万吨。与"十一五"同期相比,出口量下降26万吨,降幅为49%;进口量和净进口量分别增长1 282万吨、1 308万吨,增幅达213%、239%。"十二五"时期,我国年均进口食糖377万吨,比"十一五"时期增加256万吨,增幅达213%。随着食糖进口的不断增加,进口食糖在我国食糖消费中的比重大幅增加,2011/2012年制糖期高达32%,2012/2013年、2013/2014年制糖期有所回落,也分别达到26.3%、27.2%,2014/2015年制糖期高达32%。

4. 生产集中度进一步提高,企业资本结构得到优化

全国产糖省区数量维持为15个,2014/2015年制糖期,广西、云南、广东、海南、新疆、内蒙古、黑龙江等主产省区糖料种植面积、食糖产量占全国总量的比重分别为98%、98.3%。

"十二五"时期以来,投入制糖行业的民间资本增多,2014/2015年制糖期,我国制糖企业中,民营投资及控股的已占58%,较"十一五"末提高了17个百分点。

"十二五"时期,我国制糖企业的加工能力迅速提升,日均加工能力从"十一五"时期的2 760吨/日提高到3 202吨/日,提高了16%。

5. 主要生产技术指标基本稳定,符合行业特征

"十二五"时期,甘蔗平均单产与"十一五"时期持平,为4.10吨/亩。甜菜平均单产显著增长,达2.6吨/亩,较"十一五"时期提高了0.54吨/亩,增长率达22%。甘蔗、甜菜的平均出糖率均有所下降,分别为11.77%、11.53%,较"十一五"时期分别下降了0.55个和0.86个百分点。

6. 清洁生产、节能减排成效显著,综合利用水平不断提升

"十二五"时期,制糖行业攻克了"糖厂热能集中优化及控制系统""烟道气利用及半碳酸法工艺""制糖生化助剂开发及应用"以及"节水降耗闭合循环用水系统"等关键技术,煮糖自动控制系统已得到进一步推广使用,糖厂设备正向着大型化、自动化以及高效率、低能耗的方向发展。

"十二五"时期以来,我国制糖行业持续在清洁生产、节能减排、综合利用等方面成效显著。能耗和化学需氧量持续下降,全行业百吨糖料耗标煤从"十一五"末期的5.31吨标煤下降到4.8吨,每吨糖COD从18.6千克下降到12.36千克,降幅分别为9.61%、33.55%。

综合利用水平不断提高。全行业副产物综合利用产品包括纸浆、酒精、酵母、复合肥、活性炭、聚乙烯醇、工业级和食品级纤维素等,初步形成高效稳定的多门类循环经济产业链条。利用蔗渣发电取得新进展,发电量居全国生物质发电第一位。

(二) 存在的主要问题

1. 糖料生产效率低,糖料成本居高不下

我国糖料种植规模化、集约化程度不高,仍以小农分散经营为主,如最大甘蔗主产区广西户均种植规模仅为4亩,远低于泰国375亩、巴西600亩、澳大利亚1 200亩的水平。生产机械化水平低,甘蔗种植和收割基本是靠人工,劳动强度大,劳动生产率低。近年来,随着劳动力、土地、生产资料等成本的快速上升,糖料种植成本呈刚性快速上涨趋势。

此外,我国糖料生产大多分布在经济欠发达地区,甘蔗基本种植在旱坡地上,缺乏灌溉条件,品种单一老化,科技应用迟缓,机械化和社会化服务水平严重落后。世界上其他主产国多是采用现代化农场的生产方式,通过改善管理水平,提高技术水平来降低生产成本获得竞争优势。

2. 制糖企业生产成本高企,生产经营举步维艰

糖料生产成本居高不下,糖料价格难以下降。制糖企业支付给农民的糖料款通常占食糖生产成本的80%左右。同时,随着人工工资、各种原辅材料成本的大幅上涨以及环保投入的不断增加,制糖企业食糖生产成本居高不下,生产经营举步维艰。

3. 制糖企业缺乏技术创新意识

我国制糖企业缺乏技术创新意识,致使行业技术装备水平与发达国

家相比存在较大差距,特别是高效节能设备开发应用能力比较差,生产企业自动化控制水平低,产品质量不稳定,资源消耗高于国际同行业水平。

4. 低价糖冲击国内市场,行业大面积亏损,产业安全面临威胁

由于关税水平低,准入量大,国内外食糖价格倒挂,"十二五"时期我国食糖进口量激增,严重影响了国内糖价和食糖生产。

食糖进口的增加,使位于沿海销区的原糖加工与国内欠发达地区食糖生产形成相互竞争的产业格局,目前已经超过1 000万吨,对国内食糖市场造成严重打压;引发国内食糖市场价格大幅波动;国内糖价受国际市场价格波动影响越来越明显,超量食糖进口造成国内食糖现货价格和期货价格持续走低,甚至跌破国内制糖成本价,导致国内制糖企业和零售商利润大幅下滑,2012/2013年制糖期至2015/2016年制糖期全行业亏损,农民糖料款被拖欠。不仅对位于老少边穷地区的主产区经济、农民收入、社会稳定产生不利影响,而且国内食糖供给也得不到保障,影响下游产业产品价格的稳定。

5. 农民收入前增后降,行业销售收入波动,经济效益下滑

"十二五"时期以来,全国农民种植糖料收入总体增加,但有波动,前期增加,后期有所下降,"十二五"时期年均收入460亿元,与"十一五"时期相比增加180元,增长65%。同时,受国内外复杂因素的影响,我国食糖产业在产量和消费量增长的推动下,行业销售收入虽较"十一五"时期大幅增加,但"十二五"时期却连续下滑,利润却大幅下降,甚至出现了亏损的情况。"十二五"时期,制糖行业年均销售收入、税金、利润分别为691亿元、41亿元、-1.66亿元,与"十一五"时期相比,年均销售收入、税金分别增加194亿元、4.4亿元,增幅分别为39%、12%;利润则持续大幅下滑,下降了45亿元,降幅达104%。

2014/2015年制糖期全国制糖行业销售收入549亿元,同比减少40亿元,税金29.1亿元,同比增加1亿元;全行业继续亏损,亏损18.7亿元,亏损额比上一制糖期减少78.9亿元。

6. 统一高效的糖业管理体制尚未形成,调控效率低、成本高

我国糖业管理涉及多个部门,食糖生产、加工、销售、进出口等产业链各环节分属不同部门管理,调控协调难度大。由于缺乏有效的协调机制，在出台宏观调控政策时，各部门都从自己利益角度考虑问题，往往出现各自为政，基本政策不一致，多一事一议，缺少长远的调控措施，削弱了宏观调控政策的执行效力，极大影响了宏观调控的及时性和有效性，影响我国食糖产业长期稳定发展。

7. 行业政策和法律缺位

世界主要产糖国家几乎都是通过制定法律和行业政策来保护本国食糖市场不受国际食糖市场的冲击，很多发达国家国内食糖市场价格基本多年稳定在一个水平上，稳定的市场价格为国内食糖市场供求平衡、维护糖料种植者利益、确保产业利益和谐都起到了至关重要的作用，同时围绕着法律规定的生产、管理、贸易、补贴等基本机制，产业综合竞争能力不断完善和提高，为行业持续稳定的发展奠定了基础。我国是世界上少数没有制定糖业法律的产糖国家之一，对于产业发展、政府管理、价格形成、利益分配、市场调控等都缺乏长期稳定的机制和模式。面对高度扭曲的世界食糖市场和其他国家的高度保护，我国食糖产业和市场安全需要依靠法律法规加以规范、保护。

三、"十三五"时期我国制糖工业的发展思路与主要目标

"十三五"时期是我国全面建成小康社会的关键时期，也是实现第一个百年发展伟大目标的前期。为了推动"十三五"时期我国食糖产业健康持续发展，需要进一步确立食糖产业的功能定位、厘清发展思路，明确发展目标与重点任务。

（一）食糖产业的功能定位

当前，我国食糖产业发展及供求出现新特点：一是由于糖料生产的自然区域性和产量提高的局限性，加上消费的持续增长性，使我国食糖供应缺口将长期化与扩大化；二是随着食糖国内供应的短缺性，食糖的进口量将不断增加，但由于国际市场的不稳定性与国内调控的不适应性，

导致食糖国内市场与产业安全面临新的严峻挑战；三是随着国际市场食糖的能源性与金融化属性逐步增强，资本炒作空间加大，非传统因素对食糖供求的冲击加大。在这种新形势下，需要进一步明确食糖产业在我国国民经济中的功能定位，以保证食糖产业地位与作用的充分发挥。根据我国食糖产业发展的历史与现状，并考虑到国外一些主要产糖国家食糖产业发展趋势与经验，未来我国食糖产业的功能定位应主要表现在以下三个方面。

1. 产业的政治地位

食糖的政治性功能主要体现在两个方面：一是国内民族政治性。糖业发展主要关系到维护民族团结和社会稳定，保持国家边境地区安定等重要政治问题。二是国际政治性。主要关系到国际间的政治关系问题。如进口古巴糖主要是政治方面的考虑，食糖的国际贸易也涉及大量的政治问题等。

2. 产业的经济地位

由于糖种植的自然性，我国的糖料生产与加工都分布在老少边贫地区，涉及4 000万糖农脱贫致富与几百家企业的几十万职工生计，已成为这些地区发展的经济支柱。食糖产业不仅关系到增加就业，而且是这些地区财政收入与农民收入的重要来源，如广西50多个县（市区）财政收入的30%~70%，全区农民纯收入15%来自糖业，因此食糖产业的区域支柱地位非常突出。

3. 产业的基础地位

食糖是关系国计民生的重要大宗农产品，也是重要的生产与消费品。改革开放以来，我国食糖产业从糖料生产到加工再到以食糖为原料的食品工业、化学工业等产业的发展以及到居民消费，已形成了比较完整的产业链体系，在国内外市场都已占有相当重要的地位。我国食糖产量占世界产量的7%，位居世界第四位，我国食糖消费量已占世界总消费量的7.9%，位居世界第三位，这决定了我国食糖产业的基础性地位。

综上所述，新时期我国食糖产业的功能定位应是政治地位、经济地位和基础地位。

（二）指导思想

"十三五"时期，我国食糖产业发展的指导思想是以科学发展为指导，以深化改革为动力，以加快转变发展方式为主线，全面推动食糖产业的转型升级：由传统生产经营向现代化生产方式转变（生产、技术、组织及管理）；由数量增长向质量效益提高转变；全面提高我国食糖产业生产的规模化、产业发展的高技术化、产业组织的合理化及产业管理体制的高效化；全面提高食糖产业的保障能力，保障我国食糖供给安全；转变观念，形成统一高效、收放自如、内外兼顾的宏观调控手段，维护食糖市场良好秩序，促进我国食糖产业健康持续稳定发展。

（三）主要原则

1. 立足国内生产为主，适量进口补充不足

改革开放以来，特别是加入WTO十多年来，由于国内食糖消费需求不断加大，制糖工业快速发展，食糖产需上存在缺口且将逐年上升，这决定我国是个食糖进口国。中国作为食糖消费大国，必须要始终贯彻以"以国产食糖为主，适当进口食糖补充不足"的平衡原则，以保护国内市场稳定及食糖产业的健康持续发展。

2. 坚持提高质量效益发展为主，适当数量增长为辅

长期以来，我国食糖产量的增加主要依靠扩大糖料种植面积和增加食糖加工能力来实现。随着土地资源日趋紧张，劳动力成本不断增加，国际市场竞争更加激烈，未来依靠内涵发展、科技进步、提高产出率，实现食糖产量的增加将成为行业发展的必然趋势。因此，"十三五"时期必须坚持提高质量效益发展为主，通过加快科技创新、技术改造的步伐，促进科技成果向生产力的转化，实现糖料生产从单一依靠扩大面积向依靠科技、提高单产和含糖分方向转变；实现食糖加工生产从单一依靠扩大能力向依靠技术进步、提高出糖率、提高综合效益的方向转变，促进产业发展转型升级。同时，通过农业补贴、目标价格管理等保护性政策的实施，保护糖农种植糖料的积极性，保证糖业在地区经济发展以及农民脱贫致富过程中的支柱性作用。由于区域发展特点决定我国甘蔗产区种植面积增加空间有限，但北方甜菜产区种植面积尚有增加潜力，因此可发挥北方甜菜产区土地资源优势，适当扩大糖料种植与生产能力，增加国内食糖生产，保证食糖供给安全，提高国内食糖市场供给保障能力，并促进南北协调发展。

3. 统筹工业与农业协调发展

食糖涉及糖料种植与食糖加工两个核心环节。目前，我国经济发展正处于工业化中期向后期的过渡阶段。相应的工业化初期依靠工农"剪刀差"实现工业积累的阶段已进入"以工补农、以城带乡"的阶段。也就是说到了通过工业发展积累的利润更多地依靠财政手段来反哺支持农业的现代化发展，以城市化的加快发展提升带动农村城镇化的阶段。因此，促进我国食糖产业的健康持续发展，必须要坚持统筹制糖工业与糖料种植农业协调发展的原则，一方面，通过工业化、信息化带动糖料种植的规模化，促进工业农业、种植加工的一体化发展；另一方面，通过工业利润的"反哺"，支持糖料生产的现代化发展，提高农民收入。不能仅依靠高糖料价格来实现农民收入增长，而要探索统筹农工利益的食糖产业生产模式，使农民不仅享受种植业带来的收益，同时也要享受工业加工甚至仓储运输环节带来的增值效益，以稳定区域经济发展，从而也促进社会的和谐发展。

4. 市场机制的决定作用与政府宏观调控的有效性相结合

"十三五"时期促进我国食糖产业健康持续发展必须要坚持将市场机制的决定作用与政府宏观调控有效性相结合的原则。一方面，食糖产业的市场调节机制是我国社会主义市场经济体制的有机组成部分，食糖产业的健康发展应坚持发挥市场调节对资源配置的决定性作用，坚持金融市场的贯通性和现货市场的实效性，发挥其合理竞争，优胜劣汰，提高效率方面的积极作用；另一方面，由于食糖作为我国重要农产品的特殊性，借鉴国际经验，又有必要通过政府有效的宏观调控加强对食糖产业的发展与安全进行必要保护，用"看得见的手"去弥补"看不见的手"的局限性与缺失。处理好市场机制与政府宏观调控的关系，就是要继续深化改革，使两者优势充分互补，最大限度地发挥各自的积极作用，避免其消极作用，为促进我国食糖产业的健康持续有序发展提供强有力的体制机制支撑与保障。

(四) 主要发展指标

食糖自给率保持在 75%~80%;
甘蔗面积年均保持在 2 400 万亩,单产 4.8 吨;
甜菜面积年均保持在 280 万亩,单产 3.4 吨;
食糖产能"十三五"时期保持在 1 800 万吨左右;
甘蔗糖厂产糖率 12%,甜菜糖厂产糖率 12.5%;
年产糖 1 200 万吨,其中,甘蔗糖 1 000 万吨、甜菜糖 200 万吨;
甘蔗糖厂百吨糖料消耗标准煤低于 4.6 吨;
甜菜糖厂百吨糖料消耗标准煤低于 6 吨;
化学需氧量排放总量比 2015 年下降 10%。

四、"十三五"时期我国制糖工业发展主要任务

"十三五"时期,食糖产业要坚持以科学发展为主题,以转变发展方式为主线,以科技创新为支撑,按照"因地制宜,分类指导"的方针和"集约、高效、生态、安全"的发展方向,重点提高"四化"水平(即产业发展规模化、产业技术高端化、产业组织合理化和产业管理体制高效化),全面推进我国食糖现代产业体系建设,完善产业链的利益分配机制,促进区域协调,促进食糖产业转型升级,进一步提高食糖产业的综合竞争能力,保障食糖供给安全。

(一) 加快糖料种植规模化与食糖产业的链条化发展,提高产业规模化生产水平

加快食糖产业发展的规模化一方面是破解长期困扰糖料生产因规模小,基础差而导致的生产成本上升,企业利润下降,全行业缺乏竞争力的根本所在;另一方面也是发展以规模经营和高技术为主要特征的现代

食糖产业体系的关键所在。"十三五"时期，提高食糖产业规模化生产的重点为：

一是大力推动土地规模化集约化经营。积极推进以制糖企业为主导的土地流转承包经营模式，促进土地集约化、规模化经营，带动涉糖地区经济发展，强化产业的社会责任。

二是大力推进糖料生产的良种化、机械化与水利化，提高糖料生产的劳动生产率。首先，要加大对糖料基础科学研究力度，积极推进优良品种的选育工作，提高单产，提高糖分，增强抗病虫害抗冻抗旱能力，逐步实行糖料收购价格以含糖分计算，促进糖料生产由数量型向质量型的转变。同时，加快良种良法的应用和推广，提高糖料产量，维持食糖稳定生产。其次，要积极研发和推广糖料种植、田间管理和收获的机械化。发挥多方面的积极性，建立以企业为主导、机械专业户为辅、国家适当补助的糖料生产机械化发展模式，并相应建立社会化服务组织体系，强化产前、产中和产后服务，全方位推进糖料生产机械化进程。最后，以国家为主导，制糖企业和农业合作组织共同参与，加强核心水源工程和主干渠引水工程建设，逐步形成基本的供水网络，同时加强对水利设施的改造和维护，加快糖料种植水利化建设步伐，促进稳产，提高单产。

三是扶持政策通过龙头企业实施，大力推动制糖工业与糖料种植业的一体化经营。在逐步稳定的"订单"农业的基础上，进一步推动制糖工业与糖料种植农业的融合，通过积极的"工业反哺农业"方式逐步将糖料种植业纳入工业化生产体系，提高农业产业化与现代化水平。在此基础上，进一步推动食糖产业生产与流通的链条化发展，促进全产业链的规模化发展水平。

（二）加快推进食糖产业先进技术的利用，提高产业技术水平和综合生产能力

加快推进先进技术的利用是改变传统生产经营方式，实现食糖产业节能降耗，绿色生产经营，提高食糖产业生产效率和综合生产能力及产业赢利能力的最重要的途径。长期以来，我国食糖产业经济效率低下，缺乏综合竞争力的主要原因就是产业的技术水平相对比较落后。通过

"标准先行"约束、倒逼企业淘汰落后工艺，提高食糖产业的技术水平，特别是充分利用国内外高技术改造食糖产业的传统技术，对我国食糖产业持续健康稳定发展及提高综合竞争力都至关重要。

"十三五"时期，提高食糖产业技术水平的重点是着力提高制糖工业的技术水平。首先，要加快提高装备水平，重点消化吸收、研发一批涉及产业、产品质量和节能减排的关键技术装备，缩小与国际先进水平的差距，为提高我国糖业竞争力奠定基础。其次，充分运用信息化技术加快技术改造步伐，鼓励企业通过技术改造扩大生产规模，提高食糖生产质量和档次。同时积极推广应用先进技术与工艺，推进食糖产品多元化，提高生产效率。最后，积极推进产学研相结合的制糖行业科技联盟建设，为行业发展提供必要的人才和技术支撑。

（三）加快食糖流通的现代化建设，充分发挥蓄水池作用

加快食糖流通的现代化建设。首先，要改造、健全现有物流系统和基础设施，提高食糖包装标准，确保食糖物流安全。其次，建立健全商业流通信息传递通道，解决信息滞后、扭曲、不完整等问题。最后，完善和规范食糖批发市场发展，提供优质便捷的交易服务平台。发挥期货市场发现价格、套期保值的基本功能，维护国内食糖市场稳定。推进管理、技术创新，探索特色经营模式，真正发挥食糖流通在产业链中的桥梁、纽带、蓄水池作用，促进食糖产业可持续和谐发展。

（四）加快推进食糖产业立法，提高食糖产业管理体制的高效化

政府的产业管理对产业发展具有很强的影响作用。经过多年行政管理体制改革，食糖产业的宏观管理体制已发生了较大变化，但管理的多头，政出多门，管理层次多，效率低的问题仍然严重存在。"十三五"时期，加快推进糖业立法，约束政府行为，建立健全产业利益分配机制，加快推进政府产业管理职能转变，提高食糖产业管理体制高效化的重点为：

一是加强对食糖产业发展立法，推动糖业法立项。建立以市场机制

在资源配置中起决定性作用的新体制的根本特点之一就是建立完备的法律管理体系,用法律去规范政府、各类市场中介组织及企业的行为,成熟市场经济就是法治社会,因此要加强和健全法律体系。应加快糖法的制定,以客观确定产业地位和利益分配格局,规范宏观管理和经济主体行为,维护市场秩序,稳定市场价格,促进食糖产业健康稳定可持续发展。

二是逐步形成统一的食糖产业管理部门。要根据国家行政管理体制改革的新要求,逐步理顺管理机构及职责,建立统一的我国食糖产业政府管理部门。同时,也要根据市场经济发展的要求进一步简政放权,提高管理的效率。

三是应充分发挥中国糖业协会的组织、协调作用。中国糖业协会应进一步增强其作为独立的市场中介组织的功能。除了发挥传统的在行业研究,组织行业调研,及时反映行业情况、问题和企业诉求,引导企业落实规划,在贯彻国家产业政策、行业信息统计发布、技术咨询服务、产品标准制定、行业自律、产业协调、国际交流与合作等方面的作用外,还应积极增强其市场主体的功能,包括参与目标价格的组织、制定,进行行业发展的全方位指导,并加强自律与监督作用,充分发挥行业协会的应有作用,促进行业有序发展。

五、促进制糖工业健康发展的主要政策措施

"十三五"时期,为了更好推动我国食糖产业的持续健康有序发展,应着重完善以下政策。

(一)加大财税政策支持的力度

国家对食糖产业实施积极的财政税收优惠政策,是加快食糖产业发展的重要一环。要充分利用财税政策及资金渠道,加大对食糖产业重点环节和重点项目支持的力度。

1. 加大对糖料生产的支持力度

一是将糖料生产纳入国家农资综合补贴范围,享受与粮食相同的直

补政策。二是加大对研发和推广糖料生产专用的种植、田间管理和收获机械等糖料生产专用设备的补贴，糖料种植、收获机械补贴比例提高到80%，通过农机合作社的形式逐步推广，以机械投入带动糖料主产区的规模种植和机械化生产，其余20%的购置资金由食糖生产企业垫付。三是健全规模化经营补贴办法，以鼓励良种良法、机械化、规模化为导向，以植糖大户和糖料合作社为补贴对象，促进新型糖料种植生产经营主体的发展。

2. 加大对制糖工业提高装备水平和节能降耗水平的支持力度

一是鼓励企业引进大型、高效、节能生产设备，对其进口给以减免关税优惠。二是提高制糖企业增值税的抵扣比例，降低企业税收负担，增强企业支农、反哺农民的力度。三是对于研发和采用制糖新技术、新工艺的企业给予财力支持和税收减免。

3. 降低制糖企业税费负担

做好制糖企业纳入农产品加工行业农产品增值税进项税额核定扣除试点范围的落实工作，减轻企业税收负担。

4. 加大对食糖现代流通体系建设的支持力度

一是加大对制食糖产业相关的社会化服务体系建设的支持力度。二是加大对糖的仓储设施、物流配套、信息平台等公共基础设施服务项目建设的资金支持力度。三是调整现行商业增值税征收政策，合理增加抵扣项目和抵扣率，减少流通企业不合理的负担。

5. 设立食糖产业发展基金

设立食糖产业发展基金，一方面可以"以丰补欠"，另一方面也可以用于糖的科技研发，以增强食糖产业抵御外界风险和自我发展的能力。

6. 对糖业采取贸易保障措施

根据食糖生产及其世界市场的特殊性，无论是发达国家还是发展中国家，各主要产糖国政府均对本国糖业实施了高度的扶持和保护。

《中华人民共和国保障措施条例》明确指出：如果进口产品数量增加，并对生产同类产品或者直接竞争产品的国内产业造成严重损害或者严重损害威胁，可依照本条例的规定进行调查，采取保障措施；保障措施可以采取提高关税、数量限制等形式。

鉴于食糖进口数量大量增加对我国糖业造成严重损害的事实，建议有关部委尽快启动食糖贸易救济立案调查，并对食糖进口立即采取提高关税和进口数量限制等临时保障措施，有效减少食糖进口冲击，给国内制食糖产业一个生存空间和健康发展的基础，保护国内食糖产业可持续发展，保障农民正常收益。

（二）进一步加强进口管理

为保证我国食糖产业发展安全和国内市场稳定发展，在继续执行现有配额管理等相关政策的基础上，要进一步加强食糖进口管理：一是将食糖纳入我国实行进口报告管理的大宗农产品目录，健全食糖进口报告制度，完善食糖进出口税收调控政策，强化食糖进口监测；二是加强对食糖进口配额的管理，优化食糖进口配额的分配办法和使用机制，合理配额分配比例；三是充分发挥行业协会的自律作用，严格控制配额外食糖进口，对配额外食糖进口实施自动进口许可管理；四是严格控制原糖加工能力；五是探索实施多种非关税壁垒控制进口；六是严厉打击走私食糖，维护正常市场秩序；七是对糖业采取保护措施。鉴于食糖进口数量大量增加对我国糖业造成严重损害的事实，建议采取提高关税和进口数量限制等临时保护措施，有效减少食糖进口冲击。

（三）完善商业市场体系建设

食糖现货市场是期货市场、批发市场等商业市场运行和发展的前提条件和物质基础，而商业市场在食糖供需矛盾中间建立一种缓冲机制，在食糖市场中担当着重要角色，对于提高食糖生产者规避和对抗风险的能力、引导和调节现货市场发展等方面起着重要作用。国家要制定相关政策，引导制糖企业和糖农合理利用商业市场进行风险管理，建立健全法律法规，完善食糖批发市场、期货市场规章制度，规范食糖批发市场等商业市场的发展，提供优质便捷的交易服务平台。发挥期货市场发现价格、套期保值的基本功能，严厉打击恶意炒作行为，维护国内食糖市场稳定。

（四）加强食糖产业宏观调控与管理

一是积极推进糖目标价格管理制度的建立。在糖主产区统一实行目标价格管理，以有利于稳定糖农收入，激发生产积极性，保障国内食糖基本供给和国内食糖市场稳定，同时又不把市场风险全部转嫁给企业；以有利于降低制糖企业成本，缓解企业压力和负担，激励企业提高生产经营水平，加大反哺农业的力度；以有利于缓解进口食糖冲击，在国内外价差大的情况下，更好保护糖农与制糖企业的利益，合理反映国内外市场供求状况，保障国内食糖产业安全；以有利于减轻国家不必要的财政压力和负担。

二是加快推进规范食糖产业发展的相关法律制定。参照世界主要产糖国家的发展经验，加快制定我国糖业发展的法律法规。

三是加强蔗区管理。主产省区政府要采取行之有效的措施，加大蔗区管理力度，坚决制止跨区抢购糖料、扰乱糖料管理秩序的不法行为，维护糖料收购的市场秩序。

四是改革现行由地方政府制定糖料价格的定价机制。

五是加强高倍化学合成甜味剂监管。要继续加大对糖精等高倍化学合成甜味剂限产限销工作的力度，加强生产监管，强化行业管理。加快完成糖精生产销售管理办法的审定和发布，尽快出台高倍化学合成甜味剂生产经营管理办法。

（五）进一步深化促进食糖产业发展的体制机制改革

一是加大土地流转制度改革。鼓励承包、转包、出租、互换、转让、股份合作制等多种形式流转土地承包经营权，积极推动农业生产与组织规模化，提高糖业种植的集约化和机械化水平，降低成本。

二是加大企业制度改革。推动转变制糖行业及企业发展方式，进一步提质增效，向技术、品牌、营销等领域拓展和转移，提高产品品质和竞争力；同时打破行政束缚，更好发挥市场机制对资源配置的决定性作用，鼓励企业跨地区兼并重组，提高产业集中度。

三是加大流通体制改革。加快糖业流通现代化水平,提高流通效率和降低流通成本,促进产销一体化发展。

四是加大行政管理体制改革。深入转变政府职能,进一步简政放权。调整现行的多头部门管理,逐步形成统一的政府管理机构,提高管理的规范化、高效化和透明化,以更好适应全面协调经济、社会和资源环境可持续发展的需要。

行业 7　酿酒工业"十三五"发展战略研究

一、主要成就

(一) 经济效益保持增长

"十二五"时期,酿酒行业经济效益稳步增长,在创造价值、增加税收、吸纳劳动就业等方面做出了贡献。

根据国家统计局数据,2015 年,全国酿酒行业规模以上企业完成酿酒总产量 7 429.33 万千升,其中饮料酒产量 6 412.59 万千升,发酵酒精产量 1 016.74 万千升。累计完成产品销售收入 9 229.17 亿元,与上年同期相比增长 5.34%;累计实现利润总额 1 018.07 亿元,与上年同期相比增长 3.93%;上缴税金 853.15 亿元,与上年同期相比增长 2.06%。

主要经济效益汇总的全国酿酒行业规模以上企业总计 2 689 家,其中亏损企业 299 家,亏损面为 11.12%,亏损企业累计亏损额 54.37 亿元,比上年同期增长 18.80%。

根据海关总署数据,2015 年,饮料酒及发酵酒精制品累计进出口总额 49.50 亿美元,同比增长 34.32%。其中,累计出口额 11.40 亿美元,同比增长 34.69%;进口额 38.10 亿美元,同比增长 34.21%。

酒精行业:2015 年,全国规模以上酒精生产企业 138 家,完成总产量 1 016.74 万千升,同比增长 4.23%。累计完成销售收入 799.92 亿元,与上年同期相比增长 6.34%;累计实现利润总额 32.28 亿元,与上年同期相比下降 25.53%;上缴税金 24.16 亿元,比上年同期下降 29.73%;

亏损企业 19 家，企业亏损面为 13.77%，亏损额 13.51 亿元，比上年同期增长 636.81%。发酵酒精制品累计进出口总额 3.82 亿美元，同比增长 571.95%；其中累计出口金额 2 135.30 万美元，同比下降 41.75%；累计进口金额 3.61 亿美元，同比增长 1 686.64%。

白酒行业：2015 年，全国规模以上白酒企业 1 563 家，完成酿酒总产量 1 312.80 万千升，同比增长 5.07%。累计完成销售收入 5 558.86 亿元，与上年同期相比增长 5.22%；累计实现利润总额 727.04 亿元，与上年同期相比增长 3.29%；上缴税金 552.67 亿元，比上年同期增长 4.78%；亏损企业 102 家，企业亏损面为 6.53%，亏损额 14.42 亿元，比上年同期增长 7.52%。白酒商品累计出口总额 4.49 亿美元，同比增长 37.21%；累计出口白酒数量 1.62 万千升，同比增长 22.56%。

啤酒行业：2015 年，全国规模以上啤酒企业 470 家，完成酿酒总产量 4 715.72 万千升，同比下降 5.06%。累计完成销售收入 1 897.09 亿元，与上年同期相比增长 1.52%；累计实现利润总额 143.90 亿元，与上年同期相比增长 6.30%；上缴税金 206.49 亿元，比上年同期下降 2.64%；亏损企业 139 家，企业亏损面为 29.57%。亏损额 23.59 亿元，比上年同期下降 14.57%。啤酒商品累计进出口总额 7.58 亿美元，同比增长 30.61%；其中累计出口金额 1.83 亿美元，同比增长 3.50%；累计进口金额 5.75 亿美元，同比增长 42.50%。

葡萄酒行业：2015 年，全国规模以上葡萄酒生产企业 219 家，完成酿酒总产量 114.80 万千升，同比下降 0.73%。累计完成销售收入 462.64 亿元，与上年同期相比增长 10.17%；累计实现利润总额 51.33 亿元，与上年同期相比增长 15.92%；上缴税金 33.01 亿元，比上年同期增长 12.00%；亏损企业 29 家，企业亏损面为 13.24%，亏损额 2.29 亿元，比上年同期下降 14.10%。葡萄酒商品累计进出口总额 23.91 亿美元，同比增长 52.68%；其中累计出口金额 4.13 亿美元，同比增长 217.16%；累计进口金额 19.78 亿美元，同比增长 37.76%。出口葡萄酒以装入 2 升及以下包装的葡萄酒为主；进口葡萄酒中，装入 2 升及以下包装的葡萄酒累计金额 18.79 亿美元，同比增长 37.55%，装入 2 升以上容器的葡萄酒累计金额 9 876.62 万美元，同比增长 41.82%。

黄酒行业：2015 年，全国规模以上黄酒生产企业 103 家，累计完成销售收入181.94亿元,与上年同期相比增长13.92%;累计实现利润总额18.88亿元,与上年同期相比增长8.93%;上缴税金10.87亿元,比上年同期增长6.20%;亏损企业2家,亏损面为1.94%,亏损额1 168万元,比上年同期增长0.43%。黄酒商品累计出口总额2 425.50万美元,同比下降3.37%;累计出口数量1.52万千升,同比下降4.30%。

其他酒行业：2015年,全国规模以上其他酒生产企业196家,累计完成销售收入328.72亿元,与上年同期相比增长18.37%;累计实现利润总额44.65亿元,与上年同期相比增长26.28%;上缴税金25.96亿元,比上年同期增长16.52%;亏损企业8家,亏损面为4.08%,亏损额4 431万元,比上年同期增长90.73%（见表1至表6）。

表1　2015年酿酒行业各子行业规模以上企业各项指标情况

子行业	规模以上企业数量（家）	产量（万千升）
酒　精	138	1 016.74
饮料酒	2 689	6 412.59
其中：白酒	1 563	1 312.80
啤　酒	470	4 715.72
葡萄酒	219	114.80

资料来源：国家统计局。

表2　2015年酿酒行业各子行业规模以上企业各项指标情况

子行业	销售收入（亿元）	税金（亿元）	利润（亿元）
酒　精	799.92	24.16	32.28
白　酒	5 558.86	552.67	727.04
啤　酒	1 897.09	206.49	143.90
葡萄酒	462.64	33.01	51.33
黄　酒	181.94	10.87	18.88
其他酒	328.72	25.96	44.65
合　计	9 229.17	853.16	1 018.08

资料来源：国家统计局。

表 3　　　　"十二五"时期酿酒行业各子行业产量情况

子行业	2011 年（万千升）	2012 年（万千升）	2013 年（万千升）	2014 年（万千升）	2015 年（万千升）
酒　精	833.73	820.62	911.55	984.28	1 016.74
饮料酒	6 269.73	6 381.63	6 600.33	6 543.99	6 412.59
其中：白酒	1 025.55	1 153.16	1 226.20	1 257.13	1 312.80
啤　酒	4 898.82	4 902.00	5 061.54	4 921.85	4 715.72
葡萄酒	115.69	138.16	117.83	116.10	114.80

资料来源：国家统计局。

表 4　　　　"十二五"时期酿酒行业各子行业销售收入情况　　　单位：亿元

子行业	2011 年	2012 年	2013 年	2014 年	2015 年
酒　精	631.40	693.62	830.35	781.45	799.92
白　酒	3 746.67	4 466.26	5 018.01	5 258.89	5 558.86
啤　酒	1 589.36	1 611.73	1 814.08	1 886.24	1 897.09
葡萄酒	384.60	438.46	408.17	420.57	462.64
黄　酒	117.94	134.32	153.91	158.56	181.94
其他酒	161.50	202.82	228.68	272.33	328.72
合　计	6 631.47	7 547.21	8 453.20	8 778.04	9 229.17

资料来源：国家统计局。

表 5　　　　"十二五"时期酿酒行业各子行业税金情况　　　单位：亿元

子行业	2011 年	2012 年	2013 年	2014 年	2015 年
酒　精	27.35	34.67	37.58	34.65	24.16
白　酒	445.10	547.62	555.14	525.79	552.67
啤　酒	186.75	203.83	208.44	208.48	206.49
葡萄酒	30.77	29.81	27.37	29.61	33.01
黄　酒	9.20	12.35	10.84	10.00	10.87
其他酒	12.32	16.31	19.02	22.29	25.96
合　计	711.49	844.59	858.39	830.82	853.16

资料来源：国家统计局。

表6　　　　　"十二五"时期酿酒行业各子行业利润情况　　　单位：亿元

子行业	2011年	2012年	2013年	2014年	2015年
酒精	36.99	38.00	41.62	43.63	32.28
白酒	571.59	818.56	804.87	698.75	727.04
啤酒	110.68	104.97	125.81	138.01	143.90
葡萄酒	50.71	54.05	43.81	43.87	51.33
黄酒	13.50	14.49	17.12	16.92	18.88
其他酒	23.44	24.85	28.87	34.98	44.65
合计	806.91	1 054.92	1 062.10	976.16	1 018.08

资料来源：国家统计局。

（二）产业结构不断优化

"十二五"时期，经济体制改革的不断深入，酿酒产业经过行业内外的重组、并购、整合，产业结构不断优化，形成了国有、民营、股份制、中外合资、外国独资等多种所有制并存的经济格局。企业集团化、规模化逐步形成与壮大，引领和规范了行业的发展，成为行业发展的榜样和中坚。具有典型区域特色和地域风格的中小型企业迅速成长，形成了相互交融、相互补充、共同发展的丰富多彩的产业态势。

与此同时，通过优化酿酒产业布局，建设先进制造业基地和现代产业集群，提高产业集中度和企业竞争能力。酿酒行业着力打造特色经济区域，逐步形成了一批具有代表性的酿酒产区集群（见表7、表8）。

表7　　　　　2015年酿酒行业大中型企业主要经济指标

指标名称	大中型企业（大中型企业总计610家企业）	
	金额（亿元）	增长率（%）
资产总计	7 638.23	6.90
负债总计	3 149.73	2.02
产品销售收入	6 217.71	3.87
利税总额	668.27	1.90
利润总额	814.36	2.93

资料来源：国家统计局。

表8　　　　　　　　酿酒行业特色区域和产业集群一览表

序号	名称	所在地区	授牌时间
1	中国（宜宾）白酒之都	四川省宜宾市	2009年6月
2	中国北方浓香型白酒生产基地	内蒙古巴彦淖尔市	2010年9月
3	中国豉香型白酒产业基地	广东省佛山市	2010年12月
4	中国芝麻香白酒第一镇	山东省安丘市	2012年2月
5	中国（宿迁）白酒之都	江苏省宿迁市	2012年7月
6	中国白酒原酒之乡·邛崃	四川省邛崃市	2012年11月
7	中国白酒名城·枝江	湖北省枝江市	2014年11月
8	中国白酒原酒基地·高青	山东省高青县	2014年11月

资料来源：中国酒业协会。

（三）产品结构更加合理

"十二五"时期，白酒产品结构更加合理，品质稳定的优良白酒得到市场认可，质优价廉的"亲民"白酒越来越受到消费者的青睐，低度白酒有了较大的市场空间。作为全球最大的啤酒产量国和消费国，我国啤酒风味向多口味、多品种方向变化，具有独特口感的微酿、精酿啤酒迅速发展。葡萄酒在西部地区得到快速发展，特色产区初步形成，白葡萄酒比例逐年增加，市场呈现多样化格局。黄酒行业紧紧围绕健康、绿色的理念，开发适应现代消费需求的产品。果露酒行业充分利用各地资源优势，因地制宜地开发具有营养保健作用的功能性产品。我国作为产能和消费规模居世界第三位的酒精工业大国，逐步实现了以多元化原料生产变性燃料乙醇产品，在大力发展非粮乙醇方面取得了可喜的成绩。

（四）品牌建设成果凸显

"十二五"时期，我国酒类品牌建设明显加快，成果凸显。根据世界品牌实验室（World Brand Lab）发布的2014年《中国500最具价值品牌》排行榜，2014年中国酿酒行业品牌价值合计7 605.11亿元，比2010年的2 785.6亿元高出4 819.51亿元，增长173%，品牌地位大幅提升，茅台、五粮液、青岛、雪花、张裕、长城、古越龙山、石库门、劲牌、天冠等品牌经过多年培育和沉淀，品牌价值屡创新高，已经成长为国内甚至世界的知名品牌（见表9）。截至"十二五"期末，我国32类和33类酒类商标注册总数已经达到39万件，驰名商标已经达到267件。

表9　酿酒行业中国轻工业百强企业榜单

名次	企业名称	所属行业
6	四川省宜宾五粮液集团有限公司	酿酒
8	中国贵州茅台酒厂有限责任公司	酿酒
13	青岛啤酒股份有限公司	酿酒
16	泸州老窖集团有限责任公司	酿酒
21	江苏洋河酒厂股份有限公司	酿酒
32	华润雪花啤酒（中国）有限公司	酿酒
33	湖北稻花香集团	酿酒
34	北京燕京啤酒集团公司	酿酒
45	山西杏花村汾酒集团有限责任公司	酿酒
61	劲牌有限公司	酿酒
64	安徽古井集团有限责任公司	酿酒
66	河南天冠企业集团有限公司	酿酒
70	湖北枝江酒业集团	酿酒
71	广州珠江啤酒集团有限公司	酿酒

资料来源：中国轻工业联合会。

（五）科技创新能力提升

"十二五"时期，酿酒行业致力于提升中国酒业机械化、自动化、智能化、信息化水平，通过建立产学研联动机制，形成了酒类生产企业与科研院所、设计单位、装备制造企业的结合，在引进先进技术的同时，积极开展两化融合、装备转型升级试点、科学技术奖项目申报，提升了生产技术工艺水平（见表10、表11）。白酒行业通过"169计划"和

"158计划",深入研究白酒的风味特征和的独特微生物机理,促进了行业的转型升级;啤酒、葡萄酒经过技术创新,已达到世界主要生产国水平;黄酒、果露酒装备升级换代进程明显加快,推动了整个行业的科技进步和产品质量的提高。

表10 酿酒行业国家级企业技术中心和工程技术研究中心一览表

子行业	企业名称	通过时间（年）
酒精	河南天冠企业集团有限公司	2005
	中粮生物化学（安徽）股份有限公司	2006
白酒	贵州茅台酒股份有限公司	1998
	山西杏花村汾酒集团	2007
	四川剑南春集团有限责任公司	2008
	宜宾五粮液集团	2009
	四川泸州老窖股份有限公司	2013
啤酒	青岛啤酒股份有限公司	1996
	燕京啤酒股份有限公司	2002
	广州珠江啤酒集团有限公司	2002
葡萄酒	烟台张裕葡萄酿酒股份有限公司	2003
	中国长城葡萄酒有限公司	2005
	王朝葡萄酿酒有限公司	2007
黄酒	中国绍兴黄酒集团有限公司	2011
果露酒	宁夏红枸杞产业集团	2009

资料来源：中国酒业协会。

表11 酿酒行业两化融合试点企业

子行业	企业名称
白酒	贵州茅台酒股份有限公司
	安徽古井贡酒股份有限公司
啤酒	北京燕京啤酒股份有限公司
	青岛啤酒第五有限公司
	广州珠江啤酒股份有限公司
	四平金士百啤酒股份有限公司

资料来源：中国酒业协会。

（六）文化建设初见成效

"十二五"时期，酿酒行业积极构建文化体系建设，通过对中国酒文化的挖掘、梳理、传承、创新和弘扬，揭示酒文化的深厚底蕴和精神价值，提升酿酒行业和酒类产品的社会认知。啤酒行业推动的"绿色出行，拒绝酒驾"活动，白酒行业倡导的以"品质诚实、服务诚心、产业诚信"为核心的"3C计划"和名酒收藏与品鉴活动，葡萄酒、黄酒和果露酒行业宣传的健康饮酒理念，酿酒企业积极兴办酒文化博物馆，申报文物保护单位、非物质文化遗产、中华老字号等工作（见表12、表13）。值得肯定的是，酿酒行业的文化建设，在继承传统的基础上，更加注重创新与弘扬"新文化"理念，更加强调健康饮酒、理性饮酒的培育和推广，这对树立行业良好形象，构建和谐的公众关系起到了积极的推动作用。

表12　　　　　酿酒行业获全国重点文物保护单位情况

批次	编号	名称	时代	地址
第四批	249	泸州大曲老窖池	明	四川省泸州市
第五批	514	水井街酒坊遗址	明、清	四川省成都市
第六批	Ⅰ-16	刘伶醉烧锅遗址	金至元	河北省徐水县
第六批	Ⅰ-102	李渡烧酒作坊遗址	元至清	江西省进贤县
第六批	Ⅰ-184	剑南春酒坊遗址	清	四川省绵竹市
第六批	Ⅲ-179	杏花村汾酒作坊	清	山西省汾阳市
第六批	Ⅴ-104	青岛啤酒厂早期建筑	清	山东省青岛市
第七批	7-0196-1-196	古井贡酒酿造遗址	宋至清	安徽省亳州市
第七批	7-0411-1-411	五粮液老窖池遗址	明至清	四川宜宾市
第七批	7-1676-5-069	宝泉涌酒坊	清	吉林省通化县
第七批	7-1683-5-076	通化葡萄酒厂地下酒窖	1937-1983年	吉林省通化市
第七批	7-1897-5-290	茅台酒酿酒工业遗产群	清至民国	贵州省仁怀市
第七批	7-1925-5-318	天佑德酒作坊	清	青海省互助县

资料来源：国家文物局。

表13　　　　　　　　酿酒行业获国家级非物质文化遗产情况

编号	项目名称		申报地区或单位
407 Ⅷ-57	茅台酒酿制技艺		贵州省
408 Ⅷ-58	泸州老窖酒酿制技艺		四川省泸州市
409 Ⅷ-59	杏花村汾酒酿制技艺		山西省汾阳市
410 Ⅷ-60	绍兴黄酒酿制技艺		浙江省绍兴市
927 Ⅷ-144	蒸馏酒传统酿造技艺	北京二锅头酒传统酿造技艺	北京红星股份有限公司
			北京顺鑫农业股份有限公司
		衡水老白干传统酿造技艺	河北省衡水市
		山庄老酒传统酿造技艺	河北省平泉县
		板城烧锅酒传统五甑酿造技艺	河北省承德县
		梨花春白酒传统酿造技艺	山西省朔州市
		老龙口白酒传统酿造技艺	辽宁省沈阳市
		大泉源酒传统酿造技艺	吉林省通化县
		宝丰酒传统酿造技艺	河南省宝丰县
		五粮液酒传统酿造技艺	四川省宜宾市
		水井坊酒传统酿造技艺	四川省成都市
		剑南春酒传统酿造技艺	四川省绵竹市
		古蔺郎酒传统酿造技艺	四川省古蔺县
		沱牌曲酒传统酿造技艺	四川省射洪县
Ⅷ-145	酿造酒传统酿造技艺	封缸酒传统酿造技艺	江苏省丹阳市、金坛市
		金华酒传统酿造技艺	浙江省金华市
Ⅷ-146		配制酒传统酿造技艺（菊花白酒传统酿造技艺）	北京仁和酒业有限责任公司

资料来源：文化部网站。

（七）国际拓展进程加速

"十二五"时期，在经济全球化背景下，拓展国际市场已成为中国酿酒产业实现可持续发展的必然趋势，以全球化的视野布局未来，不仅是一个行业的历史使命，也是一个时代不可阻当的潮流。中国酿酒产业实施国际化战略的步伐从未停止，随着本土品牌的做大做强，国际化上升到了战略高度,成为酿酒行业共同思考的方向。经过多年努力,在产品国际化、品牌国际化、文化国际化、市场国际化等诸多方面勇于探索,大胆尝试。白酒龙头企业从文化交流与输出、品牌建设和营销渠道发力,主动拓展海外市场,茅台集团专门为海外免税市场推出"小批量勾兑茅台酒"借助卡慕酒业强大的市场网络及成熟的管理经验,已进入30多个国家的60多个国际机场,销售茅台酒的国际免税店超过300家,海外经销商超过80家,分布在数十个国家和地区。五粮液以"世界名酒,全球共享"为主题实施国际化落地战略,在澳大利亚、英国、意大利、韩国等举办新品发布及高端品鉴会。葡萄酒、啤酒本身就拥有与生俱来、得天独厚的全球化"基因",通过并购、参股、自建等形式,张裕公司在新西兰、法国、西班牙等收购多家酒庄,青岛啤酒在泰国建厂。黄酒不断推出适合国外消费者口味的产品,出口日本、韩国和东南亚地区。企业"走出去"战略实施,助力了全行业走向国际,融入世界的步伐,推动了中国酿酒产业的国际化进程。

(八)人才培育形成体系

"十二五"时期,酿酒行业本着以服务产业经济发展为宗旨,以建设高技能人才队伍为重点,健全、完善技能人才评价体系,规范职业技能鉴定工作,通过培训和考核,提高了职业技能鉴定质量,实现了职业培训的针对性和有效性,形成了从产业工人到技术人员、从科研带头人到酿酒大师的系统人才体系(见表14、表15)。全行业有6名选手获得了中华全国总工会颁发的"全国五一劳动奖章"、有18名选手获得国家人力资源和社会保障部颁发的"全国技术能手"荣誉称号,有180人(次)获得中国酒业协会和全国财贸轻纺烟草工会颁发的"全国酿酒行业技术能手"的荣誉称号。

表14 酿酒行业人才培育情况一览表

子行业	酿酒大师	首席品酒师	国家评委	合计
酒精	2	—	—	2
白酒	46	46	202	294

续表

子行业	酿酒大师	首席品酒师	国家评委	合计
啤酒	15	—	83	98
葡萄酒	7	—	138	145
黄酒	5	—	56	61
果露酒	3	—	57	60
合计	78	46	536	660

资料来源：中国酒业协会。

表 15　　　　　　　　酿酒行业人才培育情况一览表

子行业	酿酒师	品酒师	酿造工	营销师	合计
酒精	142	—	195		337
白酒	2 287	9 594	5 323	300	17 504
啤酒	568	607	1 231	—	2 406
葡萄酒果露酒	17	1 522	—	—	1 539
黄酒	220	313			533
合计	3 234	12 036	6 749	300	22 319

资料来源：中国酒业协会。

二、存在问题与面临形势

（一）社会关注度高，预警机制亟待健全

随着人民生活水平的提高，食品质量安全意识不断加强，作为特殊食品的酒类产品，备受社会各界的关注。酒类产品的质量安全，关系到生产企业的命脉，关系到整个酿酒产业的健康发展。特别是白酒行业，舆论关注度高，影响面大，公众美誉度亟待提高。面对行业热点与社会误读，行业与企业仍欠缺快速应变能力和有效的危机公关能力。尽快建立健全行业预警机制，有效组织与引导企业开展行业自律，加强消费教育，普及酒文化知识，倡导理性饮酒，强化社会责任意识，树立行业正面形象，努力营造行业的社会美誉度，应该作为全行业的一项重要工作。

（二）产能增长过快，市场应变能力滞后

行业高速发展时期企业产能大量增加，国内外大量资本涌入，地方政府的政策性保护等加剧了酿酒规模的扩张。行业进入深度调整期后，产能增长遗留下库存压力过大、销售渠道不畅、消费能力不足，利润空间降低的危机。白酒行业目前的产量规模已超过消费量的一倍，啤酒行业在连续保持世界产量第一的背景下，已至少超过实际消费量25%，世界年人均饮用啤酒33升，目前我国年人均消费啤酒已经达到34.3升。面对新的市场变化，面对国内外整体经济形势的压力，面对节俭治国的社会环境，部分企业对深度调整的心理落差准备不足，仍然心存幻想，缺乏适应新常态变化的决心，调整发展战略的能力不强，应对市场变化的措施滞后。进一步解放思想，树立信心，主动适应市场形势新常态，积极寻找新的经济增长点，以市场需求定产量，是保障行业稳步发展的必修功课。

（三）利润有所下滑，影响企业发展后劲

为应对社会环境与市场环境的新变化，绝大多数企业积极调整产品结构，重新构建价格体系，降低了高端产品价格，加大了中低端产品的生产规模，取得了一定的成效，但却造成收入稳中有升，利润与税金持续下滑的被动局面。产品利润率的降低，削减了企业发展后劲，制约了行业科技投入，影响了行业持续健康发展。在控制总量的基础上，建立科学的产品结构体系，控制产品成本，主动适应消费需求，稳定产品价格，是创造企业核心竞争力的必然选择。

（四）创新能力不足，现代工业进程缓慢

酿酒行业的科技创新能力明显不均衡，啤酒、葡萄酒行业通过引进吸收国外技术装备，促进了生产水平的提升，但自主研发和自主创新能力尚有不足；白酒、黄酒行业通过加大机械化生产试点，在一定程度上

提高了生产效率，但距机械化、自动化、智能化、信息化水平差距仍然很大。酒精行业规模企业通过升级改造，技术水平和产品质量逐步提升，但是在全面实现循环经济，资源重复利用，进而提高产出效益方面尚无重大突破。科学建立行业创新机制，加大力度提高自主研发能力，树立传统产业向现代工业迈进的坚定信心，推动酿酒行业现代化工业进程，是我国实现《中国制造2025》的需要，也是整个酿酒产业的重要任务。

三、指导思想、发展理念、发展方向

（一）指导思想

紧紧围绕全面建成小康社会的总目标，树立并切实贯彻"创新、协调、绿色、开放、共享"的发展理念，以提高发展质量和效益为中心，创新工作思路和方式，主动适应经济发展新常态。

坚持调结构、转方式、促创新、稳增长的基本思路，加大结构性改革力度，加快转变经济增长方式，突出创新驱动，坚持稳中求进的总体基调，更加注重满足人民群众需要，更加注重市场和消费心理研究，更加注重建设生态文明，更加注重科技进步和自主创新，保障酿酒行业平稳健康发展和社会和谐稳定。

遵循法制治国，推动依法治酒，促进供给侧改革，注重食品安全，强化风险防控，为实现第二个百年奋斗目标，实现中华民族伟大复兴的中国梦做出贡献。

（二）发展理念

坚持创新发展，实现质量效益共赢。
坚持协调发展，推动产业结构平衡。
坚持绿色发展，改善自然生态文明。
坚持开放发展，参与国际酒业竞争。
坚持共享发展，促进酒与社会和谐。

(三) 发展方向

1. 稳中求进，准确把握经济发展新常态

科学认识当前形势，准确研判未来走势，坚持稳中求进工作总基调；坚持以提高经济发展质量和效益为中心，准确把握经济发展新常态，把握"一带一路"、京津冀协调发展和长江经济带等经济增长新机遇，推动中国酒业国际化进程，实现中国民族产品跨入世界酒类大舞台的梦想。

2. 文化先行，倡导理性饮酒提升公信度

积极构建文化体系建设，弘扬酒文化深刻内涵，倡导理性饮酒，引导科学消费；全面实施品牌战略，树立行业形象，践行诚实、诚心、诚信的经营理念，勇于承担社会责任；积极传播科学、文明、健康的酒类"新文化"，引导正确消费，满足人民精神文化与物质文化的双重需求。

3. 转型升级，依靠科技突出创新驱动力

坚持走新型工业化道路，加大科技投入，推动技术进步和自主创新能力；促进产业转型升级，积极开展信息化和工业化深度融合，结合"互联网＋"和《中国制造2025》，狠抓改革攻坚，突出创新驱动，实现酒类装备的机械化、自动化、智能化和信息化。

4. 质量为本，优化结构提升综合竞争力

加强食品安全保障，强化风险防控意识，建立结构合理、优势互补、均衡发展、区域优势显著、风格特色突出的产业格局；科学设计丰富多样、个性鲜明、多元化与差异化组合的产品结构，突出产品创新，提高质量效益，提升行业综合竞争力。

四、主要目标

(一) 经济发展目标

到2020年，全行业预计实现酿酒总产量8 960万千升（含酒精及白酒、啤酒、葡萄酒、黄酒、其他酒等六个子行业），比 2015 年 7 370.06 万千升增长 21.57%，年均复合增长 3.98%；销售收入达到 12 938 亿元，比 2015 年 9 229.17 亿元增长 40.19%，年均复合增长 6.99%；利税 2 658 亿元，比 2015 年 1 871.24 亿元增长 42.04%，年均复合增长 7.27%。

到 2020 年，酒精行业产量为 1 500 万千升，比 2015 年 1 016.74 万千升增长 47.53%，年均复合增长 8.09%；销售收入达到 1 100 亿元，比 2015 年 799.92 亿元增长 37.51%，年均复合增长 6.58%；利税 80 亿元，比 2015 年 56.44 亿元增长 41.74%，年均复合增长 7.23%。到 2020 年，燃料乙醇总产量达到 1 500 万吨。

到 2020 年，白酒行业产量为 1 580 万千升，比 2015 年 1 312.8 万千升增长 20.35%，年均复合增长 3.77%；销售收入达到 7 800 亿元，比 2015 年 5 558.86 亿元增长 40.32%，年均复合增长 7.01%；利税 1 800 亿元，比 2015 年 1 279.71 亿元增长 40.66%，年均复合增长 7.06%。

到 2020 年，啤酒行业产量为 5 400 万千升，比 2015 年 4 715.72 万千升增长 14.51%，年均复合增长 2.75%；销售收入达到 2 600 亿元，比 2015 年 1 897.09 亿元增长 37.05%，年均复合增长 6.51%；利税 500 亿元，比 2015 年 350.39 亿元增长 42.70%，年均复合增长 7.37%。

到 2020 年，葡萄酒行业产量为 160 万千升，比 2015 年 114.8 万千升增长 39.37%，年均复合增长 6.87%；销售收入达到 650 亿元，比 2015 年 462.64 亿元增长 40.50%，年均复合增长 7.04%；利税 120 亿元，比 2015 年 84.34 亿元增长 42.28%，年均复合增长 7.31%。

到 2020 年，黄酒行业产量为 240 万千升，比 2015 年 160 万千升增长 50.00%，年均复合增长 8.45%；销售收入达到 288 亿元，比 2015 年 181.94 亿元增长 58.29%，年均复合增长 9.62%；利税 48 亿元，比 2015 年 29.75 亿元增长 61.34%，年均复合增长 10.04%。

到 2020 年，其他酒（果露酒为主）行业产量为 80 万千升，比 2015 年 50 万千升增长 60.00%，年均复合增长 9.86%；销售收入达到 500 亿元，比 2015 年 328.72 亿元增长 52.11%，年均复合增长 8.75%；利税 110 亿元，比 2015 年 70.61 亿元增长 55.79%，年均复合增长 9.27%（见表 16）。

表16　"十三五"时期行业经济指标预计（2015~2020年）

指标	年份	全行业	酒精	白酒	啤酒	葡萄酒	黄酒	其他酒
产量 （万千升）	2015	7 370.06	1 016.74	1 312.8	4 715.72	114.8	160	50
	2020	8 960	1 500	1 580	5 400	160	240	80
2020年比2015年 增长率（%）		21.57	47.53	20.35	14.51	39.37	50.00	60.00
2020年比2015年 年均复合增长率（%）		3.98	8.09	3.77	2.75	6.87	8.45	9.86
销售收入 （亿元）	2015	9 229.17	799.92	5 558.86	1 897.09	462.64	181.94	328.72
	2020	12 938	1 100	7 800	2 600	650	288	500
2020年比2015年 增长率（%）		40.19	37.51	40.32	37.05	40.50	58.29	52.11
2020年比2015年 年均复合增长率（%）		6.99	6.58	7.01	6.51	7.04	9.62	8.75
利税 （亿元）	2015	1 871.24	56.44	1 279.71	350.39	84.34	29.75	70.61
	2020	2 658	80	1 800	500	120	48	110
2020年比2015年 增长率（%）		42.04	41.74	40.66	42.70	42.28	61.34	55.79
2020年比2015年 年均复合增长率（%）		7.27	7.23	7.06	7.37	7.31	10.04	9.27

注：2015年数字为国家统计局统计快报数字，黄酒果露酒为行业统计数字。

（二）科技创新目标

积极推动全行业开展科技创新，鼓励酿酒企业加大科技投入。建立酿酒制造企业与酒类装备企业、科研院所、大专院校之间的联动机制，有组织地开展科技交流、技术探讨、观摩学习活动，打破行业之间的技术封锁与壁垒。通过产学研融合，强化技术攻关，在食品安全、现代检测、防伪技术、年份酒辨别等方面取得突破，实现产业转型升级，向酒类技术装备的机械化、现代化、智能化和信息化水平迈进。

（三）产业结构目标

协调引导酿酒产业集群发展，优化酿酒产业布局，建设先进制造业基地和现代化产业集群，打造特色经济区域集群，培育优质酿酒原辅料产区。优化多种所有制并存的产业经济格局，提高产业集中度和企业竞争能力。发挥农产品加工与新农村建设的有机结合，统筹城乡共同发展，促进区域良性互动，通过规范中小企业产销经营，拓展中小企业生存发展空间，达到大中小酒企和谐发展。

（四）产品结构目标

重视产品差异化创新，深入研究产品感官感受和酒体特质，密切关注市场需求和消费者心理变化，精心研发行销对路的品种。针对不同区域、不同市场、不同消费群体需求，通过研发丰富多样、个性鲜明、多元化与差异化组合的产品结构，给消费者提供更广泛的选择空间，为人民群众提供更好的精神和物质产品。

（五）质量安全目标

进一步强化安全意识，提高质量要求，健全、完善酒类质量安全体系、质量控制和检测体系、产品质量安全可追溯体系。建立健全产业标准体系、诚信管理体系，推进标准体系的制（修）订工作。全面推行行业联盟标准、团体标准，实施企业标准声明制，实行分级管理，按照国家食品质量要求进行把关，保障消费者利益。

（六）文化传播目标

深入挖掘中国酒文化的民族底蕴，还原酒类产品的物质属性与精神属性的深刻内涵，积极开展酒文化宣传普及工作，引导理性消费、健康饮酒的消费理念。通过践行诚实、诚心、诚信的经营，树立行业整体形象，培育酿酒行业良好的社会和谐氛围。弘扬现代文明的酒类"新文化"，鼓励酿酒企业开展以酒文化博物馆、收藏馆、展示馆、文化宣讲论坛、文化旅游等酒类文化普及活动，提升品牌文化形象，推动中国酒文化的国际影响。

（七）人才建设目标

继续实施以建设高技能人才队伍为重点的人才战略，加快专业技术人才队伍建设。完善技能人才评价体系，建立健全从产业工人到技术人员、从科研带头人到酿酒大师的人才培育序列，通过开展国家职业资格鉴定培训与考核，保证在职技术人员持证上岗。努力培养一支满足酿酒产业发展需要的、具有较强国际竞争力的高素质的专业技术人员队伍，为实现我国创新型酿酒产业提供人才保证。

行业8　生物发酵产业"十三五"发展战略研究

"十二五"时期以来，发酵行业按照"自主创新、规模发展、产业集聚、拉动内需、稳定市场"的原则，生物发酵行业随着产业规模的不断扩大，产业结构的调整，企业的兼并重组和技术水平的提升，高效、绿色、低碳等可持续特征已经逐步显现，并作为我国战略性新兴产业中的重要组成部分，呈现出稳定增长的态势。同时在错综复杂的国内经济形势变化格局下，我国也面临着产业结构进一步调整、经济运行稳定可持续增长、节能减排等方面的挑战，因此加快发展和壮大生物发酵产业，以充分利用可再生资源，解决国民经济发展中可能面临的资源短缺等问题、构建可持续的经济发展之路成为必然选择。

一、"十二五"时期产业发展的基本状况

"十二五"时期，生物发酵产业通过增强自主创新能力、加快产业结构优化升级、提高国际竞争力，使得产业规模持续扩大，并形成了一些优势产品。大宗发酵产品中的味精、赖氨酸、柠檬酸等产品的产量和贸易量位居世界前列；淀粉糖的产量在美国之后，居世界第二位；其他如山梨醇、葡萄糖酸钠、木糖醇、麦芽糖醇、甘露糖醇、酵母和酶制剂等产品也处于快速发展阶段；生物基材料、化学中间体的生物制造等尚处于起步阶段。

(一) 产业规模扩大

"十二五"时期,我国生物发酵产业规模继续扩大,总体保持平稳发展态势,主要生物发酵产品产量从 2011 年的 2 230 万吨增加到 2015 年的 2 426 万吨,年总产值 2 800 亿元(见图 1)。目前我国生物发酵产业产品总量居世界第一位,成为名副其实的发酵大国。

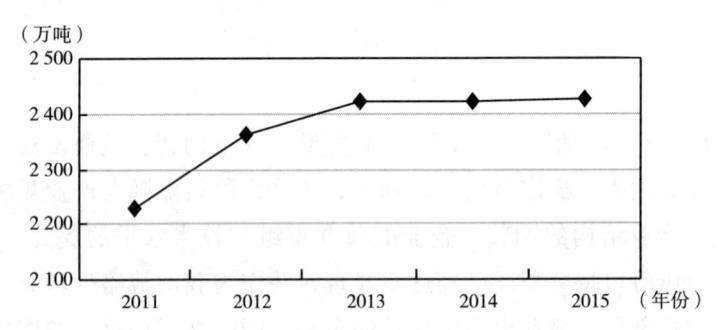

图 1　2011～2015 年我国生物发酵产业主要产品产量增长情况
资料来源:中国生物发酵产业协会。

(二) 主要产品出口增加

受国际大的经济环境影响,"十二五"时期生物发酵产品出口增长一直处于低位徘徊,每年有所增长,但普遍增幅不大或有所下降。主要产品出口从 2011 年的 286 万吨增加到 2015 年的 344 万吨(见图 2),出口额 2015 年达到 45 亿美元。柠檬酸、味精、淀粉糖一直是生物发酵产业主要出口产品,柠檬酸出口量占总产量的 80% 以上,味精占 18%,淀粉糖占 10%。出口产品中谷氨酸及盐类、赖氨酸及盐类、葡萄糖酸及其盐酯出口量增长幅度较大,柠檬酸及其盐酯、淀粉糖、酵母出口量增长幅度较为稳定。

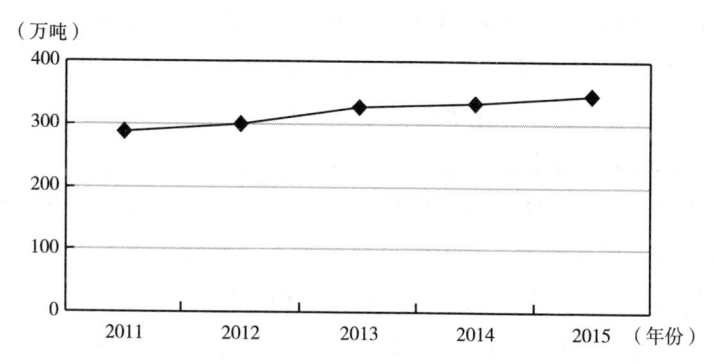

图 2 2011～2015 年我国生物发酵主要产品出口量增长情况

资料来源：中国生物发酵产业协会。

（三）产品结构调整取得显著成效

"十二五"时期，从我国发酵工业现状和面临的形势出发，在国家产业政策指导下，生物发酵产业以满足市场需求为导向，积极推进结构调整和产业升级，改变了原先产品较单一的格局，为食品、医药、化工等相关行业提供了品质优良的原料，已逐步形成味精、赖氨酸、柠檬酸、结晶葡萄糖、麦芽糖浆、果葡糖浆等大宗产品为主体、小品种氨基酸、功能糖醇、低聚糖、微生物多糖、微生态菌剂等高附加值产品为补充的多产品协调发展的产业格局。

（四）自主创新能力增强，生产技术水平显著提高

"十二五"时期以来，随着国家对生物产业的政策支持力度不断加大，企业在技术研发、技术改造等方面的投入也越来越多，较好地实现了创新带动行业技术水平的提升。生产技术指标不断提高，生产工艺得到明显改进，产品质量和产率达到较高水平。柠檬酸、味精、山梨醇、酵母等产品生产技术工艺业已达到国际先进水平，从而大大提高了产品市场竞争力。柠檬酸行业 2015 年的平均产酸率达到 15.86%，较 2011 年的行业平均产酸率提高了 1.67 个百分点；2015 年行业平均总收率为 89.86%，较 2011 年行业平均总收率提高了 1.14 个百分点。在味精行

业，目前谷氨酸发酵有80%采用了高性能的温敏菌种发酵工艺技术，使谷氨酸产酸率和转化率明显提高，指标较高的企业平均产酸率可达到20克/分升以上，糖酸转化率也可提高到近70%以上。这些指标的提升，降低了产品粮耗、能耗和水耗，减少了化学需氧量的产生，起到了节能降耗的作用。此外，味精生产中传统的等电离交提取味精工艺被列入淘汰落后之后，新型浓缩连续等电提取技术逐步替代老工艺，降低了各项消耗，提高了产品质量，减少了废水产生和排放。

在研发基地建设方面，截至2014年底，生物发酵领域已有3家国家工程研究中心；4家国家工程技术研究中心；21家国家级企业技术中心。此外，建立了15家行业技术研发、检测中心。

（五）产业集中度进一步提升

"十二五"时期，生物发酵产业经过激烈的市场竞争，兼并、重组越发活跃，从而进一步提升了产业集中度。目前年产值达到100亿元以上的大型企业集团5家。各行业集中度情况见表1。

表1　　　　　　　我国生物发酵产业集中度情况

行业	企业个数	集中度	产能占比（%）
味精	10	前3	80
柠檬酸	8	前6	97
赖氨酸	10	前6	85
淀粉糖	35	前9	63
酵母	13	前3	78

资料来源：中国生物发酵产业协会。

酶制剂行业虽然以小企业居多，但在"十二五"时期也得到了迅速发展，销售收入亿元以上的企业达到8家，产品品种增多，产品大类超过20种。同时国内市场份额由原来的不足10%提升到现在的近30%，产品市场竞争力大大提高，改变了以往国外产品占绝对主导地位的局面。

"十二五"时期，生物发酵产业特色基地得到快速发展，以山东禹城功能糖城特色产业基地、山东昌乐柠檬酸特色产业基地为代表的生物发酵产业集群对产业发展的带动效应显著，成为产业发展新的增长点。

（六）产品质量及安全水平不断提高，产品标准与国际接轨

"十二五"时期以来，生物发酵行业的绝大部分企业通过了ISO9000质量认证、ISO14000、ISO22000（含HACCP）认证、GMP认证，产品品质整体上接近国际先进水平，部分产品已达到国际先进水平。企业的主体资格和生产经营行为得到有效规范，生产条件和经营环境符合食品安全和卫生要求。生产企业高度重视制标工作，骨干企业积极参与制（修）订行业标准和国家标准。完成30余项国家标准和行业标准的报批。标准建设，对于提高企业科技人员素质，掌握先进前沿性技术和检测设备、检测方法，提升产品质量，规范行业发展都具有重要意义。

（七）资源综合利用水平逐步提升，节能减排取得显著成效

行业企业已经深刻地认识到节能减排的重要性和必要性，通过清洁生产技术的应用，加强源头和过程控制，采用先进的节能环保技术工艺和设备，有效地提高了原料的利用率和转化率，降低了能耗和水耗，减少了污染物的产生和排放。以柠檬酸为例，行业平均每吨成品粮耗从2011年的1.86吨降低到2015年为1.767吨；平均每吨成品汽耗从2011年的4.29吨减少到2015年的3.01吨，下降幅度明显；平均每吨成品耗电从2011年的930.0度下降到2015年的735.0度；平均每吨成品水耗从2011年的22.46吨下降到2015年的17.02吨。味精的每吨产品综合能耗也从2011年的1.2吨标煤下降到2015年的1.1吨标煤，而目前每吨成品水耗大部分可以达到20吨以下。

此外，生物发酵行业企在化学需氧量减排等方面取得了显著成效。在过去的四年里，行业协会分别组织了对味精、柠檬酸、酵母、木糖（木糖醇）生产企业的环保核查工作，促进了固废、危废、废水、废气、噪声等的达标排放，同时引进了一批新的环保技术、设备，推动了生物发酵产业的绿色制造。

二、产业面临的问题

我国生物发酵产业得到了快速发展,取得了很多喜人的成绩,但存在着一些突出的问题和制约因素。

(一)市场需求和产能矛盾突出,产业结构仍需完善

一方面,大宗生物发酵产品所占比重依然偏高,产能结构性过剩,产业链单一;另一方面,高附加值产品数量少、品质低,产品应用技术发展相对缓慢,产品应用推广力度不够,未形成完整的生物发酵产业链条,缺乏国际竞争力。随着原辅材料、能源价格的逐年上涨,加之产品市场竞争激烈,以大宗发酵产品为主的生产企业效益滑坡,严重影响了产业的发展。针对产业发展的困境,如何调整产业结构,延伸产业链,提升产品附加值是生物发酵产业亟待解决的难题。

(二)核心技术水平亟待提升

影响我国发酵工业整体快速、稳定发展的重要因素包括一些共性技术、工艺和装备上的制约,虽然我国发酵技术已经取得了显著进展,少数大宗发酵产品已经达到国际先进水平,但影响产业发展的核心技术水平与国外仍具有一定的差距。尽管近年来研究开发投入比例明显增加,但与国外企业相比仍显不足,即使是我们的龙头企业也无法与国际跨国公司比肩,导致我们的关键技术和装备创新力度相对较弱,新兴产品比例相对较低。企业缺乏对新兴产品创新的动力,新产品产业化能力也相对较弱,新产品市场和品牌培育不足。

(三)原材料、环保等生产要素变化,加大企业发展压力

生物发酵产品生产的主要原料玉米受国家政策影响价格一直居高不

下,导致企业生产成本持续增加,利润空间不断被挤压。而随着国家对环境保护、资源能源消耗的要求越来越严格,环保投入持续增加。这些生产要素的双重作用,使企业发展压力不断增加,特别是规模较小的企业压力尤甚,从而在一定程度上延缓了企业的发展速度。但随着环保政策的升级,将加速行业洗牌进程,对淘汰落后产能、缓解产能过剩矛盾、优化产业结构、促进行业健康发展将起到积极的推动作用。

(四) 资本和产业融合度不足问题突出

管理机制不完善,缺乏配套的税收与市场扶持政策,融资渠道不畅,缺乏资金。虽然目前新兴资本市场对生物发酵产业关注度持续增加,投资公司和资本市场希望能够进入到行业中来,促进产业发展,但在投资方向选择上与产业创新之间存在较大的信息不对等,资本市场对产业缺乏有效的认识和深度了解,而生产企业在资本市场的显现度不够,从而影响产业在资本市场的融资力度。因此融资主体和投资主体的科技—金融互动意识、运行机制亟待加强。

三、机遇与挑战

(一) 发展机遇

随着生物科技的进步及其向工业领域的快速渗透,一个全球性的产业革命正在朝着生物经济发展。世界各主要经济强国都把生物制造作为保障经济发展、能源安全和环境友好的国家战略,促进形成与环境协调的战略产业体系,抢占未来生物经济的竞争制高点。

作为我国战略性新兴产业,生物发酵产业将在"十三五"时期面临许多机遇。

1. 国家政策的持续支持,为产业发展创造良好的外部环境

"十二五"时期,生物发酵产业得益于国家密集出台的一系列相关产业政策的大力支持,得以快速发展。虽然后两年产业发展速度放缓,很大一部分原因在于国家整体经济进入发展的新常态，生物发酵产业也随之进入发展的调整期。从大的发展形势和趋势分析，我们依然对生物发酵产业充满信心。作为国家战略性新兴产业之一的生物产业必然继续引领我国产业结构调整及技术创新，同时由于生物发酵又归属于玉米深加工产业范畴，其在保护农民利益和发展农村经济中的地位决定了其发展的可持续性。因此可以预见，"十三五"时期，国家必将继续从政策上对生物产业发展给予鼓励和支持。

2. 资本市场对生物发酵产业的高度关注，增强了可持续发展的动力

随着我国经济社会的不断发展，资本市场日趋成熟，基本形成了包括上海证券交易所主板、深圳证券交易所中小企业板、创业板，以及"新三板"市场等在内的多层次资本市场。此外，香港和海外证券交易市场也进一步拓宽了中国企业的融资渠道。在我国医疗制度改革稳步推进、国家对发展包括生物产业在内的战略新兴产业扶植政策不断推出等有利因素推动下，创业风险投资、资本市场投融资等将持续火热，我国生物技术产业投融资发展趋势和投融资规模呈现高增长态势。未来的生物技术产业投融资渠道更加多样，在新技术不断突破和转变经济发展方式的背景下，生物医药、生物农业、生物制造、生物能源等各个领域在资本市场面临更大的发展机遇。

3. 消费市场需求变化给生物发酵产业发展带来生机

随着经济总量的增长及收入水平的提高，人们的消费观念正在悄然发生变化，对个性化、多样化、高档化、绿色化的消费需求催生出新的应用市场。生物技术产品的多样性正好迎合了这一消费趋势，为产品结构调整，发展高附加值产品提供了良好的市场需求保障。

（二）面临的挑战

产业发展存在巨大机遇的同时也面临诸多挑战。

1. 受国内外经济环境影响，生物发酵产业增长陷入前所未有的低谷

自2008年在国际金融危机以来，世界经济发展放缓。受国外市场影响，近几年出口量受到较大影响，出口增长一直处于低位徘徊。同时，国内下游市场需求疲软、在产能过剩和生产成本升高的双重压力下，企业间出现盲目压价，大宗发酵产品价格一路走低，企业收益大幅下滑，部分企业亏损经营，特别是单品种生产企业更是生存艰难，产业面临重新洗牌。

2. 产品应用领域开发不足，缺乏相关配套服务体系

虽然我国大宗发酵产品中的味精、赖氨酸、柠檬酸等产品的产量和贸易量已居世界前列，淀粉糖的产量在美国之后，居世界第二位，高附加值氨基酸、核苷、葡萄糖酸钠、山梨醇、木糖醇、酵母、酶制剂等产品也得到快速发展。但是产品新的应用领域开发不足，市场开拓力度不够，一味在现有应用领域进行残酷的价格战，损害行业利益，不利于产业的健康发展。目前，发酵行业大部分生产企业对产品的应用开发投入不足，服务保障跟不上，缺乏为客户提供应用配方及相关技术支持的服务体系，从而潜在的市场竞争力严重不足，影响企业迅速发展。

3. 生物制造产业全球化竞争格局加剧

著名国外生物制造企业纷纷在我国建立研发中心和生产基地，如帝斯曼、杜邦、嘉吉、诺维信、味之素、希杰等，不仅与国内企业在产品市场上竞争，也在人才和技术创新等诸多方面展开竞争。行业发展中面临着诸多的压力和困难，大部分企业仍需积极调整发展策略应对挑战。

四、指导思想、基本原则和目标

"十三五"时期是我国生物发酵产业发展的调整期，也是发展的关键时期，需要认清发展形势，理顺发展思路，明确发展目标，持续提升产业内在发展动力，加快产业结构优化升级，夯实产业综合实力，从而提高国际竞争力，掌握产业发展的主动权。

（一）指导思想

深入贯彻落实科学发展观，积极适应经济发展新常态，依法规范行业。以市场需求为导向，以技术和管理创新为动力，以绿色化、个性化、高端化为突破口，进一步调整产业结构，强化并完善产业链条，发展具有核心竞争力的大宗和新兴生物发酵产品；大力发展具有自主知识产权产品，打造世界级知名品牌；推动行业内兼并重组，积极培育抗风险能力强的大型企业集团；加快集聚效应突出的生物发酵产业基地建设；实施走出去战略，全面提升企业和产品的国际竞争能力，努力实现生物发酵产业的中国梦。

（二）基本原则

1. 市场导向

坚持从市场需求出发的基本原则，采取差异化发展战略，选择重点发展的领域、产品和技术，避免一哄而上、重复建设，以市场竞争引导行业发展。

2. 创新驱动

坚持技术创新和管理创新并举的基本原则，实现单纯模仿向自主创新、粗放管理向精细化管理质的飞跃，走质量效益型发展道路。

3. 绿色发展

坚持产业和环境协同发展的基本原则，提升环境保护在产业发展中的重要地位，发展循环经济，全面推广清洁生产技术和先进环保治理技术，实现生物发酵产业的绿色制造。

4. 标准保障

坚持以标准规范市场的基本原则，有效实施标准化战略，使产业发展实现产品—技术—标准层层递进，营造有序的市场竞争环境。

（三）发展目标

1. 总体目标

在生物发酵产业"十二五"时期发展的基础上，产业结构调整取得明显成效，产能结构性过剩得到有效缓解；完善创新支撑体系，大幅提升自主创新能力、开发高附加值产品；原料转化和综合利用率显著提高，实现资源利用最大化；大幅度减少污染物的产生和排放，降低能耗和水耗；建立起较为完善的标准化支撑体系；形成一批具有较强国际竞争力的骨干企业；增加海外投资，进一步开拓国际市场。

2. 具体目标

（1）产业规模。到2020年力争实现总产量达3 800万吨，年均增长率达8%左右，总产值达4 500亿元以上。

（2）骨干企业。推动企业兼并、重组，实现资源向优势企业集中，形成一批具有国际竞争力的大企业、大集团。到2020年，培育10家以上总资产超过100亿的骨干企业。

（3）自主创新能力。建立以企业为主体、以市场为导向、产学研相结合的协同创新体系，大幅度提高我国生物发酵产业整体生产技术水平和自主创新能力，取得工业微生物菌种改造、发酵过程智能控制、分离提取、清洁生产等核心技术和装备突破，建设一批水平高、机制新的工程技术中心和工程实验室。研究开发投入占销售收入的比重明显提高，形成一批具有自主知识产权、年销售额超过10亿元的生物技术产品。

（4）应用链体系。巩固大宗发酵产品稳定增长的同时，大力推动生物发酵产品在新的应用领域的研究与开发，推进产品产业链协同发展，增强生物发酵技术和产品对下游产业的支撑，在强化重点产品上下游配套能力及重点领域间的协调发展能力的基础上，大力发展延伸服务，构建具有竞争优势的产业链，提高产业发展水平和层次。

（5）节能减排。加快推行清洁生产，从源头和全过程控制污染物产生和排放，降低资源消耗，提高资源综合利用水平。到2020年，在现有基础上实现单位产品耗水量降低15%，能耗降低10%，污染物产生量减少15%以上，排放量降低10%以上。

（6）标准化体系建设与食品安全保障。健全生物发酵产业标准化体系，加快产品标准、检测标准、生产规范标准及通用标准的制定步伐，初步建立起服务于产业发展的标准化服务平台。到2020年，制（修）订各类标准30项，产品标准覆盖率达到60%以上。

建立完善食品安全保障体系，推进企业内部食品安全风险监测和风险评估制度与诚信体系建设。到2020年，行业内产品食品安全评估和诚信体系覆盖率达到95%以上。

（7）金融和资本市场与产业有效融合。通过各种资本市场的介入，加强对产业科技创新体系的支撑作用，大力推进自主创新要素获得突破性进展，通过多层次资本市场助推，以加强科技支撑，增强行业发展后劲。引导资本市场把资本和科技两大生产要素对接，推动行业完善多层次资本市场体系建设，拓展资本市场广度和深度，完善以资本市场为核心和纽带的投融资服务链，为成长型创业企业搭建直接融资平台，引导风险投资等产业基金进入企业发展的各个阶段，有效缓解创业企业融资难问题。

五、发展方向、主要任务和重点工作

（一）发展方向

推进大宗发酵产品和新产品核心竞争力全面提升能力建设，强化生物发酵产品应用链体系建设，提升其对下游行业发展的贡献率。通过金融和产业融合体系建设，加强对产业发展的关键支撑作用，以提升大宗发酵产品竞争力、互动式拓展生物发酵产品应用领域、做多做强生物发酵新产品，构建金融资本市场服务平台和体系，强化技术转移和推广的全程化服务工作，促进产业聚集和集群式发展。

（二）主要任务

1. 强化结构调整，推动创造有利于产业壮大的条件和氛围

以调整产品结构为突破口，转变经济增长方式，强化互联网应用对产业发展的推动作用，整合资源，拓展经营规模，提高产业集中度，促进产业规模化、集约化发展。同时采取有效方法和途径，促成有利于生物发酵产业发展的政策法规体系、创新体系、标准体系、安全保障体系、产业组织体系和行业服务体系的形成，促进产业规模快速增长。

2. 建设和完善创新体系，提升自主创新能力

整合国内研究资源和优势研发力量服务于企业和产业，组建跨领域、高水平、设施先进的国家工程研究中心和工程实验室，构筑生物发酵工程技术平台，凝聚和培养产业创新人才，建立和积累我国生物发酵产业所需要的成套技术与核心技术，增强微生物菌种的设计改造能力与技术集成能力，加大生物产业装备研发及生产水平，以装备技术推动产业水平，提升自主创新能力，促进产业可持续发展。

3. 实施资本和产业对接工程，强化市场对资源配置的作用，优化产业结构

围绕生物发酵产业的关键技术与产业化瓶颈技术，及未来生物发酵产业革命的重大科技问题，通过实施中国发酵行业金融服务平台的建设，优化产业结构，引导各类创新要素向企业集聚，为企业提供融资等服务，推广应用一批先进生物发酵产业技术，大力培育一批具有较强资本集聚能力和跨国经营能力，拥有自主知识产权核心技术和知名品牌的大型龙头企业，加速我国生物发酵产业的发展。

4. 促进产品应用链体系建设，推动产业集群式发展

全面评估生物发酵产业在社会经济中的战略地位，推动实现生物发酵复杂产业体系的有效协调机制，发挥政府和龙头企业的辐射推动作用，加快形成特色区域和产业集群，并促进形成产品应用链的辐射带动效应，从而进一步促进知识、技术、人才、资金等要素向优势区域集聚，促进企业之间的分工合作，大力发展产业和应用基地，大力推动生物技术服务业，建立更多的生物发酵产业和产业应用示范区，推动我国生物发酵产业的集群式和应用链联动的协同发展。

5. 加强标准体系建设，强化知识产权保护战略

结合国情及行业情况，参照国际标准，积极参与制（修）订发酵产品的国际和国家标准，建立统一、规范的认证认可体系，完善安全检测和监控系统系统，确保产品质量安全。提高掌握和运用知识产权的能力和水平，建立知识产权保护体系，规范企业良性发展。

（三）重点工作

在国家"稳增长、调结构、重环保"产业政策的引导下，按照产业集聚、规模化发展和扩大国际合作范围、层次的要求，实现行业资源优化配置，发展壮大一批掌握核心技术、主导产业规模大、竞争优势强的大型企业集团。坚持走科技含量高、经济效益好、资源消耗低、环境污染少，人力资源优势得到充分发挥的发展道路，使我国生物发酵产业稳步、健康发展。

1. 增强自主创新能力，推动高新技术改造传统制造技术

（1）研究开发新产品、新技术、新装备。

①重点开发的新产品。一是现有产品：实现氨基酸、有机酸、淀粉糖、糖醇等大宗发酵产品的绿色提质增效以及应用链的扩展和延伸。二是高端产品：提高产品特殊性能的研究，通过生物转化、生物催化等方法生产高附加值产品，如特殊功能发酵产品及其衍生物、生物材料、生物菌剂、手性生物产品、食品及日化添加剂、生物表面活性剂、生物色素、生物染料、环保生物新产品等相关产品。三是生物基平台化合物：开发C1－C6平台化合物、高分子材料、医药中间体、农药中间体等相关产品。

②重点开发的关键技术和设备。一是菌种选育。菌种种质资源的搜集与菌种库建立；生产菌株的系统生物学及比较组学研究；生产菌株基因功能发掘与EnzBank（酶库）的建立、适合发酵产品表达的多种底盘微生物的构建、生产菌株代谢工程改造和定制；菌株代谢网络与发酵规模的关系研究；新型生物发酵产品及其衍生物生产菌株及工艺开发；高产菌株的进化育种及高通量筛选技术和装备研发；高产菌株的关键基因位点的挖掘与知识产权保护；生产菌株抗逆能力的提升。二是发酵工艺。秸秆及其他非粮原料应用开发技术研究；标准化培养基的设计、分析与优化控制；基于代谢网络定量分析、发酵动力学等多尺度、多参数发酵优化和控制技术的应用；发酵过程耦合酶催化，降低残糖的技术与应用；发酵过程细胞信号传导研究与高密度技术；固定化酶连续发酵技术研究与应用；生物发酵法或生物酶法生产功能制品等代替化学法生产技术的研发；固态生物发酵技术与装备的突破；智能化连续发酵、半连续发酵技术与补料等辅助装备；大型厌氧和微耗氧发酵反应器；多样化、自动化和智能化的生物催化与转化反应器及其装备技术；小分子代谢产物的生物传感器开发；智能化自动在线检测与计算机集散控制技术和装备的研发。三是分离提取纯化。高效节能的分离介质、体系的研究；基于分子动力学理论的选择性析晶机理研究；生物反应与产物分离过程的耦合技术开发；基于区域选择性集成控制技术与装备研究；新型分离纯化技

术和装备的应用研究；分离过程在线检测与控制技术的研发；高收率和高纯度的产品提取技术开发；高效生物发酵产品衍生物分离纯化工艺开发；连续精细结晶系统与智能装备技术应用；膜组合分离技术集成与装备技术应用；高效模拟移动床色谱分离与连续离交技术应用；智能电渗析和双极膜电渗析装备的应用技术开发；副产物及杂质的高效分离技术开发；替代离交技术的新型脱盐技术开发。四是节水和节能。推广全封闭循环水利用技术；生产过程用蒸汽及蒸发水再利用技术；排放水回用及零排放技术；研究新型的浓缩与工业结晶装备及配套工艺；推广应用多效浓缩结晶技术、高效机械蒸汽再压缩技术；流化床组合干燥机组的研究应用；高黏度物料微波干燥技术研究应用；研究生物制造过程的全生命周期分析方法及其评价标准。五是环境保护。烟气含氧量自动控制技术；废水、废气和固体废弃物的治理与无害化、资源化利用技术开发。六是木质纤维素生物炼制关键技术及设备。开发清洁高效的原料预处理技术及设备；开发清洁高效的组分分离新技术及设备；开发纤维素的固相酶解技术及设备。

（2）创新技术服务平台建设。

①建立新型发酵行业技术转移和全流程技术服务平台。参考欧美国家数十年在生物技术领域的成功经验，建立新型生物发酵行业技术转移和全流程技术服务平台，大力推动和促进技术转移和科技成果转化全程化服务工作。聚集全社会技术资源，强调多学科人才交叉服务，鼓励技术转移方按公司运行模式进行技术转移和产品开发，推动科研院所出售技术产品、提供技术服务或和大企业联合开发项目，并在技术转移和转化过程中，通过平台为双方提供全流程技术服务，提高技术转移和转化成功率。充分利用已有国家、省级、行业级、企业技术平台，加强技术平台为行业的服务力度，资源互补，优势组合，形成全方位的行业技术创新支撑系统。其中特别择优支持具有自主知识产权、技术示范和推广效应显著、市场发展前景较好的技术和科技成果，促进技术升级和优势领域的形成。

②推动生物发酵产业技术创新联盟建设。加快建立以企业为主体、市场为导向、产学研相结合的技术创新体系，使企业真正成为研究开发投入、技术创新活动、创新成果应用的主体。"十三五"时期，把组建

发酵行业技术创新联盟作为提升整个发酵工业水平、增强国际竞争力的一项重要工作予以鼓励和支持。积极探索已建联盟发展的新模式、新思路，努力提高行业科技创新力。推动建立企业、科研院所和高等院校共同参与的创新战略联盟，发挥企业家和科技领军人才在科技创新中的重要作用。

③推进国家工程研究中心与企业技术中心建设。继续深入推进国家工程研究中心与企业技术中心建设，综合目前行业发展现状及未来发展需求，"十三五"时期，重点领域为酶制剂、氨基酸及核苷、功能发酵制品、淀粉糖（醇）、有机酸、酵母、生物技术相关设备等8个领域，将建立起更加广泛和专业化的企业技术中心网络，使企业真正成为科技创新的主体。完善国家级生物产业中试及产业化示范基地、国家级生物技术孵化和产业化服务基地建设，加速行业科技创新与成果转化。

2. 推动产业转移和企业重组

（1）优化产业区域布局。以市场为导向，引导行业立足资源优势，通过生物发酵原料基地拓展、产业链延伸、价值链延长，促进一二三产业融合互动发展，提高产业抗风险能力。在产业结构调整的基础上，引导各类创新要素向企业集聚，进一步促进知识、技术、人才、资金等要素向优势区域集聚，促进企业之间的分工合作，推动我国生物制造产业的集群式发展。推进发酵行业向有原料优势、能源丰富的地区转移，重点支持大宗发酵制品逐步向具有原材料、能源优势的东北地区，内蒙古和西部转移；在产业区域具体布局上，加快发展我国东北地区生物化工产业、华东地区生物基材料产业，以及华北、西北地区大宗发酵产业，促进生物制造产业规模做大做强。在产业转移过程中加强环保配套设施的建设，保护承接产业转移的生态环境。

（2）产业集群培育和建设。加快推动发酵产业特色区域经济和产业集群的发展，以地区资源和加工特色为依托，发挥产业积聚效应，提高自主创新能力，形成比较完整的区域性产业制造与配套体系，努力使发酵产业特色区域和产业集群建设成为推动行业和区域经济的发展平台，逐步形成信息、研发、培训、检测、交易和物流中心的综合体系，在产业集群内实现中小企业资源共享，全面提高行业制造水平和国际市场竞争力。重点建设玉米深加工、氨基酸及核苷、有机酸、淀粉糖、酶制剂、酵母、功能发酵制品等多个产业基地。

（3）积极推进企业重组。根据产业政策和市场化原则，鼓励龙头企业，瞄准国内外资源和技术优势、市场空间，对具备较高技术含量、具有品牌价值的企业实行兼并重组，减少技术开发周期和成本，加快企业做大做强。

（4）淘汰落后产能。按照国家宏观产业政策、环保经济政策、节能减排和发展循环经济的要求，结合国家《产业结构调整指导目录》等有关产业政策，加大淘汰落后产能力度，加快淘汰落后工艺技术和设备，促进产业由大做强。

3. 推动实施产品应用链体系联动工程，加强产品应用领域深度开发

产业发展需要产品的多样化和应用多元化，从而保障产业稳定快速可持续发展，通过整合与各相关部门和协会之间的关系，实施产品应用链体系联动工程，加大和拓展产品应用范围，提升产业与国民经济的关联性，增强产业在经济发展中的重要支撑作用。

联合高校、科研单位、企业等建立公共应用研发和技术服务平台，将发酵产品推广应用于食品、饲料、医药等行业，并加强其他工业领域的应用探索，提升产品的附加值和企业的利润率。研究发酵产品应用特性，扩大使用范围、应用领域，降低行业风险。

4. 推进清洁生产，加强产业环保治理

当前节能环保和循环经济的压力持续加大，推动生物发酵产业绿色制造进程刻不容缓。以资源的高效利用和循环利用为核心，对发酵行业循环经济运行的共性技术领域的多个关键技术组织攻关。重点研究内容包括：新型发酵资源的开发与高效利用、发酵废弃物高值化综合利用、发酵废水资源化处理、清洁生产技术和节能减排技术在发酵行业绿色生物制造中的综合应用。以生物基化学品的发酵生产作为国家资源技术的替代技术体系，以生物酶制剂通过生物催化手段如生物漂白、生物制浆、生物制革和生物脱硫等绿色生产技术，使传统化工、造纸、塑料、纺织、食品、酒精、发酵等工业领域的生产工艺与手段发生根本性变革，大大降低其能耗与资源消耗。在发酵行业废水资源化处理、节能减排等领域建立 BOT 模式试点企业，推广技术与资本相结合的 BOT 模式。

5. 强化标准和知识产权体系建设

加强与国际接轨，提高行业标准化水平，引导生物发酵产业的健康发展，赶超国际先进水平，增加市场竞争力，将产品的质量指标、检测方法等制定统一的国家标准、行业标准、团体标准，标准水平达到国际先进水平，完善国际市场准入准则，保障食品安全。围绕建立健全产品质量安全检测技术研发平台，研究食品标准化生产技术，解决加工生产过程中的控制技术及标准。研究国际先进检测技术标准和产品质量标准，建立与国际接轨的产品与食品质量标准体系。通过研究行业在标准和知识产权体系建设过程中遇到的关键问题，进一步加强实施标准和专利战略，规范市场行为，保障产业的创新核心和可持续发展。

6. 构建中国发酵行业金融服务平台

生物发酵产业需要稳定的金融和资本市场介入，实现资源的快速、高效整合和企业的兼并重组。因此通过充分利用资本市场这条市场化的资源配置渠道，以贷款、定向增发、换股吸收合并等资本手段，有效地促进企业的资产整合与并购重组，为促进产业调整和快速发展起到巨大的推动作用，同时通过银行、民间和风险投资等资本市场的介入行业发展，可以有效解决企业发展中遇到的各种资金短缺问题。因此，协会通过联合金融资本方和金融服务公司共同构建具有特色的"中国发酵行业金融服务平台"，整合各种多层次资本市场的优势资源，发挥资源配置和整合、投融资、财富效应等方面的功能，通过互联网经济，推动金融、科技、产业融合创新发展，促进产学研结合与科技成果转化，保障和支持行业经济发展的平稳较快增长。

7. 构建生物发酵产品物联网服务平台

互联网时代给行业的发展带来无限的空间和遐想，通过现代互联网会给行业的高速发展带来一个质的飞跃，协会将整合联合互联网的各种中介服务公司共同构建生物发酵产品物联网服务平台，通过协会的宣传和开展导向工作，集成各种网络资源和宣传辐射效应，为行业的产品和客户提供更大的发展平台和认识空间。

8. 强化人才交流和培训工作

协会和有关单位联合共同培育和建立产业发展的专业化人才队伍，尤其注重青年人才的培养工作。通过"走出去"和"引进来"等手段，加大与海外高层次创新人才的对接和联系，帮助企业建立一支创新能力强、掌握国内外技术市场发展的中青年工程技术和管理人才。

9. 加强宣传和引导，增加社会认知度

通过联合相关部门开展各种宣传活动和开办相关各种关联展会等工作，发挥全社会的力量，加大宣传生物发酵行业对社会、环境和经济可持续发展三大要素的益处，推动生物发酵行业制造获得更多行业的认知度和广泛支持。

10. 实施"走出去"战略，参与国际经济技术合作与竞争

为适应经济全球一体化新形势，随着我国经济的不断发展，努力掌握主动权，实施"走出去"战略。鼓励有比较优势的生物发酵企业到境外投资，合作开发利用资源，开展加工贸易，不失时机地扩大经济技术合作领域、途径和方式，在更大范围内和更高层次上参与国际经济合作和竞争。

六、政策建议

生物发酵产业是关系到国家发展与未来国际经济地位的战略性新兴产业，但目前产业影响力尚非常有限，需要政策、资本、市场、科技、人才、社会等的大力支持。

（一）出台相关产业扶持政策

——适当提高部分劳动密集型和高技术含量、高附加值商品的进出口退税率和进出口信贷优惠。

——在WTO规则框架下，建立和完善生物发酵产业救助机制和产业安全预警机制，组织企业进行反倾销、反补贴，提高行业技术壁垒。

——提高行业准入门槛，严格执行并适当提高新建项目最低产能规模要求；严格开展环保核查，加快淘汰落后和环保未达标产能，优化产业结构。

——进一步加大对生物发酵产业的支持力度，设立生物制造专项资金，支持关键技术开发建立以产业示范为目标的产学研联盟新机制，完善创新价值链，加强对具有自主知识产权的生物制造技术进行组装、集成和产业开发。

——择优支持具有自主知识产权、技术示范和推广效应显著、市场发展前景较好的企业，促进技术升级和优势领域的形成。

（二）通过政府引导资本和行业对接，资助和培育一批有代表性的创新型公司

参考欧美国家数十年在生物技术领域的成功经验，聚集多学科人才，按公司运行模式进行技术创新和产品开发。鼓励这些公司出售技术产品、提供技术服务、或和大企业联合开发，有条件公司优先创业板上市。

（三）强化标准地位，完善标准体系建设

积极采用ISO系列和国际通行认可的认证与标准，进一步健全发酵行业标准化体系建设。及时修订和完善系列产品标准，提升产品技术含量，强化推广力度；加强检测方法、生产规范和清洁生产等标准的制定。

（四）继续加大国家及各级地方政府对产业财政支持力度，充分利用现有财政政策及资金渠道，推动产业技术改造和工艺设备更新

设立技术改造专项资金，支持发酵行业加快结构调整、促进产业升级和实施"两化"融合；支持骨干企业加快技术创新，提高核心能力；支持发酵行业装备的国产化进程，提高整体装备水平。大力支持产业链菌种库建设及其功能改造等平台技术研发，全面深化行业体制机制改革，推动相关平台技术研发的外包服务，形成发酵行业的原始创新和集成创新的局面。加强实施标准和专利战略，规范市场行为，保障产业的创新核心和可持续发展。建立旨在保护知识产权的生物制造产品市场准入制度。

（五）培养符合产业发展的人才队伍

注重创新团队和青年人才的培养，大力引进海外高层次创新人才，建立一支创新能力强、掌握国内外技术市场发展的中青年工程技术和管理人才。重点培养生物技术专业、工程技术开发专业、食品安全检测和控制专业、高级技术工人等各类高技能人才。鼓励中外企业加强研发合作，支持符合条件的外资企业和内资企业、研究机构合作申请国家科技开发项目、创新能力建设项目，在相关项目建设、课题安排上给予政策和资金支持。鼓励国内企业参与国外技术研发、接受技术转让，提升我国生物发酵产业技术研发水平和创新能力。

（六）充分发挥行业协会的重要作用

充分发挥行业组织联系政府和企业的桥梁纽带作用，积极参与国家和地方有关产业政策、法规的制定，反映企业诉求。及时掌握、分析实施科技进步方面的新情况、新问题，动态反映企业和行业要求，提出解决问题的意见和建议，推进行业的科技进步。加强行业协会在产业发展、技术进步、标准制定、贸易促进、行业准入和公共服务等方面的能力建设。定期进行发酵行业的发展战略路线图的编制，制定行业发展规划，在政策、法律、法规、税收和融资等方面提供立体、多层次的实施保障。

行业 9　食品添加剂与配料工业"十三五"发展战略研究

一、"十二五"时期我国食品添加剂和配料工业的发展成就

食品添加剂是指"为改善食品品质和色、香、味，以及为防腐和加工工艺的需要而加入食品中的化学合成或者天然物质"。我国有悠久的使用食品添加剂历史，随着现代食品工业的发展我国食品添加剂和配料行业也向着系统化、规范化、标准化、国际化方向发展，已经建设起了与国际接轨的系统的标准体系和法规管理体系。我国是国际食品添加剂法典委员会主席国国家，与国际发达国家一样也制定了完善的食品添加剂生产、使用和管理的法规和标准，为食品添加剂的规范生产和使用，为促进食品工业的发展都提供了有力保障。目前，我国已批准使用的食品添加剂品种共 2 600 余种，几乎所有的加工食品都要使用食品添加剂，食品添加剂也是食品工业创新的基础，特别是现代食品工业的技术进步，大都与食品添加剂的创新使用相关，所以没有食品添加剂就没有现代食品工业。食品工业的发展带动了食品添加剂行业的发展，同时食品添加剂的发展也促进了食品工业的发展，食品添加剂行业与食品工业是相辅相成的。

（一）食品添加剂和配料工业平稳增长，为促进食品工业发展做出了应有贡献

"十二五"时期，我国食品添加剂和配料行业随着食品工业的发展，也经历了由快速发展向平稳发展的过程。"十二五"时期，全行业产品产量平均增长7.4%，销售额平均增长6.7%，出口额平均增长3.6%。截至2014年，食品添加剂和配料行业主要品种的总产量达947万吨，同比增长7%左右；销售额约935亿元，同比增长7.5%左右；出口约37亿美元，同比增长约2.8%。从主要数据看，行业总体上仍呈现平稳发展、稳中略升的态势（见表1、图1、图2、图3）。

表1　近五年行业的产量、销售额、出口额情况

年份	产量（万吨）	增长率（%）	销售额（亿元）	增长率（%）	出口额（亿美元）	增长率（%）
2010	712		719		323	
2011	762	7.1	767	6.4	34	6.3
2012	827	8.5	829	8.1	35.6	4.7
2013	885	7.0	870	4.9	36	1.1
2014	947	7.0	935	7.5	37	2.8

资料来源：中国食品添加剂和配料协会。

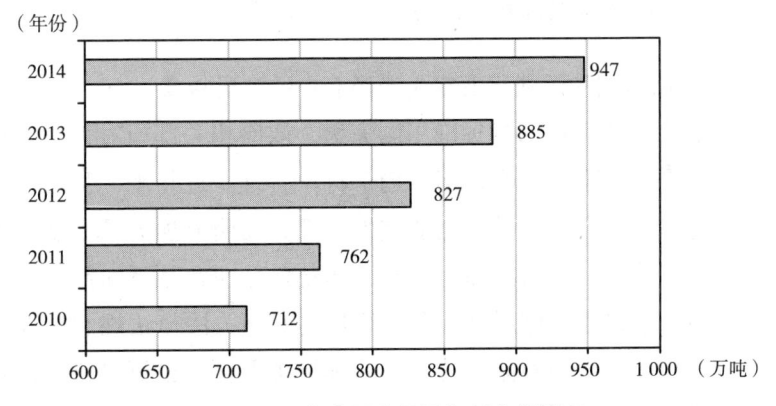

图1　近五年中国食品添加剂产量情况

资料来源：中国食品添加剂和配料协会。

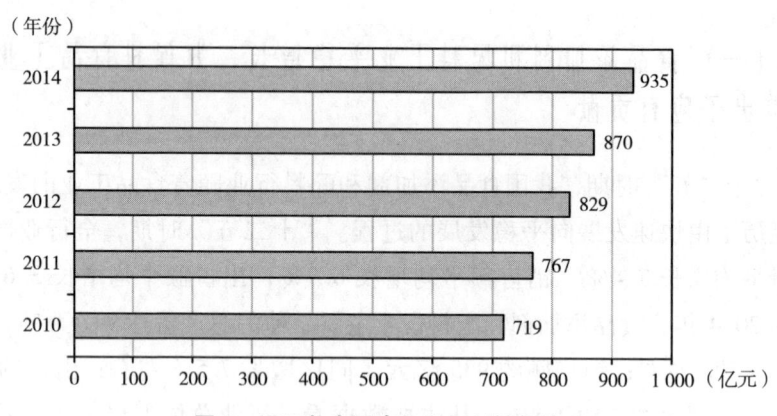

图 2　近五年中国食品添加剂销售情况

资料来源：中国食品添加剂和配料协会。

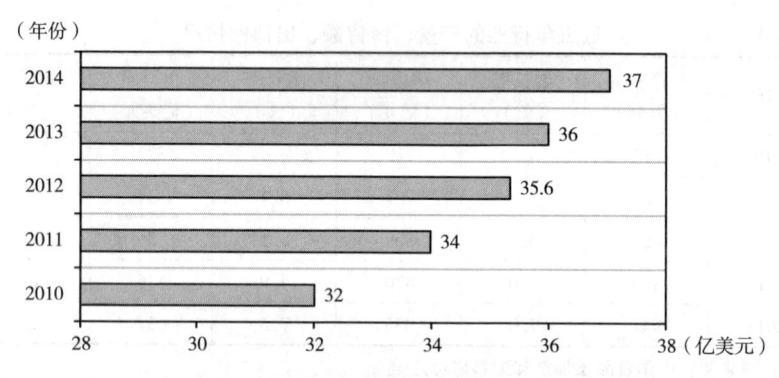

图 3　近五年中国食品添加剂出口额情况

资料来源：中国食品添加剂和配料协会。

1. 食品添加剂和配料行业在生产经营中的突出特点

（1）食品添加剂的法规标准不断完善，政府相关部门对行业的科学监督管理水平也在不断提升，逐步趋于科学合理。近年来，我国在食品安全的保障机制建设和食品安全的监督管理方面明显加大了力度，除进一步理顺监管体系，在国家和地方层面建立食品和食品添加剂从生产到销售的全链条监督管理体系外，食品添加剂的相关法律法规和标准不断完善，对其生产、使用和流通的监督管理更加严格，也更趋科学，对于那些不符合法律法规要求的企业，以及在生产经营过程中违法违规的企业予以坚决整顿和处罚，为规范整个行业的生产经营和市场秩序发挥了重要作用。多数规范企业尤其是大中型企业在日益良好的市场和竞争环

(2)行业企业的整体素质有了进一步提高,通过媒体曝光,国家对食品业监管的加强,行业企业普遍认识到企业要可持续发展,必须在生产经营中诚信自律,必须严格遵守国家的法律、法规和标准。行业企业在运营中更加关注行业发展动向,注重标准工作,积极参与国家标准的制定,通过协会积极向政府有关部门反映行业情况,配合政府做好行业监督和管理工作。

(3)尽管近年来行业企业的生产经营受到原材料和劳动力成本、环保压力增大等多种外界因素的影响,压缩了企业的利润空间,但大多数行业企业都把困难化作动力,坚持抓科技进步和管理创新,把提高产品质量、降低成本、新品开发、改进和提高销售及技术服务力度等作为工作重点,取得了良好成效。许多行业企业在国内外大环境诸多不利因素的困扰下软硬件实力进一步提升,继续保持稳定发展。

总体上目前我国食品添加剂产销两旺,能满足国内外市场发展的需要(见表2、图4)。行业基本实现产量和销售的同步增长,出口由于受国际经济增长复苏乏力、需求减少和国内出口产品退税政策调整等因素的影响,增长放缓。

表2　2010~2014年我国食品添加剂主要品种的产量　　单位:万吨

主要品种	2010年	2011年	2012年	2013年	2014年
食用香精香料	12.1	13.1	13.3	13.5	14.2
食用着色剂	70.1	74.7	80	80.4	81
高倍甜味剂	12	11	11.7	11.9	12.2
糖醇类甜味剂	115	123.1	132	139	150
防腐剂和抗氧化剂	24.5	26	27.8	29.7	31.8
增稠剂和乳化剂和品质改良剂	62	67.5	73	77.2	82.7
营养强化剂	21	23	25	26.8	28.6
其他类	398.1	430	455.2	493.1	526.9
共计	714.8	768.4	818	871.6	927.2

注:其他类主要包括味精、柠檬酸及盐、酶制剂和酵母等发酵制品。
资料来源:中国食品添加剂和配料协会。

食用香精香料，2%
食用着色剂，9%
高倍甜味剂，1%
糖醇类甜味剂，16%
防腐剂和抗氧化剂，3%
增稠剂和乳化剂和品质改良剂，9%
营养强化剂，3%
其他类，57%

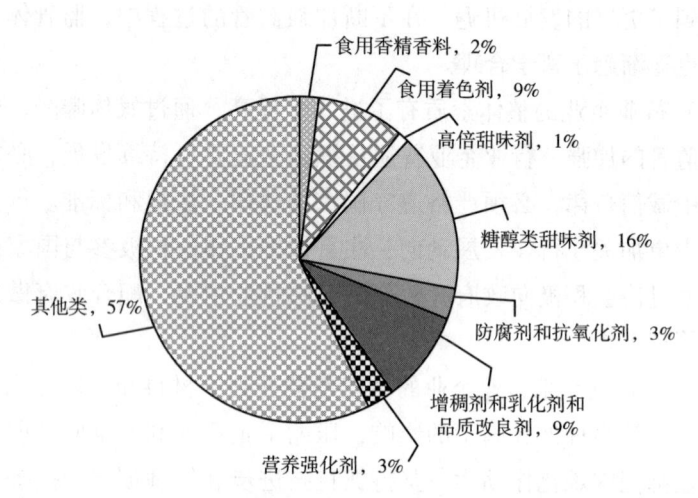

图4　2014年食品添加剂主要品种产量分布情况

注：此表中"其他类"主要包括味精、柠檬酸及盐、酶制剂和酵母等发酵制品。
资料来源：中国食品添加剂和配料协会。

2. 主要行业情况

（1）着色剂行业。2014年，食用着色剂行业产销总量达81万吨，同比增长约1%，销售额55.8亿元，同比增长4.6%（见图5）。2014年出口量达到9 400吨，与2013年持平，出口创汇3亿美元，同比减少5%。食用着色剂的三大类产品为天然着色剂、合成着色剂和焦糖色（见图6）。其中，天然着色剂销售量2.4万吨，同比持平。焦糖色产量77万吨，销售额23亿元；合成着色剂4 900吨，同比增长2%，销售额2.1亿元，同比增长4%。高端天然色素产品藻蓝、姜黄素、红曲黄、叶黄素制剂等产销量大幅增长；行业中的一些大宗产品，如辣椒红目前由于产能严重过剩，生产企业多数处于亏损状态；而万寿菊浸膏等产品经过几年的培育，有从低谷复苏的迹象。如辣椒红、叶黄素、栀子黄等产业由于前几年的产能过剩，使生产企业多数处于亏损状态。经过中国食品添加剂和配料协会近五年的正确引导和市场供需平衡的选择，过剩的产能正逐渐消耗，集中形成了优势规模化的生产企业，已经走出产业的低谷，驶上健康发展的轨道。

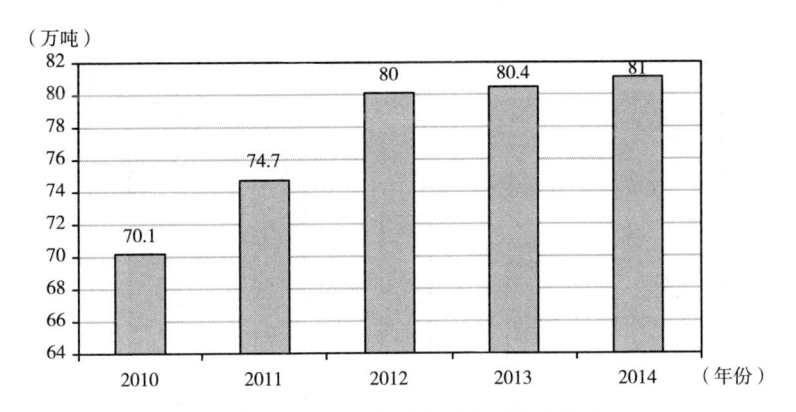

图5 2010~2014年着色剂产量变化情况

资料来源：中国食品添加剂和配料协会。

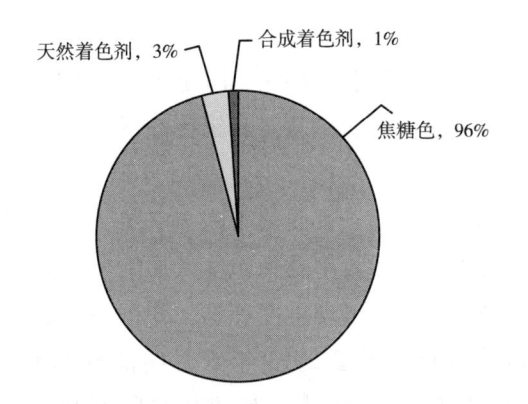

图6 2014年着色剂销售额情况

资料来源：中国食品添加剂和配料协会。

（2）防腐剂和抗氧化剂行业。2014年，防腐剂和抗氧化剂主要产品产量和销售额与上年相比略有增长（见图7）。其中苯甲酸和苯甲酸钠产销约6万吨，同比增长12%，受原材料价格持续下降影响，成品价格也有所下降，销售收入同比下降，增长大约在9%，但销售利润有所增长；山梨酸和山梨酸钾销售额同比增长8%，销量同比持平。双乙酸钠全年预计销售量2500吨，同比增长7%，出口量占销售总量的80%。

（万吨）

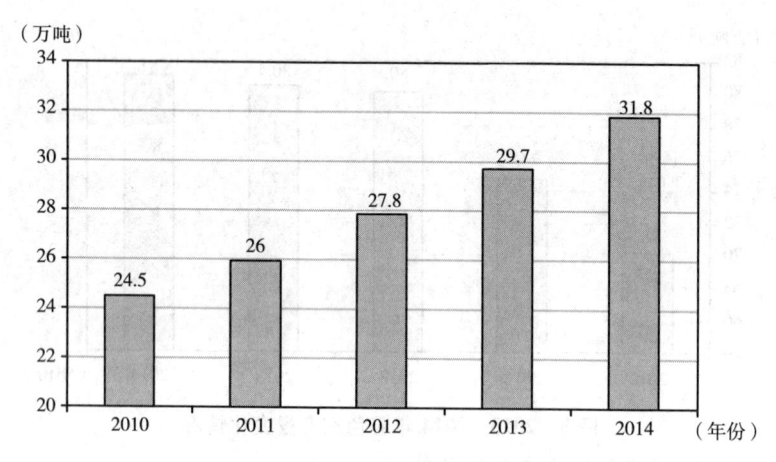

图中数据：
- 2010: 24.5
- 2011: 26
- 2012: 27.8
- 2013: 29.7
- 2014: 31.8

图7　2010~2014年防腐剂和抗氧化剂产量变化情况

资料来源：中国食品添加剂和配料协会。

生物防腐剂乳酸链球菌素2014年销量预计650吨，近几年价格一路下滑，2014年再达历史新低，销售量和销售额下降均超过10%。

抗氧化剂异VC钠2014年的产销比2013年略有上升，产销同比增长6%，销售额同比增长4%。产品价格下跌20%左右，市场竞争激烈，出口下降。抗氧化剂TBHQ近两年受到印度低质廉价产品的严重冲击，大部分企业处于半停产状态，出现重度萎缩。我国最大的TBHQ生产企业广州泰邦食品科技有限公司于2013年6月向商务部申请反倾销诉讼，2014年4月30日商务部公告初裁认定进口自印度的TBHQ产品存在倾销，幅度为37.6%~56.9%。从公告日起开始对印度进口产品征收保证金。目前，印度产品和国内高端产品的价格接近，而国内产品质量占优，在市场竞争中处于优势地位。这给以泰邦为龙头的国内TBHQ生产企业带来了新的转机和发展契机。

(3) 甜味剂行业。①糖醇类产品：经过几年的发展和整合，2014年功能糖类产品以骨干企业为主导的、高集中度的行业特点越来越显著，行业已形成一个良性发展的循环。但因原材料价格上涨达到15%~20%，而产品价格较上年同期却下降2%~5%，企业利润空间收窄。2014年行业功能糖类产品销量同比增长约7.2%，销售额与上年基本持平。低聚果糖、低聚半乳糖产品市场需求继续扩大，果葡糖浆、低聚异麦芽糖产品因原料用工成本上升，利润下降。木糖醇产量上年达6万吨，木糖醇销量在5.5万吨，同比增长12%，销售额同比增长8%，麦芽糖醇、赤藓糖醇销量同比增长7%，销售额7%。①

②高倍甜味剂产品：2014年高倍甜味剂产品和往年相同，产品出口所占比重较大，少部分供应国内市场。高倍甜味剂产品产量总体有所提高，达到12.2万吨（不含复配），同比增长约3%（见图8）。糖精（钠）全年销售量约2.5万吨，销售价格总体平稳。甜蜜素国内的生产约在5.0万吨左右，上年甜蜜素产品原料受国际石油价格影响变化相对较小，销售价格总体稳定，但受市场消费量下降等因素的影响，产销量同比有所下滑。安赛蜜全年产量约为1.3万吨，产销量和销售价格有所下降；出口继续受到国际金融危机大环境的影响，没有明显改善，企业效益下滑。阿斯巴甜上年的产量约为1.2万吨，大部分产品（90%~95%）都出口，但销售价格明显走低。三氯蔗糖则继续受益于知识产权诉讼胜利的影响，出口增加，产量也在上升，但价格延续前几年的走势继续下滑，目前已到30万~40万元/吨左右，值得庆幸的是2014年该领域大量投资建厂的情况开始趋缓或停止。甜菊糖2014年产量约3500吨，由于受到美国FDA政策面影响，除我国山东省等原有生产基地外，在山东、江苏和安徽等地区增加多家公司加农户企业，销售量和出口量比上年略有上升。

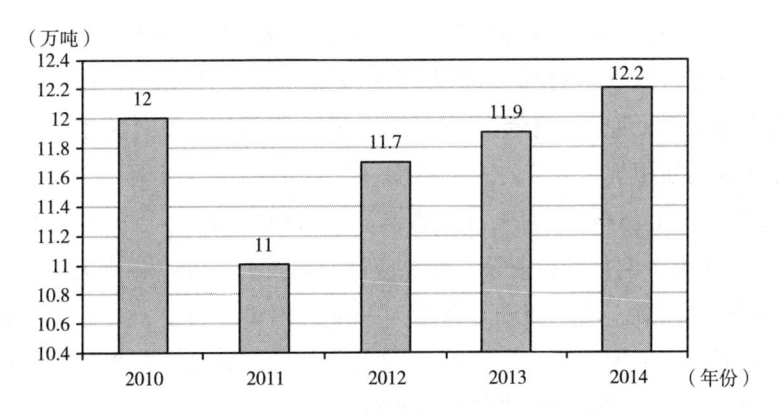

图8　2010~2014年高倍甜味剂产量变化情况

资料来源：中国食品添加剂和配料协会。

---

① 中国食品添加剂和配料协会。

（4）食用香精香料行业。2014年，食用香精香料行业整体上发展比较平稳，市场需求比较稳定。食用香精价格有所上涨，企业效益略有上升，2014年销售量和销售额约比2013年增长8%。食用香料麦芽酚、甲/乙基麦芽酚，以及杂环类食用香料销售量和销售额均有增长，预计全年销售量同比增加8%，销售额同比增长6%。咸味香精2014年的生产和销售形势发展比较好，预计全年的产销量和销售额增长将超过10%。

（5）增稠剂、乳化剂和品质改良剂行业。增稠剂和乳化剂产品在2014年发展较平稳，乳化剂销售额和销量预计同比增长6%~7%。其中，单甘酯产量6万吨左右。司盘、吐温类产量共计7 200吨。蔗糖酯产量约4 800吨，蔗糖酯由于《食品安全国家标准食品添加剂使用标准》（GB 2760—2011）修订后使用范围扩大，市场需求量呈逐年递增的趋势。卡拉胶2014年运行状态良好，生产、销售、出口均呈上升趋势，销售量和销售额比2013年增长7%。价格受原材料变动有所起伏，企业效益同比持平。目前，卡拉胶行业正步入整合阶段，欧美产量进一步减少，海藻原料产地印度尼西亚的产品越来越有竞争力；国内卡拉胶行业的集中度进一步提高。行业面临的主要问题是生产原料全部依靠进口，一旦出现加税和禁运，势必给行业的生产经营带来严重影响。黄原胶目前的产能过剩，产量远远大于市场需求，同时受瓜尔豆胶价格下降的影响，黄原胶价格略有下降，销量同比增长8%，销售额同比增长5%。

复合膨松剂（泡打粉）2014年的销量达4.2万吨，同比下降5%，行业整体发展平稳。由于受国家卫计委等五部委发布了《关于调整含铝食品添加剂使用规定的公告》的影响（公告于2014年5月14日批准，5月22日在网上公布，7月1日实施，从发布到实施，给予行业的缓冲期较短），对整个泡打粉行业及上游供应商明矾行业的冲击相当大，造成许多产品滞销压货，给生产和经营带来一定的困难。目前，行业企业正积极调配资源，加大"无铝"泡打粉的生产和推广力度，尽力减少因法规变化给产品生产和经营带来的负面影响。

（6）营养强化剂是为了合理营养，维持人体正常生长发育的必需物质，主要包括维生素、氨基酸和含氮化合物、蛋白质及微量元素补充剂。世界上营养强化剂总数达130种左右，日本有70多种，世界氨基酸总产量每年超过50万吨。世界上各国营养强化剂，由于所处地域不同，品种各异。氨基酸及含氮化合物包括8种人体必需的氨基酸，最大品种是赖氨酸，我国有近30家企业生产。整个行业2014年的形势也是稳中有升，预计复配营养强化剂销售额和销量比2013年增长约8%。

（二）法规标准不断完善促进行业规范发展

食品添加剂和配料行业的法规标准是行业健康发展的重要保障，根据《中华人民共和国食品安全法》（以下简称《食品安全法》）的要求食品生产必须要求相应的产品标准，而目前国家要求食品添加剂只能制定国家标准不能制定地方和企业标准，但国家标准制定周期长涉及面广，所以标准缺失一度成为制约行业发展的一个主要问题。"十二五"时期标准问题基本得到了解决，同时相应的法律、法规也得到了完善，促进了行业健康发展。

1. 做好食品添加剂标准的清理整合工作

在国家卫生计生委的部署和组织下，从2013年1月至2014年4月开展对食品添加剂标准的清理工作，针对现存的食品添加剂国家标准、行业标准和指定标准等进行了认真的梳理，共清理出现存的食品添加剂标准486项，其中，继续有效的食品添加剂国家标准189项；建议废除的食品添加剂国家标准、行业标准51项；建议将其余246项各类标准转换为食品安全国家标准。通过清理，搞清楚了食品添加剂现有标准的种类和数量，哪些需转换为食品安全国家标准，哪些可以与其他标准合并以及哪些可以停止使用。对清理出来的246项需转换的标准，都已经落实起草单位在2015年底全部完成。

2. 一批食品添加剂通用标准和产品标准制修订完成并颁布实施

"十二五"时期，《食品安全国家标准食品添加剂使用标准》（GB2760 – 2014）修订完成，《食品安全国家标准食品添加剂标识通则》（GB25594 – 2011）、《食品安全国家标准食品用香精》（GB30616 – 2014）、《食品安全国家标准复配食品添加剂通则》（GB26687 – 2011）、《食品安全国家标准食品添加剂乳酸钾》（GB28305 – 2012）等100多个食品添加剂的食品安全国家标准相继制定完毕并颁布实施，这些标准的制（修）订和实施对规范食品添加剂行业的生产、经营与使用有着重要意义，将极大促进行业的发展。同时，《食品安全国家标准食品添加剂生产卫生规范》在2015年制定完成，有效规范食品添加剂企业的生产条件与卫生要求，对行业正常有序发展起到重要作用。

(三) 科技创新带动产业整体技术水平提升

食品添加剂和配料行业是高新技术产业，行业通过技术创新推动行业整体技术水平不断提高，产业国际竞争力不断加强。食品添加剂和配料行业产品众多，涉及多学科、多领域，是一个技术密集、科研成果频出的领域。5年来，我国有100多个有关食品添加剂和配料的开发及产业化项目获得国家级或省部级奖励，其中2011年以山东龙力生物科技股份有限公司为主的科研项目"嗜热真菌耐热木聚糖酶的产业化关键技术及应用"和2014年以晨光生物科技集团股份有限公司为主的科研项目"辣椒天然产物高值化提取分离关键技术与产业化"分别获得了当年的国家科技进步二等奖。正是这些科技成果产业化的实际应用带动了行业技术进步，"十二五"时期一大批新技术在产业中得到了有效应用，如膜分离技术、色谱分离技术、连续萃取技术、超临界萃取和分子蒸馏等、生物技术、发酵技术、微胶囊技术、膜分离技术、生物活性和芳香成分分离技术、超高温瞬时杀菌技术（UHT）、高精度分析技术（高压液相色谱、原子吸收光谱、离子交换色谱、气相色谱等），以及真空冷冻干燥技术、高压食品加工技术、超微粉碎技术等，都已广泛用于我国食品添加剂行业。

(四) 产业结构进一步得到调整，产业竞争力进一步提高

"十二五"时期，食品工业发展速度放缓，国内外的经济环境一直没有得到明显好转，食品添加剂和配料行业也在困境中艰难前行，特别是一些出口行业，由于受到国际市场疲软和国内生产成本提高的双重压力，企业更加举步维艰，竞争日趋白热化。在这种形势下客观上也逼迫行业进行结构的深入调整，促进企业转型。

1. 产业集中度进一步提高

经过"十二五"时期的继续整合，食品添加剂和配料行业的各个产

品的生产集中度又有了进一步提高,特别是出口导向型产品,小的企业进一步被淘汰,有品牌影响力、市场占有率高的企业进一步做强。如乙基麦芽酚产品,目前国内以两家企业为主,而且占有了大部分的国际市场;天然色素产业在龙头企业晨光生物科技公司的带领下国际市场份额逐年提高,一些以原料出口为主、竞争力差的企业逐步被淘汰;高倍甜味剂的几个传统优势品种产业集中度又有提高,糖精、阿斯巴甜、安赛蜜、甜蜜素等生产企业都已不到5家,产量在国际市场完全占有主导地位。

2. 企业努力提高技术水平提高产品附加值

"十二五"时期,行业努力改变粗放生产、原料出口的加工方式,不断进行技术创新,应用新技术、新设备提高产品质量,提高产品附加值。应用技术也是食品添加剂和配料行业技术创新的重要方面,很多企业专门组建应用技术研发团队,深入应用企业联合攻关,帮助企业科学有效地使用食品添加剂和配料和开发新产品,实现共同发展合作共赢。

3. 转变生产方式,大胆走出去谋求更大发展

在激烈的竞争环境下,行业不断开拓勇于探索,大胆走出国门到海外投资。到海外投资主要是两个方面:一是进一步扩大国际市场,在市场所在地开工建厂;二是看重原料,在原料所在地直接投入。如柠檬酸行业就走过了这两种方式,"十一五"时期,一些企业看重东南亚的木薯原料,多家企业到泰国投资建厂,但也走了不少弯路,实际效果并不理想。"十二五"时期,为摆脱国外反倾销的制约,企业大胆直接到欧洲办厂,将企业设立在市场所在地,体现了企业勇于开拓的精神也促进了企业转型。还有晨光生物科技集团股份有限公司到印度投资,充分利用印度辣椒原料的优势也收到了很好效果。

4. 适应市场需求,大力发展天然食品添加剂和功能性食品配料

为了适应人们对食品添加剂追求天然和使用安全的消费心理,食品添加剂行业的产品结构也在调整和升级换代,天然产品发展很快,功能性食品添加剂越来越被消费者所接受,新的品种不断出现。如高倍甜味剂中天然提取的甜菊糖在"十二五"时期发展很快,越来越得到国内外市场的认可。在传统的以功能性低聚糖和糖醇类为主的功能性食品配料基础上,一些新型功能性食品配料不断被开发出来,如肽类、天然植物提取物等。

（五）食品添加剂行业的发展环境得到改善保证了行业健康发展

2009年，《食品安全法》开始实施，在初期由于监管方式的改变给食品添加剂行业带来一定影响，最主要的是生产许可与国家标准之间的矛盾。根据《食品安全法》的要求，食品添加剂实行生产许可管理，即生产企业必须取得生产许可证才允许生产，而生产许可证取得的前提是产品必须要有国家标准。由于食品添加剂产品标准滞后，一大批产品并没有国家标准，而且每个品种都有国家标准也是不现实的。比如复配食品添加剂，配方变化灵活，同一配方配比比例也会有很多变化，如果每个配方、每个配比都要有国家标准是不能实现的也是不符合国际惯例的。所以最初一些企业由于生产许可的问题不能正常生产。经过多方协调和磨合，这个问题在"十二五"时期已基本得到解决，同时在由于《食品安全法》的发布实施并在实际中逐步解决了一些重点问题，社会上对食品添加剂的认识也在逐渐公正和科学，逐步改变了食品添加剂发展的不良环境。

1. 对食品添加剂的认识更加科学、客观和公正，改变了行业发展的不良社会环境

由于前一时期食品安全事件频发特别是"三聚氰胺"事件的发生，社会上将矛盾焦点集中到食品添加剂上，认为食品添加剂是食品安全的祸根，人们谈食品添加剂而色变。行业承受了巨大压力，行业发展受到很大影响。"十二五"时期，经过行业大力宣传和国家主管部门的理性监管，社会上对食品添加剂的认识逐步向科学、客观和公正转变。最主要的是大多数人特别是管理部门已经能够分清食品添加剂与违法添加的"非食用物质"之间的区别，食品添加剂是有严格界定、标准和管理规范的，不是所有加入食品中的物质就是食品添加剂，只有经过国家严格认定的食品生产中必须添加的品种才能称为食品添加剂，那些如"三聚氰胺""苏丹红"等都不是食品添加剂，是违法企业加入食品中的"非食用物质"。由于社会认识的进步食品添加剂行业减少了很多压力，企业生产经营和行业发展都在逐步走向正轨。

2. 行业发展的监管环境得到改善

也是由于对食品添加剂认识的提高和社会舆论的好转，监管部门对食品添加剂企业的监管也在逐步走向公正和科学。在认识上不再视食品添加剂企业为制假和食品不安全的根源，能够正常地对待食品添加剂企业。在法律、法规上能够根据《食品安全法》的要求依法管理，同时完善了食品添加剂的"使用标准"，制定了"复配食品添加剂通则"等行业急需的一批标准，《食品添加剂管理办法》也将出台，这些法规和标准使管理更加透明、准确和规范，为行业规范健康发展提供了最根本的保证。

二、存在问题

（一）产能过剩同质化竞争严重

我国是食品大国，也是食品添加剂和配料生产和销售大国，经过多年的发展，食品添加剂和配料行业已经基本能够满足食品工业的发展，同时很多产品已经占领了国际市场。"十二五"时期，食品添加剂和配料行业主要产品的产量和出口量大多数在世界占主导地位，我国即是生产大国也是出口大国。在发展过程中，产业竞争十分激烈，目前我国食品添加剂和配料行业大多数产品的产能都过剩，企业间技术水平和产品质量差异不大，所以产品同质化严重，竞争基本都是价格竞争。特别是以出口为主的产品，大多都走了"污染留在国内，利润留在国外，最后被国外反倾销"这样一条老路。"十二五"时期，有超过10种产品被国外反倾销或继续维持反倾销。由于产能过剩行业整体利润下滑严重，很多产品整个产业一直挣扎在盈利和亏损的生存线上。

（二）产业结构还不够合理

1. 部分产品产业集中度不高，整体竞争力不强

主要是一些新发展起来的产品如三氯蔗糖、甜菊糖等，近年来市场前景向好很多企业纷纷进入，产品价格下滑严重。三氯蔗糖十年前的价格每吨在200多万元，目前已经到30万元左右，企业数最多时有30多家，现在也有20家左右，大多数企业规模都不大，行业竞争激烈，产业需要整合。

2. 部分产品过多依靠出口，受国际市场制约较大

有些产品出口比例很高甚至有些几乎全部外销，完全依赖国际市场，同时这些产品往往都是初级产品或初加工原料，附加值不高，国外市场好的时候一哄而上，国际市场稍有变化价格就迅速下滑，许多企业被迫停产，产业波动很大，产业受到损害也很大。最近几年国际市场一直低迷，很多企业面临生存危机。

3. 高科技和高附加值产品比例低

随着食品添加剂行业的深入发展，其高新技术产业的特征体现得越来越明显，目前行业的主要品种已经基本能够满足人们日常的需要，今后的发展主要靠科技创新来进一步丰富人们对食品工业的更高要求，包括传统技术的提高和新品种的开发，都需要科技创新来实现。我国食品添加剂行业与国外最大的差距就在于科技创新能力不强，表现在高科技和高附加值产品的比例偏低。例如在酶制剂中，国外蛋白酶品种占总量的近40%，而我国仅为12%左右，国外的凝乳酶、果胶酶、葡萄糖异构酶比例都较高，而国内生产品种很少，不足总品种的10%。

（三）产业整体技术水平与国外先进国家还有较大差距

1. 新产品开发投入不够，品种仍不够丰富

世界上批准使用的食品添加剂品种有4 000多种，我国有2 600种左右，尚未形成系列化，同时针对我国传统食品特色的，更适合中国人口味的产品研发不够。

2. 科技投入不足

国外食品添加剂企业的研发投入一般都超过销售额的5%，有的专业企业还会更高，在有的品种上，国外大企业的研究中心比国内任何一个同产品的生产工厂都大。而国内企业的研发投入明显不足，有的企业只有生产没有研发。

3. 技术装备水平与国外还有差距

虽然我国很多产品的产量是世界最大的，但在技术装备上还有很多差距，主要是在整体自动化水平和关键设备上差距较大，还有在检验、检测、分析仪器上也投入不足。

（四）社会发展环境还不够理想

经过多年宣传，人们对食品添加剂的认识有了很大进步，但社会上还是有很多偏见，人们对不科学的舆论宁可信其有不可信其无。这在客观上也影响到一些政策措施上，如"化学合成甜味剂"一直被国家发改委在产业政策上列为"限制类"，虽经行业多次申诉但此问题一直没能得到解决，影响到了行业向前发展。

（五）销售模式和理念陈旧落后

在当今的世界经济大潮中，"互联网+"的概念给传统的产业提出了新的挑战。传统的销售模式（人+人）模式要向"互联网+"的方向拓展；传统的售前模式要向"售前+售后"模式转变。

三、"十三五"时期面临的发展环境

"十三五"时期，我国经济将由高速增长转为中高速增长的新常态，食品工业的增长降速已经显现，食品添加剂和配料行业必将随着食品工业的发展而发生转变。同时，国家"一带一路"倡议逐步实施，食品添加剂和配料行业也将勇于开拓探寻新的发展空间。

（一）"十三五"时期国内市场仍将平稳增长

"十二五"时期，我国食品工业每年销售收入增长在10%~20%，虽然增速在逐年下降但发展速度依然较快，这期间食品添加剂和配料行业的增速在 7% 左右，一直比较平稳。"十三五"时期，我国食品工业发展速度将进一步放缓，但发展质量将会提升，食品添加剂和配料行业仍将会平稳发展，主要体现在以下两个方面。

一是随着我国城市化水平的进一步提高和人们生活质量的进一步提高，加工食品的比例将会进一步增加，直接食用的农产品和初级加工食品比例将会减少，方便、快捷、营养、健康的适应城市生活需要的工业加工食品将会有更大的市场。加工食品比例增大将会带动食品添加剂和配料使用量的增加，所以即使食品工业增速放缓但食品添加剂和配料行业的增长仍会平稳。

二是食品工业企业自身质量的提升将会带动食品添加剂和配料行业的增长。近年来，国家对食品安全高度重视，《食品安全法》经过修订以后于 2015 年 10 月 1 日正式实施，也将会对食品企业有更加严格的法律要求，这将会促进食品工业企业更加规范。实践证明越是规范的食品加工企业越能规范合理地使用食品添加剂和配料，那些不规范、违法的企业更容易滥用或违法使用"非食用物质"来替代食品添加剂。随着食品工业企业自身管理水平的提高和规范生产，食品添加剂和配料的使用量也将会增长。

（二）国际市场依然严峻，行业需努力拓展更广阔的发展空间

"十二五"时期，受到世界经济危机的影响食品添加剂和配料的国际市场下滑明显，特别是近两年出口增长率都较低，2013 年增长 1.1%，2014 年增长 2.8%。我国食品添加剂和配料的许多产品都是以出口为主的，在国际市场占有主导地位，出口国家以欧、美、日等发达国家为主，"十三五"时期特别是最近的几年，这些国家的经济前景仍不能乐观，所以食品添加剂和配料行业的国际市场形势也很严峻。根据这些情况，行业提出要将视野放宽，要紧跟国家"一带一路"倡议，将市场拓展到"一带一路"沿线国家，为企业发展探求更大的空间。

（三）法规、标准的完善和人们对食品添加剂认识的提高为行业规范发展提供了有利条件

《食品安全法》经过修订后将于2015年10月1日正式实施，从2009年至今《食品安全法》在实践中遇到的一些问题得到显现，经过此次修订后将会更加完善。这为食品添加剂和配料行业的健康发展提供了最基本的法律保障。根据《食品安全法》的要求，制定实施了《食品安全国家标准食品添加剂生产卫生规范》，这也为食品添加剂生产提供规范的管理模式，使得生产者和管理者都能明确地有法可依，既减少了生产的盲目性也减少了管理的随意性。到"十三五"时期，食品添加剂和配料产品的国家标准能够基本完备，因没有标准而影响企业生产的情况将大大减少。

随着社会进一步发展，人们对食品添加剂的认识也将更加科学，食品企业对食品添加剂的使用也将更加规范合理。食品添加剂和配料行业的发展环境将会进一步好转。

四、发展思路

促进食品工业健康发展，保障食品安全，满足人们日益提高的生活需要，为人们提供健康、营养、快捷、方便、安全的食品做出努力。加大科技投入，鼓励科技创新，应用新技术、新工艺、新设备，促进产业升级。努力拓展国内外市场，积极响应国家"一带一路"倡议，提高产品市场占有率，带动行业健康发展。

五、原则和主要目标

（一）原则

1. 规范发展，保障食品安全

按照新《食品安全法》的要求，加大力度推进相关法规和标准的制

定工作。做到依法生产，依法使用，充分发挥政府指导、监管、行业自律和企业诚信经营各方面的作用，促进行业健康发展。

2. 促进食品工业发展

"十三五"时期，食品添加剂和配料行业将继续作为食品工业稳定、持续发展的催化剂，发挥应有的作用。保证食品工业发展需要，满足食品工业发展要求，促进食品工业的发展。

3. 加快技术进步，鼓励科技创新

瞄准国际食品添加剂生产、加工和应用技术前沿，增强产品的自主创新、集成创新和引进消化再创新能力，推动整个行业的科技创新与技术进步，推动食品添加剂和配料科技成果转化和产业化步伐，提升行业技术水平与产品科技水平。

4. 提高产业集中度，扶持优势企业做大做强

根据行业现状和发展趋势，按照行业规划和重点产品区域分布的要求，通过资源的优化配置和企业集团化建设，建立一批产品集中度高、优势明显的大型食品添加剂生产企业或企业集团，提高及完善行业内企业的结构形态，适应食品工业快速发展及技术水平不断提高的需求。

5. 加强产业特色原料基地建设，从源头上保证食品添加剂产业的优质、安全

（二）主要目标

1. 保持食品添加剂和配料行业平稳增长，促进食品工业发展满足人们生活需要

"十三五"时期，食品添加剂和配料行业将继续保持平稳增长的态势，提高产品质量，加大科技投入，提升产业竞争力，促进和保障食品工业的发展。保持行业产品产量年增长率在7%左右，到"十三五"末期产品产量达到1 420万吨；销售额年增长率在7%左右，"十三五"末期达到1 402亿元；出口额年增长率在3%左右，"十三五"末期达到44亿美元。

2. 产业结构进一步得到调整，企业国际市场竞争力进一步加强

"十三五"时期，行业将进一步促进企业做大做强，深入调整产业结构,加快企业重组和兼并步伐,进一步提高产业集中度。鼓励企业积极参与国际竞争,提高国际市场竞争力。积极支持企业运用国内外资本市场,拓展融资渠道,力争在"十三五"时期行业新增10家国内外上市公司。努力在"十三五"时期建设8个年销售额在30亿~50亿元人民币的大型企业(集团)。

3. 进一步调整产品结构,满足人民群众的生活需要

继续发展天然食品添加剂和功能性食品配料,满足人们对安全、营养、健康、天然的需求。加大天然提取物的研发力度,促进成熟技术尽快产业化,力争在"十三五"时期天然食品添加剂和功能性食品配料的产量所占比重增加20%。

4. 加快特色产业基地建设,完善产业布局

在目前功能糖城和天然色素两个特色产业基地的基础上,加快其他已经形成规模的特色产业基地建设,扩大区域经济优势,增强产业竞争力。努力培育有潜力的优势区域,逐步形成有效规模。争取在"十三五"时期再新增2~3个食品添加剂和配料行业特色产业基地。

六、重点任务

(一)大力发展以农副产品为原料的食品添加剂和食品配料

随着人们生活水平的不断提高和食品工业的快速发展,人们对食品的要求已不仅是温饱、口味和简单的花色品种改进,而对安全、营养、健康、天然等方面的要求越来越高。为了适应食品工业的发展,满足消费者的需求,食品添加剂和配料行业要积极开发和应用以农副产品为原料,以高新技术为加工手段的天然产品。这些天然产品提高了农副产品的附加值,为农副产品找到了增值出路,带动了农民增收,促进了"三农"问题的解决。

1. 发展以大宗粮食深加工为主的食品添加剂和食品配料

在食品添加剂和配料中有一部分产品是以大宗的粮食如玉米等,经过高科技生物技术精深加工生产的,生产量大的几个品种有味精、柠檬酸、黄原胶、Vc 等，这些产品经过前一时期的快速发展在生产量和出口量上都处在国际第一的位置，多年来为促进农业产业化，解决"三农"问题和满足人们的生活需要都做出了很大贡献。目前，这些产品的国际市场地位稳定，竞争优势已经显现，行业要在继续保持上述产品领先地位的同时，还要大力发展其他粮食深加工产品，如小品种氨基酸、核苷酸类、变性淀粉、麦芽糖醇、乳酸链球菌素、酶制剂等。

2. 发展植物提取物

近年来，高新提取、分离、纯化等技术的不断应用为植物提取物开辟了广阔空间，产品质量大幅提高，新产品不断出现。以辣椒红色素为代表的天然色素产品已经占领国际市场，我国已经成为辣椒红等天然色素的主要生产国和出口国。"十三五"时期发展植物提取的食品添加剂和配料是行业发展的一个重点。主要产品有：天然色素、甜菊糖、以玉米芯等为原料的木糖系列产品、天然植物香料等。

3. 动物、微生物加工、提取产品

20 世纪 80 年代中期以后，结合我国人民群众的饮食文化和饮食习惯，咸味香精产业蓬勃发展。中国的咸味香精的独特之处是讲究"味料同源"，即什么味的香精就用什么原料来提取，形成了非常鲜明的特点，也是今后发展的重点。目前，动物、微生物的加工、提取产品主要是生产咸味香精，原料为肉类、骨头、水产品和酵母提取物等。

4. 果蔬深加工产品

如番茄红素、果胶等。

5. 大豆提取物

如大豆磷脂等。

6. 海洋生物资源（藻类和动物资源）的合理利用和开发

如天然色素、天然增稠剂、天然抗氧化剂、营养强化剂等。

（二）重点发展生产传统主副食品所需的各类食品添加剂

人们对食品的最基本需求是日常生活的一日三餐，消费者最关心的也是我们每天生活中餐桌食品。目前我国城市化进程很快，城镇人口比例大幅提高，人们的生活节奏也在加快，食品消费结构发生了很大变化，直接食用的农副产品越来越少,工业加工产品越来越多。我国传统食品品种繁多,源远流长,主要包括主食和副食,主食主要是米面制品,有糕、团、饼、饭、面、饺、包、粥等;副食包括肉类制品、豆类制品、蔬菜制品、腌渍制品等。目前,传统食品的生产加工总体上还不适应现代生活的需要,中国食品工业要全面走向现代化和产业化,其中重要的一项就是要实现传统食品的现代化和产业化,让传统食品更好地保持和发挥其传统的风味,同时改进传统食品不适应时代发展和不科学的传统加工方式。而加强食品添加剂在传统食品中的应用是传统食品实现现代化和产业化必不可少的途径。我国传统食品的发展要适应时代需要,就必须按照现代食品的质量管理要求,实现可包装、可运输、可贮藏,有更好、更稳定的色、香、味,更方便食用,有更长的保质期等。为此,就要有先进的现代化生产技术,其中重要的内容就是大力发展和科学应用食品添加剂。当前,人们日常生活中工业加工食品的比例不断增大,要求食品添加剂的发展顺应食品工业的发展,在行业发展的重点上也要注重发展这些与人们日常生活中一日三餐密切相关的主副食品所需的各类食品添加剂。主要有在乳制品、米面制品粉、调味品、肉制品、蔬菜等中应用的营养强化剂、稳定剂、乳化剂、防腐剂、酸味剂、面粉处理剂、食用香精等。

(三) 顺应国际发展方向,大力发展复配食品添加剂

经过近年来的快速发展,复配食品添加剂已经成为国际食品添加剂的一个发展方向,欧美等发达国家和国际著名食品添加剂大企业都纷纷加大了对复配食品添加剂的研发力度,已经成为行业的科技创新点和经济增长点,许多新型复配食品添加剂都是高科技的集合体,附加值很高。复配食品添加剂具有协同性、互补性、增效性等一系列特点,也越来越受到消费者的欢迎。如复配甜味剂:甜蜜素本身的甜度是蔗糖的40倍,但与蔗糖复配就可以提高到80倍,与糖精钠复配还可以掩盖糖精钠的苦味;安赛蜜与阿斯巴甜复配也可以增加20%的甜度;其他复配甜味剂不仅可以增加甜度,还可以改善口感和风味,减少用量,提高安全性,所以在食品中实际应用的高倍甜味剂一般都是复配产品。使用复配食品添

加剂还可以给用户带来很大方便，提高产品质量，降低生产成本。复配食品添加剂的品种越来越多，如复配营养强化剂、复合着色剂等。复配食品添加剂发展的重点是：(1) 复配营养强化剂；(2) 复配防腐剂；(3) 复配甜味剂；(4) 复配着色剂；(5) 复配稳定剂；(6) 复配面粉处理剂等。

(四) 发展具有功能性的食品添加剂，满足人们健康饮食的需要

功能食品是具有调节人体机能、减少疾病发生、加强营养保健等特殊功能的食品，功能性食品最初只是针对某些特殊人群，但随着人们生活水平的提高和对健康的关注，已经开始被广大消费者所接受。从发展来看，这些食品的功能性很多是通过食品添加剂来实现的，即功能性食品添加剂赋予了食品的特殊功能，目前功能性食品添加剂已经成为国际食品添加剂的发展方向之一。发展的重点是：(1) 营养强化剂。主要有氨基酸、脂肪酸、维生素。(2) 功能糖。如木糖醇、麦芽糖醇等。(3) 具有一定功能的天然提取物。如番茄红素、叶黄素等。

(五) 研发和移植高新技术，推动科技创新

食品添加剂工业是世界上近百年来兴起的新型精细化工产业之一，国外的食品添加剂工业已有90%采用了新技术，因此它又是一个高新技术产业。我国的食品添加剂工业应该加强研发和移植高新技术，推动科技创新。加强新技术在食品添加剂工业的应用工作，以突破以下共性技术和关键技术为重点。

1. 生物工程技术

近年来，生物工程技术发展迅猛，是食品添加剂工业最重要的共性技术之一，在食品添加剂许多品种的生产过程中得到了广泛应用，如维生素类、氨基酸类、增稠剂类、酸味剂类等许多重要产品及L-苯丙氨酸、天门冬氨酸等中间体的生产过程中都采用了生物工程技术，今后应进一步加强研究和应用。

2. 微胶囊技术

这是近十年来发展较迅速的一项新技术，由于有精巧制作方法和微妙功能，引人关注，在食品添加剂中的酸味剂、香精香料、防腐剂、营养强化剂、甜味剂等营养前景广阔，并能大大促进食品添加剂产业化的发展。

3. 膜分离技术

这是当代重要的高新分离技术之一，包括有透析、离子交换膜与电渗析、微滤、超滤等，在食品添加剂中的应用广泛，如天然色素的提取精制、酶制剂和柠檬酸等产品的浓缩精制、大豆蛋白及谷氨酸等生产废水中回收有用物资等。

4. 吸附分离技术

吸附分离技术是食品添加剂在提纯和分离过程中最常用的新技术之一，它是利用不同成分与吸附树脂不同的吸附性，将主要成分与杂质进行分离和精制，如甜叶菊糖的提取就采用了该技术。

此外，分子蒸馏技术、冷冻干燥技术、微波提取技术等在我国的一些食品添加剂产品生产过程中，都正在作为改造传统生产工艺的新技术加以推广和应用。

（六）推进企业设备更新改造

食品添加剂行业既有装备先进、技术领先的高科技企业，也有众多的设备落后、生产力水平低下的中小企业，而这些中小企业构成了行业的主体。从产品质量上看，绝大多数产品能够满足国内的标准，但与国际先进国家还有很大差距，仅有个别产品能与国外的产品相媲美。我国食品添加剂出口品种很多，也有很多产品的国际市场份额很高，在数量上占主导地位，但大都是初级加工产品或者是低档次产品，有的产品只是作为初加工原料。要想进一步提升行业的整体水平，提高产品的国际市场竞争力，提高产品质量是当务之急。从行业整体来看，提高产品质量的问题主要的不在于生产工艺和技术水平，大多数产品都是成熟的技术和成熟的工艺，关键在于技术装备和生产管理上。如在国外早已普遍的各种膜的设备在行业中应用不多，即使应用也基本上是价格低廉的有机膜；还有提高分离质量的工业色谱装置在国外已经广泛应用到很多产品生产上，在我国也只是近几年才刚刚尝试使用；至于成套的自动控制系统仅在个别有实力的大企业才能见到。所以全行业要加大设备更新改造力度，提高产品质量，提高行业装备水平，促进产业升级，提高产业竞争实力。

七、布　局

食品添加剂和配料行业产品品种多，企业规模以中小型企业为主，产业分布比较分散。经过多年发展，形成了一部分有特色的发展区域，如山东禹城市是"中国功能糖城"，河北曲周县是"天然色素产业基地"，高倍甜味剂主要集中在江苏，香精、香料产品主要集中在广东、上海等沿海城市等。"十三五"时期，行业将根据原料、市场等情况进一步做好布局调整和有重点地规划布局。

一是继续在西北、东北和山东、河北等具有原料或能源优势的地区，发展以玉米等大宗粮食为原料的食品添加剂和配料，提高现有产品的质量和技术水平，提高原料综合利用率，保持和扩大优势产品的市场地位。丰富花色品种，进一步提高新产品的市场竞争力。

在继续保持味精、柠檬酸等这些已经形成规模的优势产品市场地位的同时，发展壮大和培育黄原胶、木糖醇、麦芽糖醇、变性淀粉、氨基酸、酶制剂等产品。

二是继续在广东、江苏、浙江等技术密集地区，发展技术含量高、市场前景好、附加值高的食品添加剂和配料产品。如酶制剂等生物制品、高附加值的复配食品添加剂等。

三是在有基础的地区大力发展天然食品添加剂和配料。如继续发展河北、山东、河南、湖北、云南、新疆、黑龙江等地的天然色素产业；发展江西、山东等地的甜菊糖产业；发展新疆等地的番茄红素产业；发展山东等地的动物提取物产业。

八、政策措施

(一) 借鉴国外的管理经验，理顺和完善对食品添加剂行业的管理

食品添加剂种类繁多，随着食品工业的进步还将会有更多产品用到食品加工中，现有的食品添加剂生产许可方式与行业生产经营现状和发展有脱节，影响到部分企业的生产。建议即将出台新的《食品添加剂监督管理办法》基础上，改变目前对每一个食品添加剂产品都必须发放生产许可证的管理方式，借鉴国外的管理经验，重点对企业的生产条件、环境条件和生产过程等进行监管，只要能够满足上述相关要求，就可生产相应的食品添加剂产品。即由目前对生产企业生产品种的审批过渡到对企业生产过程的监督管理。

(二) 加强对食品添加剂生产过程的监管，在行业内推广GMP、HACCP等管理方法

多年来，国内、外食品添加剂生产经验表明，加强对生产过程的控制更能保证产品的质量与安全。建议政府有关部门加强对食品添加剂生产经营过程的监管，根据食品添加剂生产经营现状，制定相应的过程管理法规、标准和办法，进一步规范生产中的各个环节，改变事先严控企业生产许可发放，事后仅仅以产品检验结果定论的传统管理方式。与此同时，在行业企业中鼓励推广GMP、HACCP等行之有效的管理体系和方法，将产品生产的安全隐患控制在整个生产过程中。

国际上认可和接受的食品安全管理体系GMP、HACCP，主要是对产品中微生物、化学和物理危害进行安全控制，也适用于食品添加剂的生产过程。尤其是HACCP强调识别并预防安全风险，控制生产环节中潜在的危害，克服了传统上仅通过对最终产品检测来控制食品安全的局限性。

（三）继续加强和完善食品添加剂相关标准的制（修）订工作

我国现有的食品添加剂国家标准经过数年的努力，已经完成大部分国家标准的制（修）订工作，对缓解食品添加剂生产企业取得生产许可起到一定作用。但是，随着食品工业的发展，食品添加剂的种类和产品形态愈加丰富，进一步完善食品添加剂的标准仍然是一项重要工作。在现实情况下，食品添加剂不能像食品产品那样制定企业标准；餐饮业如何科学合理使用食品添加剂；如何规范食品添加剂中使用食品添加剂和食品配料中使用食品添加剂仍然是未能解决问题。建议：（1）应允许制定食品添加剂企业标准。（2）加快制定食品添加剂中使用食品添加剂的相关标准或管理办法，解决包括制剂类产品在内的一批产品的生产许可问题。（3）加快研究食品配料中使用食品添加剂的问题，使食品配料中使用食品添加剂的情况能够规范并得到解决。

（四）引导食品添加剂行业进行产业结构调整，构建产学研联盟和集约化经营，支持行业重点项目建设和示范产业基地的建设

食品添加剂生产企业规模小，比较分散，需要产业结构调整，提高产业的集中度，提高产业经济运行质量。希望国家能够扶持食品添加剂和配料行业龙头企业发展，带动行业整体提升，结合行业特点，给予这些中小企业一定的政策倾斜。

（五）加强食品添加剂的宣传力度

食品工业的迅速发展促使食品添加剂行业得到了空前的发展，食品添加剂不仅丰富了食品的种类，而且促进了食品的工业化进程。既然食品添加剂有其存在的必要，人们应该客观地看待，不必恐慌，避免夸大负面作用。新闻媒体也应该实事求是，避免过度渲染，整个社会需要一

个科学的普及过程，引导公众冷静思考、客观对待。建议政府相关部门加强对食品添加剂的科学宣传力度，通过报纸、电视媒体、网络等各种宣传载体，报道如何正确使用食品添加剂，加强消费者对食品添加剂的科学认知，消除对食品添加剂的误解，并向消费者宣传如何选择加工食品，让消费者对食品添加剂在标签中的标示能正确识别，能有效地用最直观，最方便的方式来抵制一些伪劣食品，这样也可以减少一些食品安全问题。目前，凡是经过国家批准的，按照标准的适用范围和使用量使用食品添加剂是能够保证安全的，还没有发生按照国家法规、标准使用食品添加剂而导致不良后果的案件。

行业 10 营养与保健食品制造业"十三五"发展规划

一、本行业"十二五"时期发展成就

"十二五"时期,我国的营养与保健食品产业从基础研究、工艺技术与装备研发以及市场开拓方面取得了较为显著的成绩,已经形成较为完善的基础研究、技术和产品开发体系,产品市场规模不断提升,国际市场竞争力持续增强。

(一)满足人民健康需求,为改善民生、提高人民健康水平做出了重要贡献

随着我国人口老龄化加快和防治慢性疾病任务的加重,营养与保健食品产业对于我国把"已病才就医"模式,转变为"未病先预防"和"治未病"的模式具有至关重要的作用。国务院发展中心研究指出,保健行业每实现3亿元产值,贡献4 000万元税收,减少5亿元公费医疗费用。我国营养与保健食品产业在2014年的市场销售额接近万亿元,"十二五"时期,本产业为全面提升国民体质和健康水平,降低疾病风险,节约医疗开支以及改善民生做出了重要贡献。

(二)适应我国经济社会发展的需要,成为新的经济增长点

"十二五"时期,"营养与保健食品制造业"对GDP的贡献接近

1%，且近 20 年以 20% 的速度增长，远高于同期国民经济的平均增长速度。营养与保健食品的相关生产企业数量达 5 000 多家，市场影响力日渐增强。初步形成了一个以营养与保健食品产业为枢纽，包括种植业、制造业和服务业等产业在内的良性循环链式产业结构，充分发挥了营养与保健食品产业的辐射带动作用。

我国有着丰富的天然生物、农副产品和农业剩余物资源。仅以植物纤维资源为例，我国每年有秸秆 6 亿吨，米糠 1 000 万吨，麦麸 2 000 万吨，玉米芯 1 000 万吨，蔗渣 700 万吨，稻壳 2 000 万吨。此外，还有植物油饼粕、植物油精炼下脚料和水产废弃物等资源。通过大力发展营养与保健食品产业，极大地提高了农副产品的加工利用率和附加值。营养与保健食品产业成为农产品加工领域中最具潜力、最有可能实现农产品大幅度增值的新的经济增长点。

（三）适应食品产业持续健康发展的需求，有力促进了食品产业结构的改善和产业布局的合理化

2015 年，我国食品工业总产值达 11.34 万亿元，相当于国内生产总值 16.8%，在整个国民经济中发挥着重要作用。"十二五"时期，营养与保健食品消费的倾向性不断提高，产品销售收入在 100 亿元以上的企业达到 10 家以上，百强企业的生产集中度超过 50%，形成了一定的国际竞争力。营养与保健食品产业的发展对满足市场需求、拉动内需、扩大出口起到了巨大推动作用，有力地促进了食品产业结构优化及产业布局的合理化，为大食品产业的格局奠定了基础，成为我国经济发展方式转变的重要推动力量。

（四）营养与保健食品产业的法律地位得以明确，为本行业的跨越式发展提供了有力保障

"十二五"时期，新修订的《中华人民共和国食品安全法》（以下简称《食品安全法》）监管力度空前，1995 年我国制定的《中华人民共和国食品卫生法》中涉及营养与保健食品的相关规定仅有 3 条，2009 年颁

布的《食品安全法》中涉及营养与保健食品的相关规定只有1条，而2015年实施的新《食品安全法》中涉及营养与保健食品的相关规定则达到了13条，对营养与保健食品的生产管理、市场监督、环保管理违法的处罚都做出了明确规定。营养与保健食品法律地位的明确和法规体系的完善，为行业发展奠定了重要的法治基础。新《食品安全法》强调了"宽进""巧管""共治""重罚"的立法理念，更利于注册制与备案制双轨并行的产品准入制度的实施。此外，稳定明晰的政策让企业成为第一责任人，让市场决定资源配置，为本行业的跨越式发展奠定了基础。

（五）基础研究不断深入，国际学术地位迅速提升；人才队伍建设不断加强，产业水平得到快速提升

"十二五"时期，充分利用国家政策和科技支撑，依托行业协会、产学研联盟和产业科技服务平台，聚拢了一大批专家和人才，形成了一批具有自主知识产权的品牌和产品。通过实施标准化战略，整体提升了营养与保健食品产业的发展水平，成为食品工业的"重点行业"。在专业技术领域不断创新的基础上，一批重大成果推动着我国营养与保健食品产业的发展，如营养强化作物新品种成功研制、营养食物研发取得阶段性进展、杂粮产品成功上市等。经过联合科技攻关和自主创新，极具活力与朝气的营养与保健食品人才队伍已逐渐打造成型。

二、本行业目前存在的问题

（一）产业规模小、低水平、缺乏市场竞争力

我国营养与保健食品产业虽然起步晚、基数小、但成长速度快，总体发展态势良好，已形成一批有竞争力的大型企业，市场品牌的认同度有所提高。但仍存在不少问题，如绝大多数企业的生产规模小、产品低质重复、科技含量不高、研发创新能力偏低、企业难以长期保持竞争优势等。

目前,以普通食品为载体形式出现、能让消费者享受到食品特有"色香味"感受的营养与保健食品较少,且大多数产品价格昂贵,主要面向高端消费人群,缺乏完整梯度化产品系列。同时,我国营养与保健食品开发没能够充分发掘我国丰富的传统食品资源和药食同源、食疗胜于药疗为主的疾病预防思想,产品特色不够鲜明,无法形成独具的竞争力。

(二) 标准体系不够完善,标准缺乏

目前,我国营养与保健食品产业存在多头管理、各部门间职责分工不明确、监管滞后、执行不力、注册周期较长等问题。我国虽然食品法规较多,但无明确的指南性质资料,相关营养与保健食品执行的强制性标准主要是有关食品安全方面,卫生系统与检验系统对标准理解不一致,给企业造成极大的困惑,企业实际操作起来存在一定的困难。

《食品安全国家标准保健食品》(GB16740-2014)是营养与保健食品标准制定的准则,但该标准中的一些指标较为笼统。另外,营养与保健食品产业数据尚未纳入国家统计局的统计目录中,不利于及时了解行业发展状况,分析和解决问题。

(三) 科技与创新有待加强,产品特色不够鲜明,装备水平有待提升

我国营养保健食品中小型企业的科研投入较低,特别是在基础研究方面,研发投入占总销售收入的比例约为1.5%,研发水平明显滞后西方国家。在功能成分保持、货架期预测等关键技术方面存在较大差距,导致营养与保健食品产业没有形成大规模的通过专利形成技术竞争力和垄断的能力。营养与保健食品制造业领域内不同层次人力资源相对短缺,目前行业人才缺口约40万人,特别是具有高水平实践技能的保健品研发、生产及经营人才较为紧缺。

同时,营养与保健食品行业的原料综合利用率和废弃物直接资源化

或能源化的比例较低,产业链条有待进一步完善。在营养与保健食品相关的机械装备制造业方面,企业在高端设备的研发投入和能力与国外知名制造商仍然存在较大差距,自主创新研发的具有自主知识产权的产品比例较低。

(四)产品缺乏正确的舆论宣传,市场销售有待进一步规范

一些企业的虚假、夸大宣传和概念炒作,导致消费者对整个营养与保健食品产业产生了信任危机。部分媒体推波助澜,过分夸大营养与保健食品行业存在的问题,在一定程度上抑制了公众的消费欲望。直销企业存在超范围经营、跨地区经营、培训报备要求等问题。如何引导正确的舆论宣传、规范市场销售,给营养与保健食品产业一个良性的市场竞争环境是目前面临的一大重要问题。

三、"十三五"时期面临的发展环境

"十三五"时期,我国营养与保健食品制造业处于战略机遇期,既存在继续保持快速发展的重大机遇,也面临加快转型升级和创新发展等重大挑战和压力。

(一)食品安全保障的要求与挑战

食品安全问题作为一个全球性的公共卫生问题,其安全形势依然不容乐观,食品产业链的全球化增加了食品安全保障难度,工业发展和环境破坏导致食品的潜在危害趋于严重,食品安全事故时有发生,保障食品安全仍然是世界各国面临的共同难题;高新技术在营养与保健食品制造业领域的应用加速,不断涌现新业态;全球营养与保健食品格局深度调整,国际竞争白热化。

（二）国内营养与保健食品制造业面临形势

工业化和信息化是营养与保健食品制造业的重要发展方向，产品制造过程和资源利用方式逐步向工艺过程集成化、资源利用规模化、传统资源高值化和综合化方向发展。通过智能制造和物联网技术等推进营养与保健食品制造业向信息化方向发展。工业化和信息化深度融合是营养与保健食品制造业的动力，同时对技术创新和产业升级也提出了更高的要求。

城镇化为营养与保健食品发展提供了广阔的发展空间和市场容量，也为该产业的发展、扩大内需提供了良好的载体。此外，面对我国老龄人口发展趋势和应对老龄人口的健康问题也需要营养与保健食品提供物质支撑。农业现代化要求传统农业逐步向现代农业转化，营养与保健食品的原料种植需要借助现代工业、现代科学技术和现代经济管理方法，使其逐步达到当代世界先进水平，为营养与保健食品产业发展提供良好的原料支撑。

近年来，以治疗为主的"疾病医学模式"向预防为主的"健康医学模式"转换，以及"天然、绿色、安全"等理念，愈来愈得到人们的广泛认同、支持和响应。人们不满足只是治病，而追求不生病，进而追求健康状态，提高人的生活和生命质量，实现长寿目标等已成为时尚追求。这些理念不仅影响和调整着人们新的生活方式，也同样影响和调整着生产方式，它将引发新理论、新观念，以及新资源、新原料、新方法、新工艺的出现和新产品的产生。营养与保健食品成为维护和促进健康重要支撑产业，同时也成为营养与保健食品产业发展的新平台、新支撑和新的增长点。

四、"十三五"时期的发展思路、原则和主要目标

（一）指导思想

以邓小平理论、"三个代表"重要思想和科学发展观为指导，深入贯彻落实习近平总书记系列重要讲话精神，响应国家"十三五"规划中推进健康中国建设战略，主动适应经济发展新常态，以满足人民群众不断增长的营养健康需求为目标，以贯彻落实京津冀协同发展、自贸区建设、"一带一路"倡议等为契机，创新工作思路和机制，把重点产品、重点区域、重点人群作为突破口，构建安全、绿色的中国特色营养与保健食品制造业，实现产业健康持续发展，为"健康中国"提供有力支撑。

（二）基本原则

1. 坚持提升技术水平与改造传统产业相结合

立足产业现有技术积累、制造能力、产业布局并综合考虑产业发展趋势，促进营养与保健食品制造业相对集中发展，加快形成新的经济增长点；同时积极促进传统产业的高技术化，满足主要人群对营养与保健食品的需求。加强营养与保健食品制造业的工业化和信息化，鼓励过程集成创新、资源高值化综合利用，兼顾环境效益和社会效益。

2. 坚持科技创新与开放合作相结合

加快突破制约发展的关键装备、制造工艺、核心技术和系统集成，加强产业关键设备制造能力，大幅提升技术创新能力。鼓励积极开展国际合作，充分利用全球创新资源，提升我国营养与保健食品制造业的国际竞争力。

3. 坚持整体发展与重点产品突破相结合

对营养与保健食品制造业发展进行全面部署，统筹规划，明确发展

时间布局。选择最有基础和条件的重点方向作为突破口，集中力量重点推进，促进重点领域率先发展。

4. 坚持市场配置和政策引导相结合

注重发挥市场配置资源的基础性作用，调动企业主体的积极性，推进政产学研用相结合。在产业培育初期，要发挥政府的引导作用，加强规划引导、政策激励和组织协调，加快突破发展中的薄弱环节和"瓶颈"制约。针对城镇化建设和老龄人口发展趋势，鼓励面向典型人群的营养与保健食品制造；将营养与保健食品制造业、农业现代化发展有机融合，保障营养与保健食品产业快速发展的原料支撑。

（三）营养与保健食品发展方向

根据疾病谱、慢病普和营养谱的变化，大力发展天然、安全、绿色、精准、方便的营养与保健食品。推进食品的健康化、营养化、纤维化、功能化，促进健康快速消费品有序发展，开发适合不同地区、不同人群的营养食品、营养强化食品、特殊膳食用食品；结合传统中医药和养生保健理论，利用我国特有动植物资源和技术开发具有民族特色的保健食品、特殊医学用途膳食食品，以及用于补充人体蛋白质、维生素、多糖、脂肪酸、矿物质等膳食补充剂。推进城乡居民膳食结构和健康需求的供给侧改革，不断满足和引导健康消费需求，使人们在日常消费中，尤其是在一日三餐里获得健康，有效地预防疾病和降低慢病风险。

（四）主要目标

到 2020 年，营养与保健食品工业集约化、规模化、质量安全水平进一步提高，区域布局进一步优化，形成一批自主创新能力强、保障安全和营养健康，具有较强国际竞争力和民族特色的营养与保健食品企业，引领全球产业发展潮流。

1. 产业规模保持迅猛增长

在满足市场需求、转变方式、优化升级的基础上，保持行业平稳较快增长，实现一二三产融合发展。到 2020 年，营养与保健食品工业总产值达到2万亿元，将营养与保健食品产业纳入国家统计局目录。

2. 产业结构合理，优势强化

（1）改变企业规模小、技术水平低、产品同质化等状况，以市场为导向，以完善产业链为目标，通过跨国、跨区域、跨行业、跨所有制的资源整合，通过联合、兼并、收购等资本运作方式，实现"强强联合""强弱联合"，选择30～50家中小型企业进行兼并、重组、培育与扶持，促进企业的转型升级，把小企业做精、中企业做大、大企业做强。

（2）加强产业链的整合，促进集聚集约化发展，形成优质的配套型企业、专一特色型企业、航母型龙头企业的产业格局。到2020年，培育10个以上年销售额100亿元的大型企业，3个以上年销售额达千亿元的航母企业；年均增长率以20%～30%速度递增，百强企业集中度在50%以上。

3. 创新能力大幅提升

（1）在功能因子评价技术、分离制备、产品研发和检测等关键技术取得突破，2020年，建立新工艺20项、技术相关专利10项、产品相关专利600项，取得具有自主知识产权的成果60～70项，掌握和开发一批具有独立自主知识产权的核心技术和先进装备。

（2）实施技术改造专项，建设10～20条不同原料、不同产品的规模化、标准化的技术平台和生产线；研究开发膳食补充剂50～100种、有特色的营养食品100～200种、海洋营养和功能食品20种；研究开发具有市场前景的药食同源保健食品50～100种。

（3）完成10个以上潜力大、用途广的食物新资源、生物活性物质及其功能资源和功效成分的构效、量效关系以及生物利用度、代谢效应机理等方面的基础性研究项目；建立健全科技创新科技体系，构建以企业为主的产业创新主体5～10个，建立以行业协会、科研院所和企业为主体的国家级营养与保健食品技术创新开放实验室等科技创新平台5个以上。建设若干个相关的国家级营养与保健食品研发实验室。

（4）重视人才发展战略，培育、培训出一大批新型的科研人才、生产管理人才、营销人才，为营养与保健食品产业的繁荣发展储备丰富的人才资源。到2020年，在营养与保健食品行业培养出10万名生产技术、市场销售、管理与咨询等各类、多层次人才，培育具有国际知名度的优企业和企业家；建成若干创新能力强、特色鲜明的营养与保健食品制造集聚区，产业集中度明显提升。

4. 完善产业布局，形成企业集群和原料基地

在长三角、珠三角、环渤海等地区，建设优质蛋白食品、膳食纤维食品、特殊膳食食品、营养配餐和新功能保健食品 10 个以上研发生产基地和工程技术中心；在中西部地区，重点培育和发展保健食品和营养强化食品，扶持培育 10~15 个产值超过 5 亿元的营养与保健食品原料大品种，建设 20 个以上营养与保健食品原材料基地，推动原料资源优势向产业优势转化；组织、培育 6~10 家大型企业集团，促进中西部原材料基地和东部保健食品生产企业间的融合，统筹国内区域间资源，构建国内外贸易平台，促进营养和保健原材料产业健康有序地快速发展。

5. 产品多样化、功能化

明确发挥我国动植物、药食同源、海洋生物和菌物资源优势开发富含功效成分、资源丰富和物美价廉的资源，尤其是药食同源物、海洋和微生物资源。到 2020 年，形成品牌 10 个，驰名商标 30 个，开发新产品 1 000 个以上。

6. 完善市场新型销售和健康管理模式

以"互联网+"的思维，积极探索和构建商业模式，创新生产性、销售型服务业。通过壮大预售、众筹、团购等互联网新兴模式，满足消费者个性化需求，完善质量可追溯体系，促进营养与保健食品行业的质量和认证体系完善。到 2020 年，形成线上数据监测、云端数据辨识、线下健康调控的闭环模式，帮助消费者管理健康；加强保健智能硬件与移动互联网结合，开展消费者饮食、营养及身体健康大数据技术研究与服务应用。对检测数据进行云数据分析，实现规模化的健康数据辨识。以社区网点为中心，以"大数据分析结果+人工判断"为依据，进行线下健康管理调控。

五、"十三五"时期的发展任务

为迎接日趋激烈的国际竞争，使我国营养与保健食品在未来十年赶上并超过国际先进水平，根据目前行业发展存在的重点、难点问题和急需解决的重大关键技术，立足原始创新和集成创新，拟在以下几个方面进行重点突破。

（一）建立健全营养与保健食品法规、标准体系

完善与营养与保健品原料资源、研发程序、生产过程安全性评价和监管、评价体系及生产流通领域相关的法律法规。进一步建立健全营养与保健食品生产和流通原材料及辅料质量、设备、工艺流程、产品质量、功能评价方法相关标准的制定，使其与国际标准相接轨。

1. 审批、备案双轨制度科学并行发展

审批制度一直伴随着营养与保健食品行业的发展在不断完善，在产业发展历程中起到非常重要的作用。随着国际化大环境的变化、近年来人民群众健康需求爆发式增长，企业迫切寻求更加科学的评价体系。备案制的出台，为健康行业发展增添了新的活力。今后随着市场不断发展，法规保障将越来越重要，法规和市场相结合成为未来一个挑战，审批和备案双规并行的保障体系需要进一步完善。

2. 完善营养与保健食品行业生产、管理标准

针对市场上琳琅满目的同类产品，消费者、企业也很迷茫，不知道如何科学生产、科学消费。未来需要建立完善的营养与保健食品标准，针对原材料及辅料质量、生产设备、产品配方、工艺流程、产品质量、功能评价、安全性评价、生物利用度等关键环节，制（修）订一批行业标准或国家标准，并与国际标准相接轨，以保障产品质量。从而引导企业致力于产品质量、品牌形象，让消费者不再盲从，结合自身需求理性消费。

3. 重视审批转向重视监管，构建新型监管体系

当批文不再成为企业的"尚方宝剑"时，市场监管方面则应该大大加强。多年来，我国部分保健食品企业一直将批文作为"尚方宝剑"，经常在市场上扩大宣传，而一旦通过审批，在生产过程中则更多靠企业的自律。今后随着备案制的进一步扩大，在市场监管方面需加大力度，出台一批监管细则，加大执法力度，加大惩罚力度，构建新型的、具有我国特色的

营养与保健食品监管系统，督促企业加强行业自律，以保障消费者权益，引导行业健康发展。

4. 国化和本土法规技术相结合，培养新型法规人才

人类健康是全球共同关心的重大问题，国外完善的市场监管制度和管理措施值得学习。需要多方位开展全球营养膳食补充领域法规技术合作，为中国企业和消费者带来更大福利。在法规制度健全方面，一是通过国际交流合作培养具有全球化战略眼光的人才；二是深入总结监管效果和经验，结合国内市场、企业、法规情况，不断完善营养与保健食品产业法规。

（二）突破营养与保健食品领域急需关键技术

1. 营养与保健食品功能因子挖掘、功能及安全评价技术

针对人群健康需求，提高食物原料及新食物资源利用水平，构建营养与保健食品功能因子的挖掘、功能及安全评价技术方法体系。重点开展新资源、新成分、新功能的挖掘、功能及安全评价技术。

从动物水平、细胞水平和分子水平、人群试食等方面，构建营养与保健食品的体外体内评价等技术体系，根据营养与保健食品的特点，明确功能因子的生物利用度及体内代谢过程，为功能因子的筛选、发现、评价及应用提供依据和借鉴。

2. 营养功能因子的分离制备技术

重点开展营养功能因子提取的原料前处理技术，高效提取工艺技术，高效、绿色、低成本分离纯化和规模制备技术，节能干燥技术，突破营养功能因子生产的关键技术瓶颈，为营养功能因子的规模化、集约化生产提供技术支持，促进我国营养与保健食品的产业升级。

3. 产品质量安全保障技术

针对营养与保健食品存在的质量和安全问题，研究建立营养与保健食品功能因子的定性、定量分析技术，制定功能因子的质量控制规范。针对营养与保健食品原料的假冒伪劣问题，建立原料的真伪鉴别技术；对食品原料及生产过程中可能掺入的非法添加物和有害污染物开展相关鉴别检测技术研究。重点开发市场与监管急需的快速前处理与检测技术，为营养与保健食品的功能可信度和安全可靠性提供技术保障。

4. 营养功能因子的活性保持及加工工艺技术

根据营养功能因子特性，灵活运用食品加工新技术，保持营养功能因子在体内生物活性达到最佳效果，开发功能特性与食品特性相结合，与食品更接近、消费者接受程度更高的营养与保健食品。

重点开展针对不同原料、不同产品的新型工艺和质量控制方法研究及集成，研究开发原料资源综合利用与加工，产品质量可控、环境友好的清洁生产工艺。

5. 传统食品的升级改造关键技术

为使我国传统食品朝着"营养、健康、方便"等方向发展的需要和现代食品市场的需求，增强传统食品的生命力和国际竞争力。在分析我国传统食品的原料特点和现有生产技术的基础上，发掘传统食品的营养保健功能，建立保持风味和口感、兼具营养和功能化的传统食品的生产关键技术。

（三）营养与保健食品生产聚集、原料基地建设与示范

1. 营养与功效成分强化品种育种与种植

利用代谢组学和基因组学等理论和技术系统鉴定我国大宗原料、特色原料资源中微量营养素特征代谢谱，建立营养作物种质资源数据库；在保持产量及其他农艺性状与当前主栽品种相当的前提下，通过常规育种和分子育种手段创建富含目标微量功效成分的新材料，培育营养强化新品种。

2. 建立我国食物资源营养与功能成分数据库

对现代工业化种养殖农畜产品与传统农牧业产品中关键营养素、功能活性成分、风味物质及其口感、质构的差异进行检测与比较分析，探明导致农畜产品的营养及感官差异的原因。监测分析大宗和特色农畜产品各营养素的功能成分；根据营养素含量和组成筛查存在的高热量、高脂肪等风险因子和抗营养因子，根据食物地域、品种特征，建立我国农畜产品营养功能和抗营养因子数据库，为功能农业技术研发和保健食品开发提供数据支撑。

3. 建立一批功能食物原料示范基地

通过对我国资源环境的普查，筛选出适宜的功能农业区域，建立一批高标准、绿色、生态的功能性农业示范基地。在此基础上开展典型示范，总结生产管理经验，形成技术规范和操作流程，构建新型功能农业模式。提升农副产品科技水平和附加值，加速转型升级，扩大高含量特征活性成分优质原料农产品生产，促进健康食用快速消费品发展，满足人们日益增长的健康消费需求。

（四）工艺与设备的创新与技术服务

1. 开展产品制备工艺及装备创新

重点开展针对不同原料、不同产品的新型制备工艺和设备研究，支持高生物活性物质、营养元素的高效分离工艺研究和制备工艺创新，以及产品开发。鼓励开发提高原料综合利用度、环境友好的清洁生产新工艺，支持低能耗、高效率的新型设备研制和升级，推动原料供应、产品制备和流通等环节的模块化、自动化、信息化和智能化，确保产品质量稳定性和安全性。

2. 加强技术服务平台建设

重点发展营养与保健食品制备新工艺研究和技术服务平台建设，包括原料预处理、分离纯化、发酵、剂型、功效研究等结构单元在内的产品开发服务平台、产品功效评价及产品稳定性研究等服务平台。为产品制备工艺研究、产品剂型以及工艺放大等提供中试或放大等服务。提供从原料到产品全流程的技术研发、工艺放大及规模制备相应的技术咨询与技术服务。

（五）营养与保健食品产品开发

国民健康状况在很大程度上已成为国际社会衡量一个国家社会进步的标志，人口健康水平是事关我国国策和经济与社会可持续发展的重大战略问题。随着人们的医疗观念由病后治疗型向预防保健型转变，对"绿色、健康、方便"营养与保健产品的需求急剧放大，亟须进行与国民健康密切相关的营养与保健品开发，以满足消费者日益增长的消费需求。重点开发打造具有中国特色的营养与保健产品，将我国传统文化与食疗养生知识融进产品开发，提升产品品质，提高品牌社会知名度以及加快品牌国际化，促进食品产业结构的改善及产业布局的合理化，并在相关龙头企业进行产业化示范，推进培育优势品牌，提升产品的国际竞争力。

1. 营养食品开发

（1）营养强化产品开发。从我国丰富的天然资源中筛选出特定营养和功能性食品素材，分离、提取、鉴定其中的营养功能因子。利用食品组学和代谢组学技术，研究符合代谢调控特性的底物设计和营养智能组方技术，形成个体化的营养干预指导原则及与其匹配的技术方案，开发适宜不同生理条件的营养干预产品，形成相关产品标准。重点开发打造中国特色的营养强化食品、标签化营养膳食，大打特色牌，推进龙头企业生产关键技术的集成示范，培育优势品牌。

（2）特殊膳食产品开发。针对我国特殊人群、慢性疾病（代谢综合征）和特殊病理时期人群的营养需求，从我国丰富的天然资源中筛选出特定营养和功能性食品素材，研究其在肠道内的代谢特点、作用剂量及其协同作用，设计开发营养与保健食品，确定生产技术参数。重点开发打造中国特色的特殊膳食产品，建立产业化示范生产线，培育优势品牌。

（3）优质营养素产品开发。大力开发优质膳食纤维、不饱和脂肪酸和微生物菌种，重点开发低糖、低盐、低脂、高蛋白、高纤维等营养强化食品、特殊膳食用食品，积极推动和支持在营养强化食品、特殊膳食用食品，特别在普通食品中添加益生菌、欧米茄三和可溶性膳食纤维等优质营养素，以满足人们日常健康需求。

2. 保健食品开发

结合传统养生保健理论，充分利用我国特有天然资源和技术，面对日益增长的慢病人群，开发具有民族特色的，能提升现行保健功能科技含量和技术水平的新产品；同时针对健康新需求，开发新功能保健食品和特殊医学用途的配方食品。

（1）运用新理论、新技术、新工艺提升现有27项功能保健食品研发水平，提高产品质量安全，解决低水平重复，实现产销对路、精准消费与服务。

（2）大力研发市场急需、人群较大的具有缓解抑郁、降低老年痴呆、延缓更年期、调节和改善少年儿童弱视、假近视等慢病风险的新功能的保健食品。

（3）积极研发满足临床病人急需、急用，并面广的特殊医学用途的配方食品。

（六）构建营养与保健食品产品商业模式

充分利用信息网络技术拓展营养保健产品的销售渠道，突破传统的商务模式，改变过科研、生产、销售单打独斗、各行其道的状况，促进融合发展。研发和生产不衔接，生产与销售不对称，导致产销不对路等状况。将"互联网+"作为桥梁和纽带，促进政、产、学、研、用有机融合，创新和构建符合及适应企业发展的商业模式、新的业态、新平台。

六、"十三五"时期的保障措施

（一）加大国家科技投入力度和政策导向，促进研发成果转化率全面提升

加强科研经费投入，突破营养保健食品行业系列瓶颈技术难题，结合我国科技计划项目改革的实际，在国家层面上从"全食物链"的角度进行营养与保健食品产业的顶层设计，开启一项全新的"营养与保健食品"国家重点研发计划。通过相关专项和政策引导，建立、健全与产品研发、产品申报、专利及商标保护和科技支撑等相关咨询服务，根据原料及产品种类，提供从原料到终端产品全流程服务，健全营养保健食品推广服务体系和评价体系，促进研发成果高效率转化。建立新产品、新技术、新工艺、新装备的知识产权保护体系。支持自有品牌在境外的商标注册和专利申请等知识产权保护，促进国内品牌跨国经营或拓展国际业务。完善国外产品准入后的管理制度，提高进口产品违法成本。

（二）加大产业资金投入，突出质量品牌建设，提升产品综合竞争力

通过鼓励企业扩大科研投入，建立技术联盟，构筑专利或技术共享平台。鼓励和支持企业积极参与产品相关的标准制定，实施质量品牌战略，培养知名品牌，塑造企业形象，促进营养与保健食品产业持续稳定发展。鼓励并扶持中小型企业参与营养与保健食品的国内、外市场竞争，提升本行业的整体竞争力，保证健康高效的发展态势。

（三）完善产学研协同创新体系，营造良好的人才发展环境

以建设创新型科技人才、急需专业人才和高技能人才队伍为先导，统筹营养与保健食品相关的经管人才、专业技术人才队伍建设。加大海外高层次人才和国外智力引进工作力度，加速产业人才国际化进程。鼓励高等院校、重点科研院所、大型企业共同开展营养保健食品的协同创新，以实现科研—产品—市场—科研的良性循环。通过技术转让、共建技术中心、共同研究开发课题、共建高科技实体、鼓励跨学科、跨地域、跨国度的合作等多种形式，增强协同创新能力，促进科技成果的转化，全面提升我国营养与保健食品人才队伍的综合竞争力。

（四）鼓励和扶持企业兼并重组、转型升级，促进大企和航企健康发展

鼓励中小型企业抱团发展，支持中大型企业资源整合、兼并重组，促进和帮助企业转型升级，国家应在科技、税收、用地、资金、上市等方面给足政策，以最优最实的政策给予扶持，使企业渡过发展瓶颈和转型期。

大力发展和培育生产性服务、销售性服务等平台企业，以及拥有体系的新型商业模式等大型企业和航母企业。国家不仅在科技、税收、用地、资金、上市等方面给足政策外，应在探索发展方面给予先行先试的特殊政

策，提供更大发展空间支持和扶持，增强企业抗风险能力和国际竞争力，树立国际品牌，促进"双创"发展和实施"走出去"发展战略。

（五）积极支持、鼓励探索、建立商业模式和营销模式创新

国家对企业商业模式构建和营销模式创新从政策、资金上给予大力扶持，鼓励企业在法律、法规不受限的范围，积极探索、勇于创新，大胆创建商业模式，大胆尝试新的营销模式，尤其是对"互联网＋电子商务"和O2O销售模式给予大力扶持。优化现有营销模式，在加大规范和监管力度的基础上，要简化审批程序，逐步将行政审批制度，改变为标准化管理制度。通过制定入市和退市标准，建立公开、公平、公正直销和会销准入、退出机制，强化法治、避免人治，实现社会共治。

（六）加强自律，营造健康的市场环境

1. 加强行业自律

充分发挥行业协会作用，加强行业自律，积极推动营养与保健食品行业诚信体系和信用评价体系建设，以及产品质量可追溯体系。明确企业责任，加大企业违法的处罚力度，建立营养与保健食品信息平台和产品上市后评估制度，着力推行奖罚分明的红黑榜制度，优化市场环境。

2. 加强正向舆论导向

充分发挥主流媒体作用，通过广播电视、平面媒体及互联网等新兴媒体深入宣传健康保健知识，提高公民健康素养和健康水平。着力宣传保健产业在发展中规范，在规范中发展的健康发展主流；加大扬优力度，积极宣传和推广诚实守信企业、优质产品、优质服务，使消费者明明白白保健、健健康康消费，树立正确的健康消费观。在全社会形成重视和促进正确健康观的社会风气，为产业发展营造健康向上、积极的发展环境，维护消费者和企业的合法权益。

主要参考文献

[1] 幸翔、孙静、廖梦洁：《中国食品工业可持续发展现状分析与对策——基于河南、四川、青海三省食品企业的调查》，载于《再生资源与循环经济》2014年第7期。

[2] 杜玲玲、苏国成、周常义等：《现代食品工业设计理念》，载于《食品研究与开发》2016年第11期。

[3] 宋冬林、齐文浩：《食品安全规制与行业生产率——来自中国食品工业的经验数据》，载于《经济与管理研究》2014年第4期。

[4] 郭希娟、杨铭铎、史文慧等：《国外传统食品工业化发展》，载于《食品与发酵工业》2014年第7期。

[5] 国家发改委产业司课题组：《我国食品工业"十二五"发展战略研究》，载于《经济研究参考》2013年第4期。

[6] 旭日干、庞国芳：《中国食品安全现状、问题及对策战略研究》，科学出版社2015年版。

[7] 王光友：《中国绿色农业与食品产业的可持续发展战略》，载于《中国农业信息》2015年第3期。

[8] 孙宝国、王静、谭斌：《我国农产品加工战略研究》，载于《中国工程科学》2016年第1期。

[9] 刘凌、姜忠杰、王洁等：《"一带一路"战略下我国食品工业发展的机遇与挑战》，载于《食品与发酵工业》2017年第2期。

[10] 何扩：《酒类生产工艺与配方》，化学工业出版社2015年版。

[11] 任毅、东童童：《工业经济转型背景下食品工业的发展、选择与展望》，载于《食品工业科技》2015年第20期。

[12] 黄汉权、朱晓乐：《"三化"同步推进过程中粮食加工业的发展思路》，载于《中国发展观察》2012年第11期。

[13] 黄汉权：《发展粮食加工业保障国家粮食安全》，载于《中国国情国力》2013 年第 3 期。

[14] 黄汉权：《我国粮食加工业发展的思路和对策》，载于《宏观经济管理》2012 年第 12 期。

[15] 战炤磊：《资源禀赋、空间集聚与植物油加工业全要素生产率变化研究》，东南大学出版社 2017 年版。

[16] 梁忠：《我国肉类加工业面临的问题与发展建议》，载于《中国禽业导刊》2017 年第 11 期。

[17] 覃学：《我国乳制品行业专利态势与技术创新绩效研究》，2015 年重庆理工大学博士论文。

[18] 刘志雄：《中国食品工业发展研究》，社会科学文献出版社 2012 年版。

[19] 罗红霞：《乳制品加工技术（第二版）》，中国轻工业出版社 2015 年版。

[20] 钱坤、郭炳坚：《我国水产品加工行业发展现状和发展趋势》，载于《中国水产》2016 年第 6 期。

[21] 王华、沈艾彬：《果蔬加工技术现状与发展》，载于《农产品加工：上》2016 年第 2 期。

[22] 姜加良：《我国食品发酵工业的研究现状》，载于《粮食流通技术》2016 年第 1 期。

[23] 林文超：《食品工业旅游开发的现实困境与改进路径》，载于《食品与机械》2015 年第 5 期。

[24] 杨兴龙：《玉米加工业的效率与竞争力研究》，中国农业出版社 2009 年版。

[25] 朱灵君、王学君：《中国食品工业全要素生产率测度与事实——基于企业微观数据》，载于《世界农业》2017 年第 6 期。

[26] 戴家武：《中国食品工业市场力量的形成与影响研究》，2014 年中国农业大学博士论文。

[27] 工业和信息化部消费品工业司组织编写：《食品工业发展报告》，中国轻工业出版社 2015 年版。

[28] 王红丽：《中国食品工业发展中节能环保产业优化研究》，载

于《食品工业》2017年第8期。

[29] 于海清、程景民：《中国传统食品工业化现状及对策研究》，2016年中国食品科学技术学会年会。

[30] 朱蓓薇、薛长湖：《海洋水产品加工与食品安全》，科学出版社2016年版。